分拣中国史

商从商朝来

中国人经商的历史

傅奕群 编著

北京日报出版社

序　言

“天下熙熙，皆为利来；天下攘攘，皆为利往。”西汉史学家司马迁把天下之熙熙攘攘、东奔西忙，归结为皆为“利来”“利往”。无论身份高低贵贱，无论身处城市山泽，为了解决好衣、食、住、行等问题，人们就要精心筹谋，煞费苦心，进行辛勤的劳动。商业活动就是辛勤劳动中的一种。

我国古代的商业活动有着悠久的历史。《易经·系辞下》就有记载：“神农氏作……日中为市，致天下之民，聚天下之货，交易而退，各得其所。”也就是说，上古时代的炎帝时期，就开辟了集市。商朝，商人作为一个社会群体出现在中国历史中。也可以说，中国人骨子里经商的天分和基因，从殷商时代就开始被激发出来了。到了春秋战国时期，商业发展达到一个新高度，学界认为是中国商业史上的第一次飞跃。此时工商食官制度走向崩溃，具有自由身份、独立经营的私商队伍不断扩大，涌现出了不少富商巨贾和商人政治家，如辅佐周武王灭商建周的姜子牙；助齐桓公成为春秋五霸之首的管仲；辅助勾践灭吴的道商鼻祖范蠡；商业理论名垂后世的白圭；“奇货可居”、权倾天下的吕不韦等，可谓群星璀璨。到唐、宋、元时期，商业更加繁荣，在诗歌、小说、戏曲作品中，就有许多关于商人活动的故事，如白手起家的唐代商人窦乂，从种树开始，最后建立了旅馆业品牌“窦家店”，成为一代富商等。

明清时期，商业获得空前发展，商业资本的积累也空前巨大。各地商人自发形成了商人群体——商帮。作为商业集团，商帮是一方经济势力的代表，他们以地域为中心，以血缘、乡谊为纽带，以相亲互助为宗旨，是一种既亲密又松散的商人群体。明清时期的十大著名商帮，又以晋商、徽商的势力为最大。十大商帮之首的晋商，称雄国内商界五百年之久，成就了诸多富商巨贾、商界精英；而徽商始于南宋，历史也十分悠久，称雄三百年。明清商帮在中国商业史上占据重要地位，极大地丰富了中国传统商业文化。

中国商人自古以来就重视仁义道德。在儒家思想统治下的古代社会，中国的传统商人也构建起了一套以儒家思想为指导的经商道德体系，他们信奉勤、俭、信、义等传统伦理，以仁爱为本，诚实守信，廉洁自律，以传统文化作为精神家园，形成了可贵的儒商精神，是后世值得珍视的文化遗产。

抚今追昔，鉴古今而知未来。改革开放使中国商人在沉寂了百年之后再度崛起。今日之中国商人，传承了儒商基因，但比起传统的商人，又更具开拓性、创新性，更具全球的眼光和谋略。可以说，正是一代一代企业家和商人的艰苦奋斗，成就了中国商业的崛起与辉煌。

目 录

第六章 狂欢与日常 —— 集市与庙会文化

第一章

源与流——商人百态

商从商朝来

说起“商”，人们大约会联想到两个概念，一是上古之“商朝”，一是“商业”“商人”。这两个看似风马牛不相及的概念，实际上却有着千丝万缕的关系。

“商”字的起源比较古老。在出土的甲骨文资料中，“商”字的上半部为刻齿形，下半部为底座形，整个字形如漏斗，用来表示时间。因此，“商”字被用在表示时间的星宿“商星”（又称辰星）的命名中。在进行地理分野时，商星星宿大致对应下的区域被称为“商”。《左传·昭公元年》写道：“迁阏伯于商丘，主辰。商人是因，故辰为商星。”阏伯就是契。《诗经·商颂·玄鸟》中说“天命玄鸟，降而生商”，讲的是一个古老的传说——帝喾的次妃简狄是有娀氏之女，外出洗澡时看到一枚鸟蛋，简狄吞下后，生下了契。帝喾将儿子契封于商丘。契在这片土地上繁衍生息，成为商人的始祖。

商部落在夏代就以善于交换出名，其畜牧业比较发达，牲畜是其对外的主要交换品。且商族人居住在清漳、浊漳两河流域，所处的地理条件十分优越，商族人便利用此优势进行水陆两方面的物品交换活动。契的六世孙——部落首领王亥，常亲自带着牲畜等物同其他部落开展贸易。有一

▲ 甲骨文之“商”

▲ 契

次，王亥和弟弟王恒一起从商丘出发，载着货物到黄河以北的易水附近交易。狄人有易氏的部落首领绵臣见财而起歹意，杀了王亥，夺走了他的牛车和“仆牛”，引发了一场部族纠纷。王亥之子上甲微为父报仇，起兵灭了有易氏，夺回了财物，商的势力由此扩展到了易水流域。王亥“服牛（驯服牛拉车）”的做法，有利于商族的发展，商族后人一直隆重纪念这位先祖，每到祭祀用牛三百头。

商部落发展到了成汤十一世祖相土时期，成为渤海西岸的强大诸侯国。相土训练牛马作为交通工具。随着交通工具的不断改进，商部落的活动范围逐渐扩大。《诗经·商颂·长发》中说“相土烈烈，海外有截”，可见其活动范围已扩展到海上。

商王朝建立后，实力更加强大。商朝开展了南方和北方之间的交换活动，殷墟遗址中出土的麻龟板证明了这一点，因为麻龟板产于南海。在出土的商朝器物中，“父乙盘”“兽面纹鼎”上刻着商朝人乘船在海上贩运货物的图像。甲骨卜辞中还有对海上活动进行占卜的内容。《殷契遗珠》第 556 片上写“贞：追凡；贞：凡追”，意思是追赶帆船。这些都说明商朝人已经具

▲ 甲骨《田猎图》，安阳花园村出土约公元前 16 世纪—前 11 世纪商代的卜卦用龟板，记述了一次打猎的路线、山川和沼泽

▲《田猎图》局部细节

备了远洋航海的条件和能力，并已漂洋过海进行海上贸易活动了。

商朝人不但有着发达的交通工具和高超的航海技术，还有着求富的思想。《礼记 · 祭义》便记载有“殷人贵富”。商朝人讲五福，“富”居第二位，讲六极（也作六恶），“贫”居第四位。商朝人在求富思想的驱使下，不断追求着财富，极大地促进了商朝社会经济的发展。

随着日益发展的交换活动，货币关系已渗透到商朝人生活的方方面面。众所周知，汉字中凡与钱财相关者，皆从“贝”，即是因为贝在上古时期是作为货币使用的。殷墟出土的甲骨文中有许多字与“贝”有关——如贪，人口贝，表示对钱财的贪婪，人类之共性；如婴，在一个小人头发上绑了很多贝壳，视为珍爱；如败，手持木棒敲贝壳，表示浪费，败坏；又如买（繁体“買”），用网捞上来的贝壳，可以用来做货币。这些都是交换活动发展

▲ 甲骨文“贪”

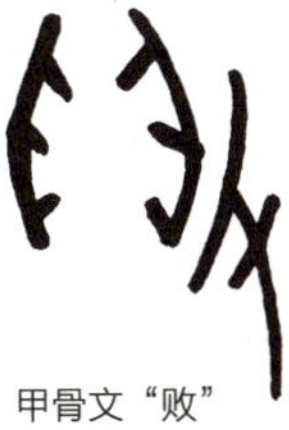

▲ 甲骨文“败”

▲ 甲骨文“婴”

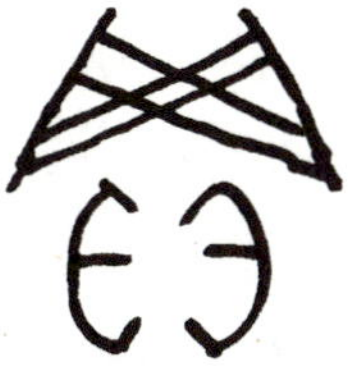

▲ 甲骨文“买”

▲ 商周时期的贝币

的反映。

到了商末，纣王无道。位于今陕西岐山一带的商属国周国乘机迅速发展自己的力量，并联合许多氏族奴隶主一起反商。公元前 1066 年，由姜子牙辅佐的周文王之子周武王推翻了商朝，建立了周朝。周武王攻陷商城朝歌（今河南淇县），在王宫和贵族府邸中搜出了金玉一万四千块，佩玉十八万块，而商地不产玉，这么多玉都是通过交换得来的，可见当时交换活动之频繁。

商族人自此由统治者变为了周朝的奴隶。许多商遗民被迫迁居到洛阳的东郊及其他几个地方，由周人严加监视和管理。原先的商朝贵族和平民，虽在恭顺臣服之后能保有一些田宅，但境况大不如前，甚至不能很好地养家糊口。为了贴补家用，他们只好以“跑买卖”为副业，或以所熟悉的贸易为生，为周朝贵族之所需奔走效劳。商族人不仅经历了失国之苦痛，还隐忍地背负着精神鄙视带来的巨大心灵伤害。他们失去了话语权，失去了政治地位，然而“殷人重贾”——除了出门做生意，他们身无一技之长，于是，延续着善于经商的传统，做生意成了多数商遗民的主要生存方式。在往昔商朝繁盛的时期，一部分商族人行旅贸易于四方，也经常到毗邻的周族居住地做生意，因此，在周人印象中，善做买卖的人大多数是商族人。商亡后，“商族人”和“买卖人”这两个形象更是密不可分地交织在了一起。随着历史的发展，商族和周族之间的氏族界限逐渐消失，非商族的买卖人也逐渐多了起来，买卖人虽已不再以商族为主体，但人们的认知早已根深蒂固，于是仍把“商人”作为买卖人的通称。起先只把到处游走从事贩运贸易的叫作“商”，坐肆售物的叫作“贾”，即所谓的“行商坐贾”，后来逐渐把他们统称为“商人”了。现在我们称用于出售的生产物为“商品”，称专门从事交换的行业为“商业”，都是从“商人”一词沿用而来的。商人、商品、商业都和上古的商朝有深刻的历史渊源。

虽然中华民族的商业活动起源远早于商朝，但商朝造就了中华民族商业发展的第一个高峰，也可以说中国人骨子里经商的天分和基因就是从殷商时代被激发出来的。改革开放以来，市场经济有了突飞猛进的发展，坊间甚至流传着“十亿人民九亿商，还有一亿在观望”的俗语，华商遍布世界各地。追根溯源，华商基因的活水源头便是始于三千年前的商朝。三千年岁月，逝者如斯夫，殷墟古迹今犹在，不变的还有世代相传的商业智慧与激情。

行商与坐贾

商人这个群体，按照经营方式的不同，可以将他们划分为行商和坐贾。早在春秋时期的文献中，就已经有了关于商贾的全面而明确的定义。《周礼注疏》中有“通物曰商，居卖物曰贾”的说法。《白虎通义·商贾》写道：“商之为言，商其远近，度其有亡，通四方之物，故谓之商也。贾之为言，固固有其用物，以待民来，以求其利者也。行曰商，止曰贾。”由此可以看出，出门在外，云游四海做生意的商人，即为“行商”，而开店铺在固定场所经商的商人，就是“坐贾”。黄仁宇在其《放宽的历史视界》一书中也说：“客商（即行商）为经常旅行之商人，以别于坐商。”

行商

《游宦纪闻》中说：“行商之身，南州北县。”行商，是通过游动性的交易形式，把某些地方需要用的物品，或当地不生产的货物主动运到该地出售。南宋诗人范成大《右春日田园杂兴》中的诗句“鸡飞过篱犬吠窦，知有行商来买茶”，就是对“行商”深入农村采购的生动描述。

▲ 明代吕文英所绘《货郎图》，分为春、夏、秋、冬四幅

根据这样的描述，我们很容易把行商想象成如今游走于街头巷尾的叫卖小贩，的确，我们日常生活中多见的行商就是走街串巷、上山下乡的小商贩。然而在先秦、秦汉时期，行商的主要群体是贵族出身的大商人，在集市上坐列贩卖的“坐贾”反而是出身较为低贱的中小商人。战国有的大商人拥有雄厚的资本和劳动力，动辄用几百辆大车转运货物。他们把布匹、绸缎、茶叶、珠宝首饰或粮食从内地运往边疆游牧部落，再把贵重皮毛运回内地。春秋时期的“商界巨子”范蠡就是这一时期行商的代表。范蠡原来是楚国大夫，辅助卧薪尝胆的越王勾践灭吴复国，建立霸业，官拜上将军。但他觉得勾践此人只能同患难，不能共安乐，不如及早抽身以自保。于是他悄

悄地收拾起珍宝珠玉，更名易姓，携家带眷，“乘扁舟浮于江湖”，做商人去了。战国后期的大商人吕不韦，经营可以获利百倍的珠宝，带着商品游历四海，与各国贵族、官僚打交道。这些大商旅会组织一些长途贩运的商队，丝绸之路正是这种大规模商队所开辟的。

到了宋代，行商这种形式的贩运贸易较之前代有了很大发展，行商的队伍有所扩大，且从事贩运贸易的商人越来越多，他们奔走于各地，在史料记载中常可看到他们匆忙的身影。他们所贩运的商品也大都是与民众生产、生活息息相关的，所以他们在社会经济中所发挥的作用也随之扩大。大行商贩运的货物价值高，且多经营奢侈品、专卖品，如盐、茶、布帛等。宋人李昭玘在《乐静集》中说："万金之贾，陆驾大车，川浮巨舶，南穷瓯越，北极胡漠，龙皮、象齿、文犀、紫贝、夜光之珠、照乘之玉，一旦得之，则深居大第，拱手待价。"这正是宋代大行商的真实写照。而这些大行商中最富有的要数海商。宋代的海商资本雄厚，有能力建造大船，进行远距离贩运。海上贩运，利润要大于陆上。宋人洪迈所著的《夷坚志》中记载，泉州杨姓商人经营海上贩运贸易十余年，集资两万万。一次，他贩运货物前往临安，一船所载沉香、龙脑、苏木等奇珍异宝价值达四十万缗（古代货币计量单位）。一些富商也因贩卖布帛、丝绸而发了大财。如晋江地区有一富商，一次拿布五千匹，运到邢州（今河北邢台）出售；越州萧山富商郑晏，经营丝绸贸易，有一次官府查账，发现漏税的纱就有几万匹。足见这些巨商贸易经营规模之大，富庶程度之高。正是海商贸易的繁荣，成就了中国古代的第二条丝绸之路——海上丝绸之路。

长途贩运的大行商，往往要承担很大的风险。在当时的交通与运输技术条件下，江舟海船一遇风浪便有颠覆的危险，船毁人亡的事情时有发生。陆运虽可免风浪之险，却又有遭抢遭杀的危险——途遇不测、人去财空的事也不乏记载。《太平广记》《蜀中广记》中就记载了不少这些行商的辛苦与艰险。唐朝元和年间，僧人崔无隐的兄长，行商过程中"溺于风波"；贩盐于巴渠（今四川东部）的商人王行言，行商途中"鸷兽成群，食啖行旅"。野兽出没，攻击过往旅人，可见环境之恶劣，王行言本人也是在途中被老虎所害。除了自然界的风浪猛兽之外，还有一些盗匪官吏的劫掠。《太平广记》中还有记载，汴州（今河南开封）的劣霸李宏，"强贷商人巨万，竟无一还"。以借钱之名，行劫掠之实，商旅们过汴州时都闻风丧胆。比盗贼还凶残的，是那些披着官吏外衣的行掠者，比如出使新罗的唐使臣邢璹，在回唐归途中，遇到百余商贾，载着好几船货物，都是些珍翠、沉香、象犀等奇珍异宝，价值千万。邢璹趁人不备，将百余商贾尽杀之，抛入海中，将宝物据为己有。一次袭杀行商上百人，真是骇人听闻！

行商旅途奔波劳累，还有丧生送命之忧，竟然仍有许多人愿意干，其原因想必在于“逐利”二字。五代时期闽人黄滔的《贾客》中有诗句：“大舟有深利，沧海无浅波。利深波也深，君意竟如何。”可见古代商人是冒着生命之险在出海逐利。马克思曾说过一段关于资本逐利性的话：“有百分之二十的利润，它就蠢蠢欲动；有百分之五十的利润，它就铤而走险。”古代的行商甘于冒险，恐怕也当作如是观。

中、小行商主要以贩运农副产品、土特产品及手工艺品为主，从事者大多是城市或集镇上的市民，贩运路程多在本路或邻路范围内。《夷坚志》中还记载，丽水商人王七六每以布帛贩于衢州、婺州（今浙江金华）之间，一次贩运布帛的收益不超过三百贯钱；鄱阳商人黄廿七，把景德镇的陶器运回来出售；乐平的金伯虎与余晖携带本地所产的纱到襄阳贩卖；临州商人常到臧湾贩卖篦头、钗、镊等小手工业品……这些商人比起大行商，显然是资本微薄，大都获利有限，有的仅供衣食。

▲ 明代《皇都积胜图》局部，描绘了明朝中、后期北京城内商业繁荣的景象

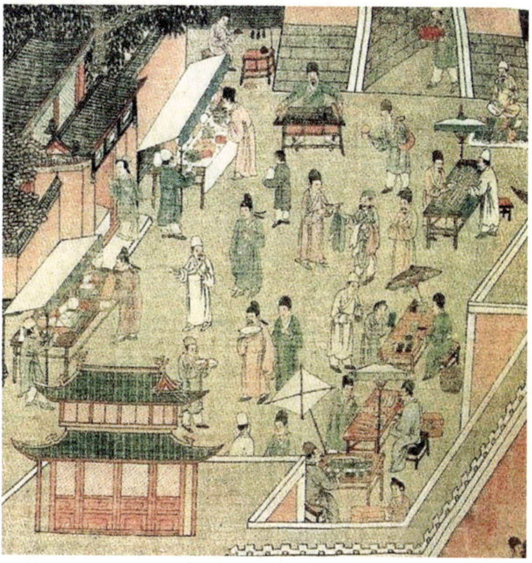

坐贾

相对行商而言，坐贾是指在市内拥有固定铺席的本地商人。《说文解字》写道："贾，市也……一曰坐卖售也。"所以，坐贾首先就表现在其"固"上，即坐而售卖，有固定的地点、固定的时间和固定的售卖商品。先秦时代，这些坐于市中贩卖的工商业者，大多是贵族的附庸，没有雄厚的经济实力，甚至无法独立，政治地位也极低下，无法像大行商那样负担长途贩运的费用。尽管坐贾中也有大商人，但总体而言，直到唐代，坐贾大多还是小商人，这一形态到宋代才有所改变。

坐贾作为坐卖商，他们必须坐落在一般消费者熟知的交易场所——市。所以这种经商方式，是在"市"产生后才可能出现的。唐以前的城市中实行坊市制度，市场设置在城内一个特定的地点，有严格的管理制度，市中的工商业者的一举一动都不能越出许可范围，随时需要接受市政官吏的稽查和监督。因此，工商业者在市中的经营地点和时间，甚至是商品的归类，都要遵从官方的统一要求。坐商在市中还要"分行列肆"，按照经营品种的不同，划分若干个区域，使商品经营者"名相近者相远也，实相近者相尔也""货列遂分"。就是说，工商业者只有在官方指定的行列中才能经营。在唐代，坐商在市中的经营店铺被称为"廛""肆"，后来又称为"店"或"店铺"。

宋代以后，坊市制解体，店铺的设置也开始变得开放，开设的时间、地点和经营种类也较为灵活。"坐贾安于市"，店铺在宋代有了很大的发展，城市中的店铺数量变得多起来，出现了规模较大的行铺，如以交引铺、典当、质库为主的经济力量雄厚的大行铺，非富豪之商贾不能经办。在商业繁荣的大中城市中，金银、彩帛交易"动辄千万"。一些大型酒楼的规模也相当可观。在南宋临安，店铺林立，大大小小的菜楼、面店、酒肆、果子铺，遍布城市各个角落，经营品种繁多。

与之前不同，经营店铺的大多是中等阶层的人士。实际上宋代的坐贾有相当一部分是由贩运商兼营或转移过来的。如南宋时，许多外地人居住在杭州凤凰山，他们本来以贩运为业，是行商，后来在杭州成家立业，成为了兼营贩运业的坐贾。城市中的坐贾势力明显增强，这类商人的经营方式主要是提供本钱，然后委托他人经商或雇佣他人协助经营。坐商避免了行商的漂泊流动，有固定的交易地点，因而没有太大的风险。

坐商待客的服务态度，是影响其收益好坏的重要因素。坐商对于登门顾客的态度是十分关切的，笑脸迎送。无论何种情况商家都不许顶撞顾客或与顾客争吵，对于有身份的顾客或大宗货物的买主，还常常采用让座、敬茶等手段殷勤招待。为了招徕顾客，还出现了各种各样的广告宣传手段，如店铺招幌、店家字号、商业楹联等，以便传达商品的信息。唐诗中经常有反映坐商服务态度的内容，如岑参的《临河客舍呈狄明府兄留题县南楼》中有"河边酒家堪寄宿，主人小女能缝衣"的诗句，"小女缝衣"构筑了非常温馨的意境，表达了顾客对于商家服务的满意。

《太平广记》中也有关于坐商服务态度的故事："建康江宁县廨之后，有沽酒王氏，以平直称。癸卯岁，二月既望夜，店人将闭外户，忽有紫衣数人，仆马甚盛，奄至户前，叱曰："开门，吾将暂憩于此。"店人奔走告其主，其主自出迎则已。入座矣，主人因设酒食甚备，又犒诸从者，客甚谢焉。"

故事中的店家，工作了一天，就要关门的时候，遇到有客人，又打点精神，继续为客人服务，经营中体现了以客为尊的态度。

坐商这种经营方式延续至今，成为现代商业经营中最为常见的一种方式。激烈的商业竞争使坐商们越来越重视待客服务和售后服务的竞争，形成了丰富多彩的服务方式。改善服务态度也是提升商业发展水平的重要内容之一。

“牙人”的生财之道

经纪人是现代的概念，按我国《辞海》说法，是为买卖双方介绍交易以获取佣金的中间商人，即我们通常所说的中介。说起中介，人们大多会想起如今渗透到生活方方面面的贸易中介、服务中介、房产中介甚至婚姻中介（即俗称的媒婆）等。从词面上来看，中介就是“在中间起媒介作用”，中介人（经纪人）居间帮助甲乙双方达成某项协议、契约或合同。这样的中介活动可以追溯到西周。

《周礼·地官》记载：“质人掌成市之货贿、人民（指奴婢）、牛马、兵器、珍异，凡卖儥者，质剂焉。”也就是说，质人是管理市场交易活动的官员，在当时的货物买卖中，商人们必须获取官方发放的货物买卖凭证“质剂”，才可继续商业活动。郭沫若先生就将质人解释为是管理市场的经纪人，由此，质人可视为经纪人的雏形。

“质人”之后见诸文字记载的中国古代经纪人是西汉的“驵会”，又叫“驵侩”，最初是指牲畜交易的中间人，他们能够准确地对牲畜的价值做出权威的评估，在市场上地位非常突出。之后，人们又称类似的中间交易人为牙人、牙侩、牙郎、牙子等，清代后期还出现了对外贸易经纪人——买办。

其中“牙人”这一称呼使用最多。为什么称之为“牙人”呢？宋代的官员孔平仲所著的《谈苑》一书中有一个说法：“今人谓驵侩为牙，本谓之互郎，主互市事也，唐人书互作牙，互似牙字，因转为牙。”可见宋人的解释是唐人由“互”误写作“牙”，才形成了“牙人”这么个独特的名字。

最初的集市交换是直接的一次性交易，而有了经纪人之后，交换活动则变成了间接的、两次以上的交易。经纪人本身没有可买可卖的物品，他们只给交易双方做中间人，从中得到报酬或好处。经纪人与买卖双方的商人都保持着良好的关系，商品要交易，往往是先找到经纪人，由他与双方沟通，叫作“引领”或“招致”。买卖双方接头之后，有时由买卖双方自议价格，有时则由经纪人评量确定，叫作“著价”。特别是当买卖双方关于商品价格存在较大分歧时，经纪人常常从中予以协调和撮合，或者直接由他为商品估价。经纪人所确定的商品价格，往往容易被买卖双方所接受。因为在买方和卖方看来，经纪人是中介人，不偏不倚，他所提出的价格应该比较客观公平。而且由于经纪人久居市场，对商品的行情颇为熟悉，对商品价格的估计也相对比较准确。加之经纪人往往善于揣度买卖双方的心理，且一般言辞恳切，所以不论买方还是卖方，都容易接受经纪人所定的价格。直到现在，中介活动也大致是这样进行的。可见，经纪人这项工作的内容从古至今都没有太多实质性的变化。

经纪人的中介活动是随着商品经济的发展而繁荣的。唐代的商品交换较之前代有了较大的发展，因此经纪人——“牙人”的数量也日益增多。一般来说，低值小商品或者规模较小的交易，例如蔬菜、水果、鸡蛋、纸笔、柴薪等商品的交易，不需要牙人从中说合。然而在价值较高的商品或大宗交易中，例如在粮食、马、牛、驴、骡、住宅等商品交易中，牙人的沟通往往是不可缺少的。唐玄宗时，洛阳市场上的房屋买卖租赁，都是牙人从中充当中介人，相当于今天的房产中介。在当时，奴婢的买卖也十分频繁。在唐代，买卖奴婢属于合法交易。长安作为王公百官聚集之地，奴婢买卖相当兴盛。天宝六年（747 年），户部侍郎杨慎矜托史敬思将其奴婢春草卖掉，最终卖给了杨贵妃的姐姐，“得钱百二十千文，买牛以归”，卖家把卖奴婢的钱转而买牛了。在这种特殊的买卖中，牙人常常会参与其中。

经纪人沟通买卖双方，促使买卖成交，当然要收取一定的费用，古代称为“牙钱”。牙钱的收取是根据交易额按比例计算的。以唐代为例，牙人收取牙钱的比率史籍中虽无明文记载，但我们仍然能从一些文献中窥探一二。《册府元龟》中记载，后唐明宗天成四年（929 年）七月，兵部员外郎赵燕奏称:“切见京城人买卖庄宅，官中印契，每贯抽税契钱二十文，其市牙人每贯收钱一百文，甚苦贫民。”从此话中可以知道，京城人买卖房子，官府要抽税 2%（一贯相当于一千文），而牙人要抽 10%，这个比例还是很高的，因此“甚苦贫民”，也就是苦了买卖房子的穷人了。这个 10% 的抽成比例一直沿用至明清时期。

在人们的印象中，中国古代社会向来重农抑商，商人处于“四民之末”，而与商人同出一宗的经纪人，必然会遭受到如同商人一样的压制。但事实并非如此。在很长的时期里，统治者对经纪人的活动几乎很少过问，或者说态度是宽容的。然而，经纪人

▲ 唐开元通宝，是唐代的第一种货币，在当时发行量最大

▲ 清院本《清明上河图》局部，可见北宋都城商业之繁荣

还是不可避免地开始与官府发生一些关系。到了唐代，随着商业的繁荣，行商坐贾隐瞒赋税的情况与日俱增，统治者感到鞭长莫及，于是逐渐把熟悉商情的牙人列为控制市场的借助力量之一，用以补救自身管理能力的不足。唐德宗时期，为筹措军费而实行了“除陌法”，要求向所有贸易活动征收除陌钱，而广泛参与了各种交易的牙人掌握了每宗交易的具体数额，官府利用长

安的牙人来监督商人，甚至委派他们配合官府收取“欠陌钱”。当时，官府找牙人配合执行其政策是最方便不过的了，甚至比府县官吏亲自检查还要便利。

经纪人的活动远不止于此。随着商业的发展，到了盛唐之时，各类商业活动已远及海外，有商业的地方就有经纪人。无论是同中亚、西亚商人的贸易，还是同西北、西南少数民族的“互市”，牙人都充当了积极的角色。比如在安史之乱中扮演主角的安禄山和史思明，就曾在营州（今辽宁朝阳）充当过互市牙郎。曾经在中国西北历史上叱咤风云的党项羌人也扮演过汉藏之间贸易中间人的角色。

到了宋代，商业又发展到了一个新的高度。繁荣的商业活动促进了社会生产，扩大了赋税来源，而管理贸易、控制市场的困难却沉重地摆在统治者面前。为此，宋太祖赵匡胤首定了商税则例，设置了商税务院等对商业活动征收税费的机构，又派出大批武夫小吏巡视市场，但仍然不能制止赋税流失的现象，所以他袭用了唐代的办法，就是把经纪人（牙人）作为辅助力量去管理市场，并以官府名义向牙人发放身牌，还制定了“牙人付身牌约束”制度，诏令各级衙署取法执行。从此，牙人开始超越商品交换的领域，正式参与官府事务了，这可以算是牙人功能的一种“变异”。如前所述，经纪人在进入社会生活之后的很长时期里，一直都是在没有节制、没有管理的情况下参与商业活动的。宋太祖制定的这一制度使经纪人开始接受政府的管辖，但不是把经纪人推向商人那一边，以贱商、抑商的政策来对待经纪人，而是把经纪人拉向官府这一边，把经纪人纳入官府的经济管理轨道上来，为官府的需要服务。自此以后，宋代的各级衙署开始广泛招募、遣使牙人，在宋与辽、夏、金的战争期间实行的垄断贸易中，牙人充当了重要的角色，他们通晓商情，有审验物货的能力，“心机手法，捷若鬼神”，有催赋征税、量斗验秤的技巧，于是他们被更深地卷入到政府事务中去。对于政府来说，招募了这些“自食而办公事”的牙人，可以节省官署支出；而对于牙人来说，获得官府赋予的一定权力之后，虽无薪俸，却可以凭此敛索而生，这未尝不是一项划算的“买卖”。

经纪人走出了市场，依托官府势力不断拓展活动领域，他们的影响波及社会生活的各个方面，文人墨客们开始把经纪人的趣闻逸事收入野史笔记中，尽意地加以描绘。宋代著名数学家秦九韶也把“粜场量米，折支牙人所得几何”的内容，列为他的著作《数书九章》中的计算习题之一。牙人深谙世故，联系广泛，民间每有难事，常向牙人求助。所以这些经纪人不仅受到平民的欢迎，而且赢润颇丰，以前一向难登大雅的中介行当，竟成了令人羡慕的职业——宋代，“例皆贫民”的游浪之人，“读书不成”的儒人学子，纷纷请领身牌，跻身市场，去做“牙侩”。社会上“弃农从牙”“弃工从牙”者日益增多，到处可见牙人活动的踪迹。物货贸迁的都市，牙人更是比肩继踵，触目皆是。到了元代，由于蒙古族统治者对农业的破坏，使商业失去了发展的物质基础。同时，蒙元统治者垄断了国内外商业，禁止汉人和南人自由贸易，从而使经纪人的活动无从发展。明代，随着社会分工的发展与市场的扩大，小商品生产者对商业行情的了解越来越少，于是有了“买卖要牙人，装载要埠”的说法，还有“买货无牙，秤轻物假；卖者无牙，银伪价盲”的说法，可见牙人在明代商业活动中的重要性。

经纪人开设的机构称为牙行或牙纪。牙行必须由官府发放牙帖，才能开张营业。牙帖实际上就是一种牙税，大致分为上、中、下三等，按时换领。这种制度一直延续至近代。领有牙帖的牙行，成为垄断某一行业贸易的特权商人，凡牲畜、农牧渔副等产品，必须经过牙行才能买卖，比如清代天津就有鲜货行、牛肉行、羊肉行、猪肉行、油行、船行、花生行、栗子行、瓜菜行、颜料行等。作为贸易的中介和媒体，牙行有促进贸易发展的一面，但由于他们处于买卖之间，隔断了双方，并得到官府的确认和支持，表现出垄断的倾向。有些经纪人利用这种便利，有时公然敲诈勒索，强买强

▲ 广东十三行全景画

卖，胡作非为，横行霸道。此处用几个事例来说一下这些经纪人的种种劣迹。比如《册府元龟》中就有记载，当时牙人从事贱买贵卖的活动："乡村籴货斗斛及卖薪炭等物，多被牙人于城外接贱籴买，到房店增价邀求，遂使贫困之家，尝买贵物，秤量之际，又罔平人。"还有一些掺杂使假的手段，大秤斗进，小秤斗出。据明清方志的记载，有的牙人所用的斗、秤与通常用的斗、秤不同，叫作"桥斗""桥秤"。湖南常德石门县的丝市上，"丝行牙侩，愚弄乡民，造大秤至二十余两为一斤，银必玖柒捌色折，折净又捂高低"。秤被做了手脚，银子的成色也不足，以此来欺诈乡民。

历史发展到近代，鸦片战争一声炮响，中国沦为半殖民地半封建社会，随着西方势力的不断渗入，商业贸易领域也出现了前所未有的变化，出现了受雇于外商并协助其在中国进行贸易活动的中间人和经理人——买办。买办是中国近代史上的一种特殊的经纪人。“买办”一词，是葡萄牙语comprador（旧译“康白度”）的意译，原意是采买人员，中文翻译成“买办”。在清初，买办专指为居住在广东十三行（指清政府在闭关锁国的情况下与外界进行贸易的场所）的外商服务的中国公行的采购人或管事，后来逐步发展为特指在中国的外商企业所雇佣的居间人或代理人。买办最初期社会

▲ 郑观应

▲ 唐廷枢

地位低下，人们瞧不起这个职业，随着外国资本的不断涌入和国家对经济的日益看重，买办的地位迅速提升，人们对这个职业趋之若鹜，甚至社会底层的人也将其视为进入上层社会的捷径，至19世纪60年代，买办已成为士、农、工、商之外的另一全新的行业。

买办与外国在华洋行之间需立下保证书与合同，之后即可得工资、佣金收入。鸦片战争后不久，外商就已放手派遣买办携带巨款深入内地进行商品购销、磋商价格、订立交易合同、收付货款、担保货商信用等活动。外商洋行为了充分发挥买办的作用，也允许他们自营商业。很多洋行的在职买办同时又是投资于钱庄、贩卖鸦片、经营丝茶的巨商。著名的晚清“四大买办”：唐廷枢、徐润、郑观应、席正甫，以及“宁波帮”的朱葆三、虞洽卿等，都有自己的业务，并且都和政府有较好的合作，比如唐廷枢就是清政府洋务运

黄傳記
全珍號專辦
帳網燈繸發客
廖全珍燈繸
興金線
廖全珍家辦各巷燈繸發行
萬安洋線各
瑞興承辦各省青赤金線銀線發客

▲ 广东十三行旧时街景

▲ 李鸿章

动的主要人物之一，受李鸿章的委派筹办开平煤矿，并主持官督商办的招商局，拓展了中国近代的航运业。由此可见，买办这个群体发展到一定程度之后，一部分转向了民族资产阶级。

巨商是这样炼成的

中国古代商人的社会地位不高，法律禁止他们穿戴丝绸衣物、乘坐华丽的车驾，即不得“衣丝乘车”，被称为“虽富无所芳华”。从秦朝开始，商人和他们的子女就一直不能从政做官，直到明清时期，才开始有商人步入仕途。但随着商品经济的不断发展，一些商人凭借自己的勤劳努力和经商之道，手中掌握了巨大的财富，成为名商大贾。这些成功的商人有了展现自己的舞台，他们抓住机遇，赢得了社会的尊重与认可。他们可谓是中国古代商人中的幸运者。在这些幸运者中，笔者选择了几位具有代表性的大商人，让我们一起领略一下这些商业大亨的传奇人生。

治生之祖——白圭

白圭（公元前370—公元前300），名丹，字圭，是战国时期著名的商人。白圭出生在东周都城洛阳。在魏（梁）惠王时期，白圭曾在魏惠王属下为大臣，后来又到齐国、秦国做官和经商。他一生的主要成就是在商业方面的理论建树和实践经验，他是先秦时期的商业经营思想家，也是当时著名

▲ 白圭

的经济谋略家和理财家。《史记》和《汉书》中说他是商业经营的理论鼻祖，即“天下言治生祖”，宋真宗时更封其为“商圣”。

欲长钱，取下谷——薄利多销的生意经

自商业产生和发展以来，随着手工业、农业生产的发展，社会分工也随之进一步扩大和细化。作为政治经济中心，东周都城洛阳的工商业发展一直处于领先地位，洛阳人善为商贾，商业贸易十分繁荣兴盛。传统的洛阳人都知道追逐利润，致力经商。白圭出生于洛阳，具备了极高的商业天分。战国时期的商人大都喜欢经营珠宝生意，但白圭却没有选择这一当时最赚钱的行业，而是另辟蹊径，开辟了农副产品贸易这一新板块。白圭才智出众，独

具慧眼，他看到当时农业生产迅速发展，敏感地意识到农副产品的经营将会成为利润丰厚的行业，提出“欲长钱，取下谷；长石斗，取上种”的经营策略。“下谷”就是指质量较差的谷子。他认为，“下谷”等生活必需品，虽然利润较低，但消费弹性小，成交量大，薄利多销，周转快，就是所谓的“跑量”。于是他将农产品、农村手工业原料、手工业产品这类的大宗贸易作为主要经营方向。

人弃我取，人取我与——掌握时机的智慧

白圭把自己的经营原则归纳成八个字：“人弃我取，人取我与。”丰年或粮食大量上市的季节，农民急着要把多余的粮食脱手，粮价下跌，白圭就适时收购进来，这就是“人弃我取”；歉年或青黄不接之际，农民亟须购买粮食维持生活，粮价上涨，白圭就适时供应粮食，这就是“人取我与”。为了掌握市场的行情及变化规律，白圭经常深入市场，了解情况，对城乡谷价了如指掌。

白圭的经商理论重视时机的把握，讲究速战速决。《前汉书》中说白圭“趋时若猛兽鸷鸟之发”，极为生动地描绘了他理财决策时雷厉风行的风采。他认为，要想通过经商发财致富，就要像伊尹、吕尚那样筹谋策划，像孙子、吴起那样运筹帷幄，像商鞅那样果决坚定。如果智不能权变，勇不足以决断，仁不善于取舍，强不会守业，那就没有资格去谈论经商之术了。

善“取”善“与”的儒商

白圭在经商时不仅善于“取”，即通过交易获取利润，同时也懂得“与”，就是要给交易对手和提供商品的劳动者一些利益，与人实惠。只有

这样，自身的利益才更容易实现。如在丰年，百姓们的粮食积压滞销时，有不少奸商都会坐待价格贬得更低时才会大量购进，而白圭则不然，他会用比其他人高的价格收购；等到年景不好，百姓们缺乏粮食时，奸商们则又囤积居奇，以高价出售，而白圭则以较为低廉的价格出售，解决了不少人的基本生存问题。他的这种经营原则，令他自身在获得利润的同时，还能在一定范围内影响到商品的供求与价格的变动，保护了不少农民、个体手工业者及一般消费者的利益。

白圭在经商之余，还很注重扶植农民的生产，经常以较低的价格向农民供应优良的谷物种子。这样不仅可以帮助农民增加产量，使自己掌握更充足的货源，同时也能让自己获取更多的利润。在这种良性循环的模式下，他仅用几年时间就积聚起了大量的财富。白圭从不靠诡计进行欺诈，也不靠高价实现利润，而是将货物流通与发展生产联系起来，使全国各地的物资互相流通，互为补充。

白圭认为，一个优秀的商人要具备智、勇、仁、强这四种素质，即要有善于分析形势、及时采取正确的经营策略的智慧；行动要勇敢果断，当机立断；要有仁爱之心，能够真正明白“取”和“与”的道理；最后则是要有耐心、有毅力，不可轻举妄动。其实，这四种素质就是社会的最高道德标准，而他却将此视为一个商人的基本素质要求，可见他对商人的个人道德修养要求之高，这也体现了我们今天提倡的儒商思想。在争取利益的同时，不失仁爱之心。白圭虽富甲天下，但生活却很俭朴，摒弃嗜欲，节省穿戴，与仆从们同甘共苦，成为后世商人效仿的楷模。

传奇巨商——吕不韦

吕不韦（？—公元前 235），出生在两千多年前的卫国濮阳（今河南濮阳西南），是战国末期富可敌国的商业家、政治家、思想家。吕不韦出身商人世家，他博学多才，文武双全，因扶植子楚即秦庄襄王继承王位而官拜相国，从此大展宏图。

慧眼识人，奇货可居

纵观吕不韦的商业生涯，不难发现他擅用所谓“投机”的手段，善于找到机会、抓住机遇。作为商人，抓住商机是非常重要的。当时，玉器非常珍贵，不但用于祭祀、外交和社交等场合，而且还用于服饰。《礼记》中写道：“古之君子必佩玉。”人们对珠玉的需求较大，而经营者不多，吕不韦抓住了这个既是热门又是冷门的珠宝行当，生意越做越大。他一方面卖一些大众化的廉价玉器，另一方面四处寻访，在一些玉店中寻找有价值的货物加以倒卖，从中渔利。吕不韦利用珠玉商人精益求精的心理，贱价收购有瑕疵的、被一些商人低价抛售的残次品，他认为，有时候顾客并不会注意那么多细枝末节，而经过他独到眼光淘到的玉器，往往能实现“贱买贵卖”。

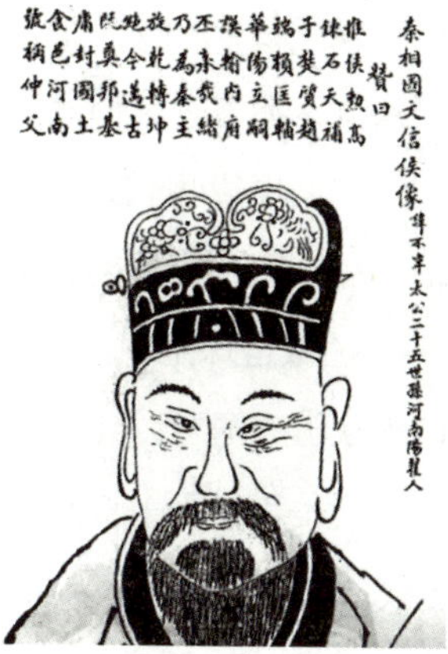

▲ 吕不韦画像

然而他一生最得意的一笔“大买卖”，却是结识了当时作为人质的秦国公子子楚并资助其回国即位。公元前 258 年，吕不韦来到邯郸经商，一个偶然的机会，他见到了在赵国做人质的秦国王孙子楚。子楚是秦王庶出的孙子，他乘的车马和日常的财用都不富足，生活困窘，很不得意。可是吕不韦见到子楚后非常喜欢，说子楚就像一件奇货，可以囤积居奇，以待高价“售出”，这就是成语“奇货可居”的出处。

吕不韦为什么将在异国潦倒的子楚视为“奇货”呢？原来当时各国之间有一种制度，把本国王室成员派到其他国家做“人质”，以示信誉。这些人质大多是有政治前途但在本国不受重视的王室公子，这种高级人质被称为“质公子”。那时，秦赵两国经常交战，秦国顾不上做人质的子楚，赵国又有意降低子楚的生活标准，弄得他非常贫苦，天冷时甚至连御寒的衣服都没有。吕不韦知道这个情况后，立刻想到，倘若在子楚身上投资，会换来巨大的收益。关于吕不韦的这个想法，《战国策》中有如下记载：“濮阳人吕不韦贾于邯郸，见秦质子异人，归而谓父曰：‘耕田之利几倍？’曰：‘十倍。’‘珠玉之赢几倍？’曰：‘百倍。’‘立国家之主赢几倍？’曰：‘无数。’曰：‘今力田疾作，不得暖衣余食；今建国立君，泽可以遗世。愿往事之。’”

我们可以用白话文来表述这段话。吕不韦了解了子楚（本名异人）的情况后，回到家里问父亲：“种地能获多少利？”父亲回答：“十倍。”吕不韦又问：“贩运珠宝呢？”父亲回答：“百倍。”吕不韦接着问：“那么把一个失意的人扶植成国君，会获利多少呢？”父亲吃惊地说：“那可没办法计算了。”

于是，吕不韦决定做这笔“大生意”。他开始下重金扶植这位失意的公子。他去见子楚说：“我可以光大你的门庭。”子楚笑道：“你还是先光大你自己的门庭，再来光大我的门庭吧！”吕不韦说：“你是不知道的，我的门庭是要等到你的门庭光大之后才能光大。”子楚明白了吕不韦的来意，与吕不韦坐谈，两人达成了政治同盟，子楚许诺，如果计划成功，将以分国作为答谢。吕不韦拿出五百金送给子楚，让他改善生活，结交高朋贵友。他另外将五百金带去洛阳，在那里购置珍宝玩物，为子楚疏通关系。

礼献赵姬，钓取奇货

在那个时代，吕不韦的一掷千金不能不说是大手笔，是具有远见卓识的大投资，同时他也承担着巨大的风险。因为当时的秦王是子楚的祖父秦昭襄王，子楚的父亲安国君是一个有二十多个儿子的老太子，要立子楚为嗣，已经很难，而要让子楚将来当上秦王，那就更难了。吕不韦从安国君的宠妃华阳夫人入手，让没有儿子的华阳夫人提拔子楚，于是，华阳夫人在安国君身旁吹起了枕边风，委婉地提起子楚非常有才能，还哭着说：“我有幸能填充后宫，但非常遗憾的是没有儿子，我希望能立子楚为继承人，以便我日后有个依靠。”于是安国君决定立子楚为继承人。吕不韦又施展他的游说本领，使赵国同意送子楚回国。正当子楚和吕不韦欢天喜地打点行装准备回国之际，秦赵之间爆发了长平之战，赵国战败，秦国坑杀了赵国四十多万战俘，赵王暴跳如雷，改变了主意，禁止子楚回国。子楚是秦太子的嗣子，也许会是未来的秦王，自然地位非常重要，赵国怎么能在与秦国交战之时放他回去呢？子楚只好被迫暂时留在了赵国。

此时著名的赵姬就要登场了。赵姬就是秦始皇嬴政的生母，她年轻的时候能歌善舞，美丽动人，深得吕不韦宠爱。在赵国期间，子楚也看上了吕不韦的这位爱妾，吕不韦已在子楚身上投下重金，为的是“钓取奇货”，事到如今只好无奈献出了赵姬。就因为吕不韦献赵姬给子楚，致使嬴政的生父究竟是谁成了千古之谜。传说赵姬被献给子楚时已怀有身孕，然而《史记》中则记载，赵姬“自匿有身，至大期时，生子政”。大期是指足月分娩，如此否定了吕不韦与嬴政的血缘关系。不过不管哪种说法，都已无从考证了。此时战争形势又发生了变化，为子楚归秦创造了条件。当时秦国趁赵国尚未恢复元气，再次派兵攻赵，在吕不韦用钱财结交的宾客的帮助下，子楚成功逃出赵国。回秦国后，吕不韦预备好了一套楚国服饰，让子楚见华阳夫人的时候穿。原来，华阳夫人是楚国人，吕不韦此举是想取悦华阳夫人。这正是吕不韦心思缜密的地方，他不仅有很多大手笔的行动，在细微之处也考虑得很周到。果然，华阳夫人见到穿着楚国衣服的子楚格外高兴，立刻对他产生了好感。此后，子楚成了华阳夫人名副其实的孝子，几乎天天到华阳宫请安。

官拜相国，营国巨商

公元前 251 年，秦昭襄王去世，安国君终于得以继承王位，华阳夫人为王后，子楚被立为太子。安国君在父丧后按祖制守孝一年，然后正式即位，不料却在即位三天后就突发疾病去世了。之后，子楚即位成为秦庄襄王。吕不韦竟然真的把当时在赵国失意潦倒的“质公子”，扶植成了秦王，确实令人佩服。后来子楚任命吕不韦为相国，使其从身份低贱的商人一跃成为位高权重、一人之下万人之上的权臣。此外还封他为文信侯，“以蓝田十二县为食邑”。从此，秦国大政实际上控制在了相国兼文信侯吕不韦的手上，子楚本来就没什么治国之才，凡事都由相国吕不韦裁决，他自己只管吃喝享乐，秦国进入了由吕不韦擅权的时代。而秦庄襄王死后，赵姬的儿子嬴政继

▶《吕氏春秋》古籍书影

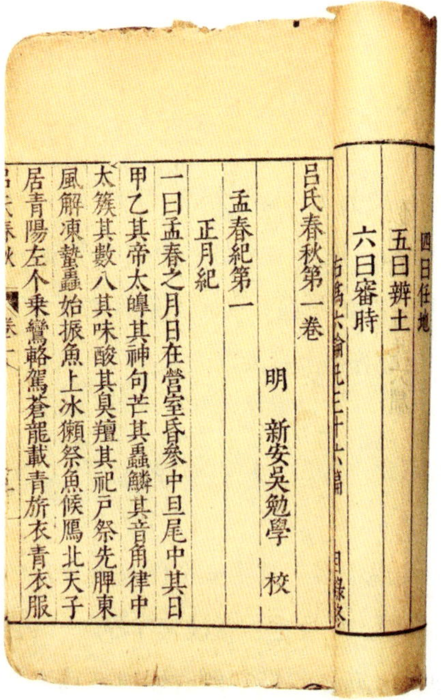
四曰任地
五曰辨土
六曰審時

吕氏春秋第一卷
明 新安吳勉學 校
孟春紀第一
正月紀
一曰孟春之月日在營室昏參中旦尾中其日甲乙其帝太皞其神句芒其蟲鱗其音角律中太簇其數八其味酸其臭羶其祀戶祭先脾東風解凍蟄蟲始振魚上冰獺祭魚候鴈北天子居青陽左个乘鸞輅駕蒼龍載青旂衣青衣服

立为王，尊奉吕不韦为“仲父”。“仲父”既不是官名，也不是爵名，而是叔父之称，是颇具亲情色彩的称呼。

吕不韦当年掷重金的投资可谓是空前的“壮举”，他的这笔“大生意”实在是一本万利，不仅使他在当时名利双收，更使其名垂青史，成为“营国巨商”，其所获回报完全无法用钱财来衡量。他开创了历史上商人从政的先河，而且也是成功的典范。吕不韦后来组织其门客撰写了《吕氏春秋》，其中有这样一句话："民之情，贵所不足，贱所有余。"这很好地总结了他做生意的诀窍：贱买贵卖和奇货可居。这也是吕不韦经商的重要法宝。

富可敌国——沈万三

沈万三（1306—1394），本名沈富，字仲荣，俗称万三，出生于平江路长洲县（今江苏苏州），祖籍湖州路乌程县（今浙江湖州），是元末明初的"江南巨富"。沈万三在出生前，父辈已经拥有千亩良田，并经营米店、酒庄等作坊，在当时当地算得上是大富人家。

"聚宝盆"的传说

关于沈万三的传说很多，其中一个便是聚宝盆的传说。据说沈万三在学堂调皮捣蛋无心向学，先生也常常被其作弄。小万三特别亲近其乳娘和管家，管家特别喜欢逗他玩，也在玩的时候教他算术知识。管家从酒庄取来一个空酒坛，让他将零钱放入其中，并建立账本，凡存取均需记账，此事小万三做得特别认真，理财意识由此形成。管家将酒坛笑称为"聚宝盆"。谁也想不到，"聚宝盆"这三个字竟影响了沈万三一生。无论日后沈万三发迹迁居苏州城还是应朱元璋诏令搬迁到南京城，此盆都一直跟随着他，对着聚宝盆他就有无穷无尽的生意灵感。后来朱元璋要征用聚宝盆来修建南京城，沈万三只好以需要择吉日并斋戒七七四十九天后呈献皇上才灵为由，暗里召集能工巧匠用黄金钻石打造了一个聚宝盆，上面刻画了各种吉祥的图案，呈送给皇上，才算过了这一关。

明清的笔记小说将沈万三的聚宝盆形容得十分神奇。清代的文人褚人获在《坚瓠集》中记载：沈万三年轻时有一天梦见一百多个身穿青衣的人求他救命，第二天早上，他见一渔翁捉了一百多只青蛙，准备杀了拿到市场上卖。沈万三联想到昨夜的梦，动了恻隐之心，拿钱将青蛙买下，放生于池中。当天晚上，青蛙们呱呱地叫了通宵，吵得他睡不着觉。早晨起床后准备驱赶，只见它们都环绕着一只瓦盆蹲着，他觉得很奇怪，便把那只瓦盆抱回了家。有一天，沈万三的妻子在盆中洗手，不小心将头上的银钗掉入盆中，不料银钗一变二、二变四，不一会儿已是满满一盆，数也数不清。随后拿金银来试也是一样。从此之后，沈万三富甲天下。

这样的传说很有趣，反映了民间对财富的幻想，但显然缺乏真实性。沈万三虽然是个名声很大的人物，但在史籍中却很少见到他的踪迹，而关于他事迹的野史笔记，则多数带有传奇性质，因此可信度也不高。在明代后期的小说《金瓶梅》中，主人公之一潘金莲说："南京沈万三，北京枯树弯——人的名儿，树的影儿。"说明当时的人对沈万三的事就已经没有太多的了解了，在老百姓眼里不过是个"影儿"。好在明清两代，江南地区的地方志书发达，其中有一些关于沈万三后代的记载，我们可以从中找到一些关于沈万三及其家族的可靠史料，比如清代同治年间的《苏州府志》、民国时期的《吴县志》、光绪《周庄镇志》等，以这些史料为基础，大概可以了解一下沈万三的一生究竟经历了什么。

何以富甲天下

关于沈万三发财致富的真正原因，大致有三种说法，分别是垦殖说、赠予说和通番说。

首先是垦殖说。这还要从江南地区的农业发展史说起。太湖地区的发展是在唐代中期以后开始的，到南宋达到高潮。由于水利得到了有效的治理，大批荒地（洼地）得到开垦。开垦以后要进行土壤改良，当地农民采用粪肥进行土壤改良，取得很好的效果。这些在汉代被称为“厥田惟下下”的江南地区土壤，到了南宋却以“沃衍”著称了。北宋著名词人秦观在《淮海集》中曾有这样一段话：“培粪灌溉之功至也。”这种以粪肥进行土壤改良的工作，延续的时间很长，到元代仍在推广。沈万三的父亲沈祐便是在施粪肥改良土壤上做出了较大的成绩，还帮邻里共同改良，充分开发了当地大片抛荒的肥沃田土。由于经营得法，占田日广，沈家转为招纳佃户、出租田地、雇用长短工和发放高利贷的大地主。到沈万三和他的弟弟沈万四掌管家业时，已经拥有地跨数县的良田。江南经济发达，在宋元之际未受到什么破坏，到元朝后期已为全国之冠。苏州和杭嘉湖地区历来是闻名全国的“粮仓”，素有“苏湖熟，天下足”之说。沈万三拥有田产数千顷，自然有大量的稻米作为商品出售。而当时的北方，包括元大都（北京）在内所需的粮食，主要靠南方供给，沈万三一定也是“售粮大户”。可见沈万三家族主要靠垦殖起家一说还是有一定依据的，辅以农产品交易，沈家逐渐发展成为江南第一富豪。

二是赠予说。很多资料都说，沈万三的财富均得之于元朝富人陆德原的赠予。传说陆德原性格豪爽、尚义好礼，并不把产业当作一回事。元代后期，天下大乱，陆德原看破红尘，“为黄冠”，也就是做道士去了，他把家产赠送给了为他管理产业的沈万三，沈万三也就成为了大地主。事实果真如此吗？我们还要先了解一下陆德原这个人。明代学者朱存理的《珊瑚木难》

中，收录了《元故徽州路儒学教授陆君墓志铭》，记载了陆德原的身世。陆德原，字静远，是苏州长洲县甫里（今苏州吴中区角直镇）人。“少知学，治别室，延宿儒，与居与游。左右书数千卷，常乘间披阅之。……然能尚义好礼，馆宾客无虚日。……族有田千亩当归君……”他在家乡办起了甫里书院，被署为山长，曾捐资重建长洲县学。调任徽州儒学教授后，又出资修州学，总之做了不少好事，为时人所尊敬。元代至元六年（1340）陆德原回苏州买木料时病逝，去世时有子八岁，长女赘徐元震，次女刚生三个月。这篇铭文出于陆氏同僚、儒学提举黄溍之手，有力地证实了陆氏并无出世当道士一事，况且还有入赘的女婿、幼小之女，更无送财与外人的道理了。另外也有资料说，陆德原的产业是传给了嗣子陆颐孙，陆颐孙是著名书画家倪瓒的女婿。倪瓒曾于至正十四年（1354）放弃田产而游历四方，陆颐孙也仿效其岳父，把财产赠送给沈万三，自己外出游历。明代孔迩《云蕉馆纪谈》一书中，也记载沈氏“有田数十顷”。亦说沈万三是有很多田产的“多田翁”。实际上沈万三很可能帮陆德原管过账，购运过木材，或接受过一定的赠予，但全盘接受陆家财产一说，则很可能是讹传。

最后是通番说。通番实际上是指海外贸易。元朝海外贸易十分繁荣。苏州的白蚬江西接京杭大运河、东入浏河，交通条件十分优越。江南又是全国最富庶之地，盛产大米、棉花、丝绸、茶叶、药材和各种手工艺品。在这样的地方做转口贸易，把江浙的物产运往海外是非常便利的，更重要的是利润相当丰厚。据乾隆《吴江县志》记载：“沈万三有宅在吴江二十九都周庄，富甲天下，相传由通番而得。”孔迩在《云蕉馆纪谈》中说沈万三“乃变为海贾，遍走徽（州）、池（州）、宁（国）、太（仓）、常（州）、镇（江）豪富间，转辗贸易，致金数百万，因以显富”。著名历史学家吴晗也说过：“苏州沈万三之所以发财，是由于做海外贸易。”因此我们可以大胆推测，沈万三家族在完成了资本原始积累后开始开拓商业，并大胆通番，开展海外贸易，从而一跃而成为巨富。

其实仔细分析以上原因可知，沈万三之所以成为江南巨富，以上三个原因缺一不可。首先，沈万三先祖以农耕立业，为沈家奠定了深厚的根基。之后，沈万三得到了苏州陆德原的资助，由于其具有出色的经济管理才能，治财有方，很快地完成了资本的原始积累。当沈万三拥有能使自己发展的巨资后，一方面继续开辟田宅，另一方面他把周庄作为商品贸易和流通的基地，利用白蚬江的水上交通便利，把江浙一带的丝绸、陶瓷、粮食和手工业品等运往海外，开始海外贸易活动，使自己迅速成为“资巨万万，田产遍于天下”的江南第一豪富。所以说，沈万三是以垦殖为根本，以资助为经商的资本，以大胆通番为手段而一跃成为巨富的。

沈氏家族的败落

明朝建立后，极具商业头脑的沈万三立即到了首都南京，购置房产，将生意做到了京城。从此，沈大富翁的威名响彻了南京城。然而，噩运很快降临——沈万三与明朝开国皇帝朱元璋扯上了关系，因为他参加了南京城墙的修筑。

朱元璋建立明朝后，战事频繁，开支浩大，根本没钱修城墙。也许是为了讨好新君，沈万三答应负责修筑洪武门至水西门一段，还包括与之相关的街道、桥梁、水关和署邸等相关工程。他不仅请了一流的营造匠师，还整天在工地上督促进度，检查质量。最后沈万三的建筑工程竟比朱元璋自行修

▲ 明太祖朱元璋画像

筑的城墙提前了三天完成。沈万三原以为会得到朱元璋的奖赏，谁知皇帝却不买他这个账。朱皇帝在宴席上说：“古有白衣天子，号曰素封，卿之谓矣。”朱元璋当场给沈万三戴了个“白衣天子”的帽子。这是夸奖吗？如果是夸奖，那么这绝对是天下最恐怖的夸奖。因为这话是从真正的天子口中说出的。从此，沈万三开始整天提心吊胆，坐卧不宁。

其实朱元璋早就对沈万三不满了。早前元末农民起义时，朱元璋与另一位起义领袖张士诚抢占苏州时，沈万三是站在张士诚一边的，还为张士诚提供了巨额的资金援助。为此，朱元璋用了八个月，才攻下苏州。沈万三是何等精明之人，朱元璋得势后，他立马摇身一变投靠了新皇帝。然而朱元璋还是一直对他心怀芥蒂。

富可敌国与功高震主，都是朱元璋所忌讳的。可是沈万三却不识相，修完城墙后，他随之又向朱元璋提出，打算自掏百万两黄金，代替皇帝犒赏三军。这终于让明太祖龙颜大怒，一个平民百姓竟然敢劳军，这不是要造反吗？幸亏马皇后说情：“我听说法律只杀违法的，不能杀不吉祥的。沈万三一介平民却富可敌国，是他自己不吉祥，这种人老天爷会降下灾祸，何必由陛下去杀呢？”朱元璋这才免了沈万三一死，但从此把他发配到云南。沈家的财产也全部被查抄，据说光田地就有数千顷。沈万三到了云南这个当时的蛮荒之地后，满肚子委屈，想想自己为大明朝出了那么多力，不想一时疏忽却招致如此落魄的下场。他沮丧失望，后来便客死他乡了。

但这还不算完，洪武十九年（1386）春，沈万三的两个孙子沈至、沈庄又为田赋坐了牢，沈庄甚至死在了牢中。从此，沈家的基业被彻底动摇了。洪武三十一年（1398），受“胡蓝党祸”的牵连，沈万三的曾孙沈德全等六人被凌迟处死，沈万三的女婿顾学文一家八十余人全都被斩首，田地财产被没收。沈万三苦心经营的巨大家业，轰然坍塌。

有人说，沈万三之祸，是因为他太张扬，竟然想以一介平民百姓的身份捐款劳军，终至惹恼了皇帝。但是，以朱元璋的气量和为人，就算没有修城墙和劳军一事，其他罪名也一样会安到他头上。因为在朱元璋眼中，沈万三富可敌国就是罪。正所谓，欲加之罪，何患无辞。在那个时代，“普天之下，莫非王土。率土之滨，莫非王臣”。一切都归君王所有，连朝廷的大小官员和全体百姓都不过是皇帝的私产，更不用说他们的财产了。以商人之力，又能如何呢？皇帝战胜了富商，官对商不信任、不认同，使得以商求富的行为存在着极大的风险。于是，在有明一代的漫长历史时期中，再也没有出现过像沈万三一样的巨商大贾。整个明代，江南富商也再没有出过什么彩。一切的可能性，都被朱元璋消灭在了萌芽状态。

近代中国的世界首富——伍秉鉴

伍秉鉴（1769—1843），又名伍敦元，祖籍福建泉州。他的先祖在康熙初年定居广东，开始经商。到伍秉鉴的父亲伍国莹时，伍家开始参与对外贸易。伍国莹的第二个儿子伍秉均创办了怡和行，哥哥去世后，弟弟伍秉鉴继续接手经营。由此可见伍家也是个经商世家。伍秉鉴可谓名声在外，在英、美等国的商业圈中是让人敬畏的人物，他的影响力到了何种地步？2001 年美国《华尔街日报》统计了“过去的一千年中最为富有的五十人”，他赫然在列，并且是入选的六名中国人中唯一的商人。《华尔街日报》还撰文表示，伍秉鉴是当时世界上“最大的商业资产拥有者，天下第一大富翁。”可是伍秉鉴在国内的名声，则几乎与其在国际上成反比。时至今日，提起我国历

▲ 伍秉鉴画像

史上的大商人，人们想起的是子贡、白圭、吕不韦、沈万三等人，却绝少有人知道这位近代的“天下第一大富翁”。对于一位曾经蜚声海外的世界首富而言，这种对比很是值得玩味。下面我们就来看看伍秉鉴的“世界首富养成记”。

从广东十三行开始

要说伍秉鉴，则必言广东十三行。十三行是鸦片战争前，官府特许经营对外贸易的广州口岸商行的总称，实际上是清代闭关锁国政策的产物。17世纪后期，康熙朝放宽了海禁，开放广州等四处为通商口岸。乾隆二十二年（1757），规定通商口岸只限广州一处。当时的对外贸易被公行所垄断，乾隆二十五年（1760），公行被认可为合法的通商机关。虽号称“十三行”，但实际上商行的数量并不固定，是不断变化着的，但一直沿用“十三行”作为总称。这些商行各有不同的经营范围，也各有关系密切的外国贸易伙伴。十三行基本处于对外贸易的垄断地位，几乎所有与清王朝有经济往来的亚洲、欧洲、美洲的主要国家和地区都与十三行发生过直接的贸易关系，大量的茶叶、丝绸、陶瓷等商品从广州运往全世界。当年十三行的繁荣可用“金山珠海，堆满银钱”来形容。据地方志记载，1822年，十三行集中分布的那条街发生了一场大火，大火中熔化的洋银满街流淌，竟流出了一二里地，形成了一条壮观的“银河”。这场大火造成的损失总计四千万两白银，而这些财物只不过是十三行的财产中微不足道的一部分罢了。由此我们可以稍微想象一下十三行当年是多么富有。在前后一百年间，广东十三行为清政府贡献了40%的关税收入。十三行逐渐被称为“天子南库”，因此也造就了一批世界级的大富商。

在盛极一时的十三行中，为首的四大商行最为富有，分别是潘启官的同文行、卢观恒的广利行、伍家的怡和行、叶上林的义成行。而在这四大商行中，最杰出的则是伍家的怡和行。而伍秉鉴是在 1801 年正式接手怡和行的。

伍秉鉴是一位极其精明的商人。在众多外国贸易伙伴中，他一眼选中了英国的东印度公司，并与之建立了极为密切的关系，这是他成为享誉国际商界的世界级大商人的重要一步。东印度公司的毛料、纺织品等产品，往往通过伍家的怡和行行销国内；而盖有伍家戳记的茶叶和丝绸产品质量上乘，畅销于国际市场，东印度公司也乐于收购。后来，双方关系日益密切，东印度公司周转不灵时，甚至时常向伍家借贷，伍家竟因此成为了东印度公司最大的债主。

除了东印度公司，伍秉鉴还与美国商界渊源颇深。曾有一位美国波士顿的商人找伍秉鉴借贷七万两千美元，在广州进行投资。但他经营不善，到期的时候不但还不出本金和利息，甚至连从广州回国的路费都没有了。伍秉鉴得知后将他请来，当着他的面将借据撕毁，宣布账目结清，请他安心回国。伍秉鉴还认了一个在中国贩卖茶叶和鸦片的年轻美国商人约翰·福布斯为义子，福布斯得到了伍秉鉴五十万银圆的投资，顺利回到美国，开始了铁路运输业务，后来成为横跨北美大陆的泛美铁路的最大承建商。此外，伍秉鉴还是福布斯在中国所经营的旗昌洋行的主要贸易伙伴。这些慷慨之举，为伍秉鉴在美国商界赢得了极大的声誉。伍家的生意由国内做到海外，在美国已涉及金融、保险、房地产等许多行业，伍秉鉴也因此在交易过程中得到了较大的优惠。除了与英、美等大国的贸易，伍秉鉴还拥有庞大的世界性贸易网络，其商业帝国的版图覆盖了印度、孟加拉国、马来西亚等地，并远至西欧的荷兰、普鲁士等国。伍秉鉴在世界各地都有长期合伙人与代理人帮他打理本地的商务，包括欧洲、北美、南亚和东南亚等地区。并且，他因对待这些合伙人和代理人的宽厚慷慨而负有盛名。

林则徐的成功与伍秉鉴的失败

从史料上看，伍家的怡和行向来都是做正经生意，茶叶贸易是伍家最主要的经营内容。但是一些由伍家担保来华进行贸易的外国商人为了牟取暴利，往往在其货物中夹带鸦片。一方是朝廷官府，一方是多年来贸易往来的生意伙伴，伍家两边都得罪不起。早在道光元年（1821），伍秉鉴就因隐瞒外船夹带鸦片，被清政府摘去了三品顶戴。在西方商人眼里，伍秉鉴是个诚实、亲切、细心、慷慨而且富有的人，英国人称赞他“善于理财，聪明过人”，但与此同时，英国人心中也很清楚，伍秉鉴“天生有懦弱性格”。这也为怡和行的衰落埋下了伏笔。

道光十九年（1839），林则徐来到了广州，主持禁烟运动。林则徐一到广州，就把矛头指向了十三行的商人们，说他们在私底下帮助洋商贩卖鸦片，毒害国人。一开始伍秉鉴就让儿子伍崇曜告知外国商人，最好避过风头，切勿“捋钦差的虎须”，但外商此前与中国官员打过不少交道，认为林则徐虽然态度严肃，也不过是与其他官员一样为了索贿而故作姿态，不以为然。林则徐最终使出铁腕手段，扣押了伍崇曜，并让伍秉鉴戴枷向聚于商馆中的外商宣读有关禁烟的上谕和林则徐亲拟的文告，声明外商必须在“三日内取结禀复”，交出所带鸦片。林则徐还借伍秉鉴之口警告说，假如不按期

▲ 林则徐画像

限缴烟，他们的老朋友伍秉鉴就要被处死，而缴烟者则可以继续与中国进行正当贸易。

外商中，美商多愿缴烟，希望能通过与伍秉鉴的良好关系继续保持对华贸易，而英国商人此时则分化为缴与不缴两派，其中以大鸦片贩子颠地为首的鸦片商们占了上风。当时广州外商的鸦片存货里，颠地一人就拥有总量的近三分之一，总共6000余箱，虎门销烟时销毁的鸦片一共是21306箱。如果都上缴，他们无疑会是遭受损失最大的人，因此他们一直坚决拒缴，导致伍秉鉴往来奔波，费尽心力，才从外商处得到1037箱鸦片。为了息事宁人，伍秉鉴派自己的儿子伍崇曜将这1037箱鸦片交给了林则徐，希望能就此结案。但是这使得事先调查过鸦片总数的林则徐大怒，派人锁拿了伍崇曜等人审讯。实际上林则徐并没有证据来证明十三行和伍家真的参与了鸦片交易，但是伍秉鉴妥协了，表示愿以家资报效。但是林则徐却坚决地下令将伍崇曜逮捕入狱。伍秉鉴颜面尽失，斯文扫地。林则徐此举实际上是杀鸡儆猴，对外表明他禁烟的决心。同时他还派兵封锁了外国商馆，切断了外商的生活必需品补给。

林则徐的强硬手段激怒了英国人，双方剑拔弩张，这时英国商务总督义律出面，提出了一个“完美”的办法，即要求外商将所有的鸦片交给林则徐，同时向英国政府请求，在此次危机解除后立即派遣强大的海军对这些“野蛮而狡猾”的中国人进行武力威胁，所得赔偿即可用来补偿这些

▲ 义律

缴烟外商的损失。一旦战争成功，破除十三行的贸易垄断地位只是迟早的事，大英帝国更可以攫取到无法想象的巨大利益。最后义律说服了各国商人，向中方交出了鸦片，紧接着，事态发展正如义律所言，1840 年 6 月，英国远征军封锁珠江口，鸦片战争爆发。据一位美国商人的记录，当伍秉鉴听说英国人派军队打过来了的时候，他当时便“被吓得瘫倒在地”，他清楚地知道，随着战争的爆发，十三行的垄断贸易已经不保，英国的最终目的是想要在中国打开更多的通商口岸。十三行的行商们积极为战争募捐，出资修建堡垒、建造战船、制作大炮，他们衷心希望清政府能打赢这一仗。但是事与愿违，清军在战争中全线溃败。1841 年 5 月，英军长驱直入，兵临广州城下，奕山统领的清军无力亦无心抵抗，于是想让十三行中惯与洋人打交道的商人们前往调停。于是伍崇曜与英军统帅义律展开谈判。最终，双方签订《广州和约》，协议规定清军退出广州城外六十里，并于一星期内交出六百万银圆赔款，英军则退至虎门炮台以外。

这六百万巨额赔款，清政府勒令十三行商人承担其中的三分之一。而作为十三行首领的伍秉鉴出资达一百多万。可是这次赎城之举并没有给伍秉鉴带来荣誉和感激，更多的反而是非议。从战争一开始，跟洋人做生意打交道的行商，就被国人贴上了“汉奸”的标签。不管他们捐多少银两，也难以抹去他们“勾结洋人，毒害中国”的恶名。

“世界首富”的悲哀

尽管鸦片战争让伍家损失不小，但对于号称世界首富的伍家来说，并不算伤筋动骨，而且伍家在海外的生意已经十分兴隆，这次失败并未让家族的命运衰败下去，但经历了这些悲剧性的变故，伍秉鉴连受打击，旧病复发，于 1843 年 9 月病故，终年七十四岁。

伍秉鉴的一生，折射出了行商（与前文所述“行商坐贾”的“行商”不同，此为商行的行商）这一特殊群体以及整个封建社会中依靠于政府的官商群体的无奈。十三行是政府闭关锁国的产物，伍秉鉴靠着十三行的贸易垄断地位，享尽荣华，却不能在紧要关头左右事态的发展，甚至无法保全自己和家人的尊严。官商也仅仅是商而已。他身处中外两个世界的夹缝中，外国商人贩卖鸦片，他如果完全禁绝，则会严重影响自己的生意；而钦差大人追究责任，他作为行商首领亦不能脱离罪责。中外冲突一旦爆发，他的立场更加尴尬，一方面他是大清臣民，另一方面，鸦片商人都是他长期合作的老朋友，这两方在真正剑拔弩张时，又都弃他于不顾。这是作为官商的悲哀。然而，最悲哀的还是他一直不断地将自己辛辛苦苦赚来的财富贡献出去，却仍旧得不到丝毫的尊重，作为中国古代的商人，他们永远要仰官府的鼻息，在政策的夹缝中艰难求生。

第二章

儒学与商贾——商人的文化基因

关于 109 个“仁”

仁是儒家学说的核心概念，是儒家最基本的道德范畴。《论语》中言及“仁”字达 109 次。那么，什么是“仁”呢?

儒家所谓的“仁”，有广义与狭义之分。从狭义上，仁的本质就是“爱人”。“樊迟问仁。子曰：‘爱人’。”这里讲的爱人，并非指代特定人群，而是泛指爱一切人，要求以爱己之心亲爱、关怀、尊重一切人，做到对一切人友善。爱人有两条原则：一是“己欲立而立人，己欲达而达人”。即要求承认自己欲立欲达的事，也要尊重他人有立有达的权利和愿望。二是“己所不欲，勿施于人”。即认为自己不愿做的事，也不要强加于他人。

从广义上，仁是全德之称，兼统各种美德。“樊迟问仁，子曰：‘居处恭，执事敬，与人忠。虽之夷狄，不可弃也。’”“子张问仁于孔子，孔子曰：‘能行五者于天下，为仁矣！’”“请问之，曰：‘恭、宽、信、敏、惠。’”这里的恭、敬、忠、宽、信、敏、惠等美德，是“仁”在道德行为上的不同表现。除此之外，还可以从仁中引申出人的其他美德，诸如“仁者乐山”“仁者静”“仁者寿”“当仁不让于师”“智者利仁”“有杀身以成仁”等等，这些都是仁的从属意义。可见，儒家以“仁”为核心而建构的道德范畴体系，既

▲ 南宋马远所绘孔子像

包括人的认知心理、语言仪表、道德情感、行为动机等，也包括人的道德行为等，从不同的侧面揭示了“仁”的深刻内涵。

儒家在商业方面的理想是“经世济民”，其出发点和最终目标都是从儒家文化出发。以“仁”为核心，以利国利民为目的，以回报社会为情怀。用助人之心进行商业活动，创设融洽和谐的氛围，借财富与金钱来实现自己人生的功名。这种经世济民的商业理想，表现了中国传统商人的一种崇高的价值取向和超越一般商人的精神境界，为中国历代商人所遵从，成为传统商人的一种精神传承。

经营的底线

“诚”与“信”

著名历史学家吕思勉在其《中国通史》中曾言：在中国，思想界的权威，无疑是儒家。在中国古代社会，儒家思想渗透到政治、经济、思想、文化、生活等各方面，商业自然也不例外。在中国思想史上，儒家倡导诚信，并坚持身体力行的价值观念。但儒家经典中的“诚”与“信”，最开始是独立的两个概念，与我们今天大众日常的理解有较大差异。

对于“诚”的诠释，首推《中庸》：“诚者，天之道也。诚之者，人之道也。诚者不勉而中，不思而得，从容中道，圣人也。诚之者，择善而固执之者也。”也就是说，在儒家思想中，“诚”是天之道，也就是客观存在的，这是从认识论层面来解释，而非伦理道德层面。儒家思想很少关注人类思想之外的事情，更注重“心”的修习，但不可否认的是，这种思想体系默认有一种客观实在影响着人类社会的运行。儒家思想里的“诚”，应该是“物之终始”，与“真”具有同样的意义。而“信”则是属于道德层面的概念，《孟子》中有“大人者，言不必信，行不必果，惟义所在。”即“信”的行为要合于“义”，如果不能坚守，“信”是没有任何意义的。《论语》中讲“朋友信之”，《孟子》中也说“朋友有信”，这里的“信”，即是守诚、守诺、守约之意。

“诚”与“信”都是对人的社会行为提出的要求，“诚”是对“君子”修身的要求。“诚”是天之道，是自然规律。《大学》中说：“欲正其心者，先诚其意；欲诚其意者，先致其知，致知在格物。”所以君子的修为，应将“至诚”作为沟通主观世界与客观世界的先决条件。“诚”更多的指“内诚于心”，而“信”是对人与人之间关系的要求，侧重于“外信于人”。因此，“诚”与“信”的组合，就形成了一个内外兼备、具有丰富内涵的词汇。许慎在《说文解字》中说，“诚，信也”，“信，诚也”，将“诚”与“信”合而说之。简单来说，诚，即真实，诚恳；信，即信任，证据。尽管二者有着多重含义，但从伦理学的角度看，最根本的含义就是诚实守信，它是庶民立身处世、君王治国安邦的根本。在世界几大文明古国中，唯独中国能自立于世界民族之林几千年而不沉沦，原因当然是多方面的，其中的一个重要原因，就是始终不渝地讲究诚实守信。这种诚实守信，表现在日常生活、经济生活、政治生活等各个方面。诚信是中华民族的传统美德，已传承数千年。

传承数千年的美德

孟子将“信”作为处理五种人伦关系的规范之一，而西汉的董仲舒更是将“信”与“仁、义、礼、智”并列为“五常”，使其成为具有普遍意义的社会道德规范之一。古人非常注重诚信守约。下面几个事例可以窥其一斑。

季札挂剑报徐君

季札是春秋时期吴国吴王寿梦的第四子，封于延陵，大约在今常州、江阴、丹阳等吴地沿江一带，又称“延陵季子”。季札是孔子的老师，也是孔子最仰慕的人。后世甚至有“南季北孔”之说。吴王寿梦的四个儿子中，季札最贤能，吴王和其兄长及吴国国民都欲立他为王，但季札始终推让不就。关于季札，《史记·吴太伯世家》有这样一段记述：“季札之初使，北过徐君。徐君好季札剑，口弗敢言。季札心知之，为使上国，未献。还至徐，徐君已死，于是乃解其宝剑，系之徐君冢树而去。从者曰：‘徐君已死，尚谁予乎？’季子曰：‘不然。始吾心已许之，岂以死倍吾心哉！’”

季札作为吴国的使臣，出使时路过徐国，拜访了徐国国君。徐国国君非常喜欢季札的宝剑，但又不好意思开口。季札心里也明白徐君之意，但因为还要出使中原各国，所以没把宝剑献给徐君。等到季札出使吴、楚等国回到徐国时，徐君已经去世了。于是季札解下宝剑，挂在徐君墓地的一棵树上，然后才离去。随行的人员不解地说：“徐君已经去世了，您这是赠送给谁啊？”季札说：“不，一开始我心里就已经许诺要把剑送给他了，怎么能因为他去世了而违背我的心愿呢？”徐国人赞美季札，歌唱他说：“延陵季子兮不忘故，脱千金之剑兮带丘墓。”

▲ 季札像

后来，季札“留徐剑”成为怀念亡友

或对亡友守信的典故，亦以讳称朋友逝世。唐代诗人杜甫的《哭李尚书》一诗中有“欲挂留徐剑，犹回忆戴船”。季札对朋友重允诺、守诚信，获得了世人的尊敬。后人为纪念此事，在季札挂剑处修建了“季子挂剑台”。“季札报徐君，冢树挂剑锋。至今泗水南，高台遗芳踪。”这是明代杨于臣对季札诚信之举的赞颂。“季札挂剑”这一典故不但被广泛流传，季札挂剑也成为诚信的象征。

范式交友重信义

范式，字巨卿，山阳郡金乡县（今山东省济宁市金乡县）人，是东汉时期的名士。曾被举为州郡的茂才，四次升迁至荆州刺史，后升迁至庐江太守，享有威名。《后汉书·独行列传》中有这样一段记载：“范式字巨卿，山阳金乡人也，一名氾。少游太学，为诸生。与汝南张劭为友。劭字元伯。二人并告归乡里。式谓元伯曰：‘后二年当还，将过拜尊亲，见孺子焉。’乃共克期日。后期方至，元伯具以白母，请设馔以候之。母曰：‘二年之别，千里结言，尔何相信之审邪？’对曰：‘巨卿信士，必不乖违。’母曰：‘若然，当为尔酝酒。’至其日，巨卿果到，升堂拜饮，尽欢而别。”

范式年轻的时候在太学游学，成为儒生，和汝南郡人张劭成为好朋友，张劭，字元伯。后来两人一起告假回乡，告别时，范式对元伯说：“两年后，我要回京城，将去府上拜访您的父母，看望孩子。”然后他们共同约定了日期。约定的日期快到的时候，元伯把情况告诉母亲，请她准备好酒食迎候范式。母亲说：“都分别两年了，千里之外约定的事情，你怎么就这么相信他呢？”元伯说：“巨卿是个诚实守信的人，必然不会背信失约。”母亲说：“如果是这样，我就为你去酿酒。”到了约定的日子，范式果然来了，二人互拜对饮，尽欢而别。因为他们重逢那天正值重阳节，二人就达成了重阳节的“鸡黍之约”，即隔期互拜尊亲，兄弟间你来我往，杀鸡炊黍厚待对方，多少年都雷打不动，严格遵守，从不误约。

当然，这并不是故事最终的结局。

转眼又是一年重阳节，元伯杀鸡煮黍，一直等到傍晚，范式也没到。到了三更时分，元伯迷迷蒙蒙地睡着了，梦境中，他竟看到范式隐隐地飘然而至。元伯忙起身相迎，范式却以袖掩面步步后退。元伯追赶范式，不料却一脚踏空。原来，范式辞官回归故里，因为忙于事务，一时疏忽了“重阳鸡黍之约”的时间，等他想起来时，已无法在重阳节这一天赶到元伯家了。如果不去，那就违背了诺言。范式寻思无计，对妻子说：“常闻古人云，人不能日行千里，魂却能日行千里。做人诚信为本，我死也不能失信。要让我的魂灵去汝南赴约。”范式嘱咐罢妻子，遂自刎而死，化为魂灵去了汝南赴约，托梦于元伯，并将实情告诉了他。元伯在梦中得知噩耗，一下子哭醒，他辞别妻母，奔赴山阳为范式送葬，在悼念范式之后，也在他的灵柩前自刎而死。

范、张二人死后，金乡范庄的老百姓念及他们一诺千金、诚恳守信的行为，改范庄为鸡黍，即现在的鸡黍镇。汉明帝也怜其二人信义深重，以励后人，下拨银两在范式故地筑坟修庙，即鸡黍镇的“二贤祠”与“范张林”。

诚信美德的“代言人”——关羽

中国古代的诚信典故比比皆是，而关羽可称为影响最大的诚信美德“代言人”。作为三国时期的蜀汉名将，关羽由将而侯、而王、而帝、而圣，一生忠义仁勇，诚信名冠天下。关羽以武圣之尊与文圣孔子齐名，他身上体现的忠义诚信品质，历来受官方、民间、儒释道所敬仰推崇。最能体现关羽“诚信忠义”精神典故的，要数“土山三约”和“夜读《春秋》”了。

“土山三约”中的土山，位于江苏北部。曹操东征徐州，大败刘备。刘、关、张兄弟失散，关羽被困土山。张辽奉曹操之命上山劝降，他向关羽分析如果以死相拼，就会有三罪：弃兄独死，有负桃园誓同生死之约；二位夫人无所依托；不能和兄长共扶汉室。张辽又以“三便”劝关羽降曹：一者可保甘、糜二夫人的安全；二者可不背桃园之约；三者可留有用之身。关羽被说动了，又提出了“三约”作为降曹条件：一、今降汉不降曹；二、请给二位嫂子俸禄，单独居住，他人不许入门；三、只要一旦知道皇叔的下落，不管千里万里，都将归刘而去。三者缺一不可。“三约”体现了关羽对汉室、对刘备的忠诚，在文字上约法三章，表明他对兄弟桃园结义承诺的践约之志。

“夜读《春秋》”是和关羽相关的故事中最著名的一个典故。《三国演义》中并未提及“夜读《春秋》”典故，但民间流传甚盛，亦可见关羽忠诚的形象在百姓心中根深蒂固。接续“土山三约”的故事，徐州兵败后，关羽与曹操约法三章，暂居曹营。曹操敬重关羽，为了笼络他，赐给他珍贵物品，关羽都送给了两位嫂子；几日一宴请，关羽从不乱吃喝；给关羽大宅，而他却将内宅给两位嫂子居住，并派人把守，自己住外间；派十名美女伺奉他，他却叫美女去服侍两位嫂子。曹操此前还安排刘备的两个夫人和关公同居一室。关公却不动色，秉烛独坐在门外，专心致志读《春秋》，通宵达旦，毫无倦色。曹操想通过美色来诋毁关羽，从而达到逼其就范的目的，却仍以失

▲ 关羽“夜读《春秋》”木雕

败而告终。

关羽虽为武将，但“夜读《春秋》”的典故却向我们呈现了关羽能文能武的形象。那么，历史上的关羽有没有夜读《春秋》呢？据裴注《三国志》引《江表传》记载：关羽平时十分喜爱《左氏传》，而且“讽诵略皆上口”。《左氏传》即《春秋左氏传》，亦即《春秋》，其“微言大义”成为儒学传承的重要内容。因此，汉代的关羽读《春秋》应是有据可依的。关羽面对美色坐怀不乱，通宵守卫两位嫂子，这不仅是对兄长刘备的忠义承诺，更反映出关羽诚实守信的道德品质。这一优秀品性，经《春秋》儒学道义的熏染，升华成了华夏民族最宝贵的忠义诚信的道德典范，千古流传。

刘庭式不弃盲妻

刘庭式，北宋齐州（今山东省济南市）人。此人在历史上虽不如前面几位有名气，但却流传着一段不负婚约、不弃盲妻的美谈。元朝脱脱等修撰的《宋史》以及苏轼的《东坡全集》中，均有对刘庭式的相关记载。

刘庭式出身农家，当初尚未及第时，邻居老翁有一女儿，相约与庭式为婚，但未聘定。数年后，庭式赴考，中进士，回到老家，拜访邻居老翁，老翁已经去世了，他的女儿因病双目失明，家中贫困得揭不开锅。庭式请人去表明先前约定好的婚事，但女方以疾病相辞，实际上是因农家之女不敢嫁给士大夫。庭式却坚持说："人得守诚信，不能变心。我和翁有约在先，怎么可以因为翁死女疾而违背约定呢？"就这样，二人最终成了婚。婚后，夫妻相携而行，互敬互爱，连生数子，家庭非常和乐。后来，庭式犯了错误，监察官本欲逐之，考虑到他的美行，遂予以宽恕。

就在庭式掌管江州太平宫时，妻子病逝了，庭式很悲伤，哭得很哀痛，终生誓不再娶。当时苏轼是密州太守，庭式为通判，苏轼问他："夫妻所以有生离死别的哀伤，是因为爱；而爱是生于色，现在您的爱是从何而生？您的哀伤是从何而来呢？"庭式说："我只知道丧亡的是我的妻子而已。如果我只是因其美丽的容颜而爱她，为她悲伤，一旦妻子容颜不再，我就不再爱她、不再因为失去她而悲伤的话，那么，那些倚门卖笑、风月场中的女子，岂不是都可以做我的妻子？"苏轼听了非常敬佩。

人无信不立。诚信是儒家文化中的重要道德信条，"信"字在《论语》

一书中出现过38次，在《孟子》一书中出现过30次。在儒学经典中，“诚信”一词拥有内容极为丰富的社会道德范畴，既有政治学意义，也有伦理学意义。对个人而言，“信”是做人的根本，是自我修养的基本准则，也是立身处事、广交朋友的基本准则，诚信成为人们在社交场合和人们交往过程中的基本规范。在政治上，孔子提倡“道千乘之国，敬事而信”，把“敬事而信”列为治理千乘之国的第一要务。取信于民是统治者治国安邦的一个基本条件，一个官员、一国政府倘若不能得到群众的信任，任何事情都办不好。同样的标准也适用于经济生活。从古至今，“诚信”都是经营之道的根本。那么经济生活中的“诚信”又是如何体现的呢?

儒商的底线

经济生活中的“诚信”，也得从孔子说起。《论语·里仁》中写道：“富与贵，是人之所欲也，不以其道得之，不处也。”孔子反对攫取不义之财，主张通过诚实的劳动与经营去获得应得的财物。他主张“见利思义”“义然后取”。这里所讲的“道”和“义”，指的就是诚实的劳动与经营。《论语·述而》中写道：“富而可求也，虽执鞭之士，吾亦为之。”在孔子那个时代，“执鞭之士”即拿着马鞭赶马车的人，所从事的是层次较低的劳动，但因为通过它可以获得物质财富，所以他也愿意干，因为这种物质利益毕竟是通过自己的诚实劳动获得的。

孔子主张“因民之所利而利之”“择可劳而劳之”，也就是让老百姓自由自在地选择自己能干的、干了能得到物质财富的事。因此，在“学而优则仕”的时代，他对“不受命，而货殖焉，亿则屡中”的子贡，采取了肯定和赞许的态度，这在当时具有振聋发聩的作用，并对后世产生了深远的影响。子贡作为孔子最得意的三大弟子之一，成为了儒商鼻祖。子贡“鬻财于曹、鲁之间”，在曹国、鲁国之间从事贱买贵卖的商业活动，经商致富，“家累千金”，成为孔门弟子中“最为饶益”者。“所至，国君无不分庭与之抗礼。夫使孔子名布扬于天下者，子贡先后之也。”这为儒学布扬天下提供了强大的经济后盾。司马迁在《史记·货殖列传》中列举的十七个商人，都在不同程度上受了孔子上述思想的影响。比如范蠡、白圭等。我们前文已经介绍过范蠡，他“旱则资舟，水则资车”的经商理念就是儒商的经商理念。白圭则“乐观时变”，经商“犹伊尹、吕尚之谋，孙吴用兵，商鞅行法”。这些通过诚实劳动和经营致富的古人，开了中国儒商精神的先河。后世的十大商帮，深受他们的影响。其中，以晋商和徽商最为典型。他们以诚实守信取得了顾客的信赖，获得了源源不断的财富。

▲ 孔子弟子子贡（端木赐）画像

晋商——立业处世，诚信为本

儒商从一开始就将“诚信”奉为经营之道的根本。晋商是儒商中的典型，也是历史上全国乃至全世界都公认的讲究信用的商业群体，主张义利相通、先义后利、以义制利。梁启超也曾说：“晋商笃守信用。”信义并举的道德构建使他们建立了充分的道德自信，从而能在信、义、利三者之间做出理性而正确的选择。

在立业上，晋商对“信”字怀有一种诚惶诚恐的虔诚，一种雷打不动的信仰，认为一旦失信必遭失败。晋商把言必忠信、信必笃敬的关羽尊为财神，作为自己的精神偶像，以此来建立自己的道德自信。关羽是山西人，作为关公的同乡，山西人颇有荣誉感和自豪感。在许多晋商发迹的城市，大都有关帝庙。山西人每到一地经营，一经发展，先修关帝庙。很多关帝庙都是由山西商人修建的。在商业活动中，晋商借助关羽的忠义来团结同人，借助关羽的诚信来招揽顾客，他们希望通过这位神威广大的神灵，来督促他们的商业活动必须在正义中开展，因此在同行中取得了良好的信誉。著名的晋商乔致庸把经商之道归结为，第一是守信，第二是讲义，第三才是取胜。他们“轻财尚义，业商而无市井之气”“重廉耻而不失体面”，赚钱讲究薄利，要薄利必须克制欲望。晋商的很多商号将这种经营之道辈辈相传，财富竟然也越积越厚。晋商曾经营过许多皮毛店，当时的皮毛店是一种中介性的行业，从中收取一些佣金，一般是百分之二。这样的皮毛店好比货栈，商家将大量的货存在皮毛店，店家有负责保管的义务，同时也承担了货物损坏的风险。比如“广恒信”皮毛店，一次在经营过程中不幸发生了火灾，店内的皮毛宝物都烧毁了，面对这样的灾难，“广恒信”按原来登记的清册逐项清算，全部赔偿。可见，“广恒信”对自己很“刻薄”，对不多的收益很知足，对巨大的损失则不推脱，一般“在商言利”的商家很难达到这样的境界。民间流传了“广恒信定店不漏针”的说法。这样的故事，在晋商中比比皆是。

晋商发展之初，大多采取合伙经营的方式，合伙经营之所以成功，靠的就是诚信的经营理念。譬如称雄旅蒙贸易两百年之久的大盛魁商号，开始就是由晋中商人王相卿、祁县商人张杰等联合创办的。在银两作为流通货币之前，大盛魁生产的砖茶竟然能作为交换用的货币使用。凡是大盛魁出售的茶、丝、烟等，蒙民及俄商出卖的马、牛、羊、骆驼、药材等，皆可换算成砖茶若干块，然后再结账。大盛魁的信用可见一斑。

晋商的票号多是东家出资、掌柜经营的运作模式，两者之间靠着“信义”维系着良好的关系。对于金融业来说，信誉更是其立业之本。以日升昌票号的一个事迹为例，清朝末年，平遥城内有个讨吃要饭几十年的穷老太太，有一天，拿着一千二百两的汇票，到日升昌票号要求兑付白银。这张汇票与存款时间相隔了三十几年，日升昌查验无误后，立即给这个讨饭的老太太如数兑付了现银本息。原来，这个老太太年轻时，丈夫到张家口做皮货生意，赚钱后办成汇票，在回家途中染病身亡。几十年后，老太太整理丈夫当年留下的唯一遗物——一件夹袄时，无意中发现了这张汇票。通过这件事，日升昌童叟无欺、诚信为本的声誉大振，业务愈加红火，事业如日中天。

1900年，八国联军攻占北京，豪门望族仓皇出逃，他们随身携带的只有山西票号的存折，一到山西便纷纷跑到票号兑换银两，但山西票号在这次战乱中损失惨重，设在北京的分号不但银子被劫掠一空，甚至连账簿也付之一炬。没有账簿，山西票号原本可以向储户言明自己的难处，等总号重新清理账目之后再做安排。但是以日升昌为首的山西票号却没这么做，他们只要储户拿出存银的折子，不管银两数目多大，一律立刻兑现。这样，在没有账簿只有存折的情况下，也坚持兑换，山西票号这样做，无疑是以不计后果的举措，向世人昭示了“诚信”二字在票号业中至高无上的地位。战乱过后，当他们在北京的分号重新开业时，人们纷纷将积蓄放心地存入票号，甚至连朝廷也将一些官银交给票号汇兑、收存。

山西票号红红火火长达一个多世纪，这些宏伟业绩和经营之道，至今仍

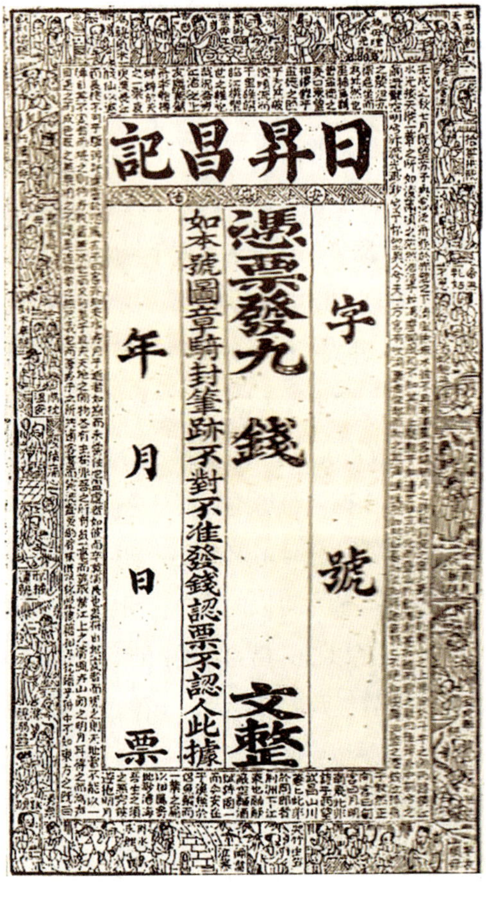

▲“日升昌记”纸币票样，上海历史博物馆藏

带给我们莫大的震撼和启迪。

在处世上，晋商也极为看重为人之道，认为做生意的本质就是做人，因而人品最为重要。从古至今，很多商业实践都证明，商业的成功与高尚的品德密不可分，商人只有具备高尚的品德，才能享受真正的成功和永久的快乐。

在做人的修养上，晋商也表现出了诚实忠厚的一面，所以人们才喜欢与之交往。他们讲求的是赢取回头客，“生意没有回头客，东家伙计都挨饿”。凡事不做过分，不做法外生意，不能一刀子把客人宰死，不做一锤子买卖。晋商和同业的往来中，既保持平等竞争，也保持相互支持与关照。这从晋商对待借债的态度就能看出来。做生意难免有短缺之时，互助借贷，自然是常有之事。如何对待借债，对商家和个人的品格，都是一大严峻的考验。名震天下的山西祁县乔家，有“天下第一乔”的美名，乔家对待债务的态度是：该外的一文不短，外该的听其自便。由此足见其胸怀宽阔和品格高尚。有一家商店关门时，尚欠乔家的复盛公商号一千两银子，复盛公的经理就去那家店里拿了一把斧头，以此作为借债人还了债的标志。还有一家商号倒闭时欠复盛公五万两银子，经理登门向乔老爷请罪，乔老爷只是安慰，并不追究欠债。乔家实际上等于借此做了一个永久的“活广告”，声誉越传越广，越传越牢靠，财源也就滚滚而来。乔家的复字号商号之所以长盛百年，就在于其不图非分利润，靠信誉赢得长期客户。凡复字号的商品，必保证质量，价格公道，决不会以次充好，缺斤短两，使客户蒙受损失。复字号就是信誉的保证。

有一年，乔家的复盛油坊名下的通顺号从包头运了大批胡麻油往山西销售，经手店员因贪图厚利，竟在油中掺假。此事被掌柜发觉后，告诉了乔致庸。乔致庸命掌柜连夜写出告示，贴遍全城，说明通顺号掺假事宜，同时，凡是近期到通顺号买过胡麻油的顾客，都可以去店里全额退银子，以示赔罪。宁可忍一时利益之痛，也要大力挽回商誉，保证长期的持久利润和品牌信誉。乔致庸还以此事教育员工，商家虽要追逐利润，但绝不能干损人利己的事。这次胡麻油事件，虽然让商号蒙受了不少损失，但因其诚信不欺，故而信誉昭著，复字号的油成为信得过的商品，近悦远来，生意更加红火了。

又如乔家的复恒当铺，门面并不大，但很注重服务态度，当物的定价比其他的当铺都高。全年营业，大年初一也不休息。还规定每年除夕夜通宵营业，次日天明的第一笔交易叫“天字第一号当”，当户要多少钱就给多少钱，不打折扣，在当地商誉极好。一次，复恒当铺的柜台伙计疏忽大意，把一件狐皮大衣误识为羊皮袄让人给赎走了。当狐皮大衣的当主来赎物时，才发现了差错。事情报大掌柜知道后，他立即召集伙计训话，强调赎错当是当业大忌，是关系本铺名声的大事，一定要彻底清查，纠正错误。复恒当铺全体伙计夜以继日核对每张当票和账簿，逐人逐事回忆当时的情况。经过仔细排查，发现了一点线索，错赎的范围缩小到临城的几个村子。于是，大掌柜亲自率人去附近农村调查，几乎把临城的几个村子里当过皮衣的人家筛查了一遍。终于查出错赎户是北谷丰村的一位范姓农民。大掌柜拿上羊皮袄送到范家，一进门就连声检讨，说错在复恒当铺，绝不能怪范家。狐皮大衣取回后，大掌柜又亲手送还了失主，还对错赎做了一定的经济赔偿。这件事很快在祁县传开，复恒当铺不仅未因出了差错而影响业务，反而名声更响了。这既体现了商人灵活的经营措施，又表明了把声誉视作自己生命的经商美德。

徽商——以德治商，以信接物

徽商以“贾而好儒”著称，是儒商中的典型。徽商中很多本身就是理学鸿儒、诗人、画家、金石篆刻家、书法家等，并且往往是官商一体。从穷山恶水走出来的徽商，为何能在天南地北落地生根、立于不败之地呢？其核心就在于“以德治商，以信接物”的儒商经营理念。

徽商在经营中，也把诚信作为自己的行为准则。明嘉靖年间的徽商鲍雯很好地总结了徽商成功的要义：“虽混迹廛市，一以书生之道行之。一切治生家智巧机利悉屏不用，唯以至诚待人，人亦不君欺，久之渐至盈余。”他们以“书生之道”起家，以诚待人，以信服人，博得了顾客的信任，最终成就大业。徽商吴南坡也说：“人宁贸诈，吾宁贸信，终不以五尺童子而饰价为欺。”他所出售的“南坡布”，货真价实，深受顾客欢迎。他们是这样说的，也是这样做的。“宁可失利，不愿失义”是徽商的信条。

清代商人黄应宣，善于把握买卖的有利时机，但却以十分之一的微利为限，薄利多销，惠顾买家，以仁义诚信经商，从不巧取豪夺，因此生意兴隆，财源旺盛。更难得的是，黄应宣以义生财后，还能以利行义，赈灾济贫。乡里有贫民、灾民急需用钱时，往往写好借据到他门上求借，他每次都慷慨地借予，却从不收借据。借贷人问为什么不收借据，他说：“与其等你们走后我再撕掉它，还不如现在就不收它。”黄应宣的义名传遍乡里。又如徽商朱文炽贩新茶去珠江，由于抵达时错过了商机，新茶成了陈茶。在后来的买卖中，朱文炽总是在所售茶叶上写上“陈茶”二字，因此大大影响了茶的价格。有人力劝他将“陈茶”二字撤掉，他执意不允。尽管因此损失了一大笔利润，却在顾客心目中树立了诚信的形象。

▲ 铁画《铁打丹青》，徽商博物馆藏

再如，徽商詹元甲在外地经商，遭遇当地大灾，严重缺粮。受当地太守委托，他携带二十余万两白银，到外地采购粮食。到采购地后，旅店主人告诉詹元甲："此地买米，例有抽息（回扣），自数百两至千万，息之数，视金之数。今君挟巨赀，可得数千金。此故例，无伤廉。"拿回扣，是本地商贸活动中的一个惯例。回扣金额以货款的多少而定，可由数百两至千两、万两。拿二十余万两买米，可得回扣数千两，这是按惯例办事，不会有损廉洁的声誉。而对这巨额回扣的诱惑，詹元甲说："今饥鸿载途，嗷嗷待哺，予取一钱，彼即少一勺，瘠人肥己，吾不忍为。"他认为现在饥民遍地，他若截取钱财作为回扣，饥民们就要少吃一顿饭，对待别人吝啬，对待自己贪婪，这样损人利己的事，他不忍心做。这样的事例，在徽商中不胜枚举。

徽商之所以能成为明清时期的大商帮之一，很重要的原因就是他们“以德治商，以信接物”的经营之道。他们不惑于眼前小利，崇尚信义，诚信服人，市不二价，童叟无欺，反对狡诈生财，处处“种德”。清代商人程家第就是这样的商人。

程家第是安徽休宁人，他开设店铺的经营宗旨是“以信义服人”，在生意往来中诚信不欺，讲求信义。但是，开张一段时间后，却未能赢利。有人对他说，经商这事，是大有学问的，你这样老老实实的，怎么能行呢？必须用些计谋，使些权术才行。程家第不同意这种观点，他说：“世上白手起家的商人很多，他们最终都能致富，难道都是靠歪门邪道而发家的吗？”他很推崇经营有道的陶朱公范蠡。范蠡帮助越国灭掉吴国后，急流勇退，改名换姓，离开了越国，到了定陶这个地方，置产定居，做起了生意，人称朱公。他看准时机进货，对人讲信义，赚到的钱分给一些贫困的兄弟，仗义疏财，富而行德，赢得了极佳的声誉。他的子孙也继承了这种经营之道。程家第认为，靠要奸使坏是不可能成为陶朱公的，自己一定要坚守信义，以信接物，以诚待人，至于赚钱与否，听之任之吧。开始时，他确实没有赢利，甚至还受了些损失，然而他的诚信却换来了顾客的称赞，人人都知道他以信义经商，公平买卖，上门的顾客越来越多。程家第的儿子程之珍接管了父亲的店铺后，承袭“以信义服人”的经营思想，一直生意亨通，财源茂盛，终至家资数万，成为富商。

从经营的角度来说，商家与顾客的关系是互惠互利、相互依存的，想要“双赢”，就不能贪图眼前之利而投机取巧、欺诈顾客，否则就是自欺欺人，最终坑害的还是自己。

诚信的传承

不只是晋商、徽商，中国商人从古代到当代，都把“诚信”原则奉为经营之道的根本。创建于清康熙年间的北京同仁堂药店，是享誉海内外的老字号。在创建之初，创始人乐显扬就把“可以养生，可以济世者，唯医药为最”奉为办店宗旨，对内以诚相待，对顾客童叟无欺。至今，同仁堂职工仍把“修合无人见，存心有天知”作为制药的法则。在“无人见”的情况下，仍能以诚心对待制药工作。风雨兼程三百年的同仁堂，之所以能够名列全国中成药五十强之首，被誉为天下第一中药店，靠的就是诚信。明、清、近代以来的一些老字号店铺，都以货真价实、童叟无欺为座右铭。清人欧阳兆熊在其《水窗春呓》中写道：“著名老店，如扬州之戴春林，苏州之孙春阳，嘉善之吴鼎盛，京城之王麻子，杭州之张小泉，皆天下所知。……然此各家，得名之始，亦只循‘诚理’二字为之。”

现代市场经济发展如火如荼，人们的物质文化生活得到空前的提高。在现代商业活动中，诚信仍然是经营之根本。然而，人们的失信作伪行为却愈加频繁，利用高科技造假引发的犯罪现象层出不穷，出现了全球性的诚信危机。如美国最大的能源交易公司安然公司，2001 年因虚报六亿美元盈利而引起华尔街乃至全球金融界的震惊；2002 年，华尔街的顶级投资银行美林公司，因为滥用投资者的信任弄虚作假，而被推上被告席，最后以一亿美元罚金将大事化小。日本的诚信危机也普遍存在，在一些大企业中更为突出。如日本火腿公司是日本肉制品企业的龙头老大，一直受到消费者的信赖，然而这家公司却将日本政府因疯牛病问题宣布禁止进口的外国牛肉，作为国产牛肉转售给国家牛肉收购机构，从中牟取暴利。近年，

▲ 著名老店张一元、王麻子

三菱、铃木等日本汽车厂商相继曝出燃油效率造假，安全气囊厂商高田公司也被曝出测试数据造假，深陷“诚信门”，这些诚信缺失事件令“日本制造”蒙羞。

在中国，随着改革开放的愈加深入，人民的生活水平提高，对金钱的欲望也随之膨胀，为逐利而导致诚信缺失的事例层出不穷。以南京冠生园为例。南京冠生园本是一个有着近百年历史的知名老字号企业，但其从 1993 年开始，用陈馅做月饼，2001 年中秋节前夕被中央电视台曝光，不得不向南京市中级人民法院申请破产保护。2004 年，以低至 818 万元的成交价被拍卖，这一价格也说明了它在人们心目中的价值。

诚信危机是一个世界性的问题。这也许是市场经济发展、社会进步过程中不得不面对的。诚信在儒家文化中占有重要地位。儒家文化是中华文化的根基，深刻影响了中国两千多年。在现代商业活动中，中国商人只要生在中国，长在中国，就不可能不受到儒家文化思想的熏染。在改革开放几十年后的今天，儒家文化与各种外来文化逐渐整合，以一种上善若水的包容精神变得更深、更高、更广，当代的中国商人不仅秉承着儒家传统美德，还具有全球化视野和现代化管理意识，可称为“新儒商”。

在现代商业活动中，新儒商们应以儒家的“诚信”原则来树立自己的企业形象，以赢得“上帝”的信誉。“诚信无欺”这一道德原则，在商业活动中至少体现于四个方面：一是质量诚信。在激烈的市场竞争中，只有货真价实、信誉好的产品才有立足之地，任何假冒伪劣产品都会失信于顾客，产品质量是商家赢得社会信誉的根本保证。二是广告诚信。这要求商家做广告实事求是，名副其实地宣传自己的商品，不可夸大其词，更不可以假充真，以次充好，欺骗顾客，任何虚假广告都会使商家丧失信誉。三是价格诚信。

不可漫天要价，更不可哄抬物价，商家一旦在商品价格上失去信誉，就会失去顾客，这是一种自杀的行为。四是契约诚信。只有信守契约，讲究信用，才能维护商家之间、商家和顾客之间的良好关系。如此，才能树立良好的商业形象，取得顾客的信任。

商人也是谋略家

儒家乐智

智，在先秦的典籍中，与“知”通用。《论语》中“知”“智”出现达116次。在孔子所处的春秋时代，知、智表达知识、智慧的含义，到了孟子所处的战国时代，知、智则有所区分，表达智慧之意多用“智”。所以，汉儒董仲舒把智列为儒家五常之一，而这个智字，就是孔子所用的知。孔子强调君子有“三达德”，以智为先。儒家的五常也包含“智”。可见，智作为一种智慧、道德，是儒家人格培养的重要内容，也是商人人格修养的第一等功夫。

《论语·季氏》中写道：“孔子曰：‘生而知之者上也；学而知之者次也；困而学之又其次也；困而不学，民斯为下矣。’”意思就是，天生就聪明的是最上等；通过学习才明白的是次一等；实践过程中遇到困难才去学习的是再次一等；遇到困难还不肯学习，这种人是最下等的。孔子说过：“我非生而知之者。”孔子也不把自己归为“上智”类，他说自己是中间类别，是学而知之。学，是儒家的人才培养路径，也是君子的成才路径。孔子一辈子的努力在于“温故而知新”，把重点放在了“学”上。孔子赞赏自觉主动学习的人，批判被动、受迫而不学习的人。那么，学习什么呢？即儒家教育的内容。从知识方面来说，仁人君子应“博学于文”。在知识结构上，应具有“文、行、忠、信”，可称作“四教”。孔子之学在具体课程安排上，有诗、书、礼、数、射、御等，用现在的话来说，就是涵盖了文学、书法、政治、数学、体育等学科和课程。当然，作为政治哲学的传授者，孔子所传授的知识，以道德居首。

由此可见，“智”这一概念，既有道德论意义，也有认识论意义。

作为道德论范畴的“智”，就是明是非，辨善恶。孔子认为，有智慧的人能够认识到道德对于个人和社会的积极意义。一个人只要立志于学问，敏而好学，学而不厌，就可以增长智慧，遇事不迷惑，处事更自如。《论语·子张》中写道：“博学而笃志，切问而近思，仁在其中矣。”这里把认真学习、勤于思考的行为，视为提升道德修养的过程。所以，一方面，真正的智者，把道德作为最高的知识和学问；而另一方面，知识和学问，又是提升道德水准必备的前提。

作为认识论范畴的“智”，就是识利害、明事理。《论语·里仁》中写道：“知者利仁。”意思是有智慧的人知道仁对自己有利而行仁德之事。除此之外，还包括对事物之理的正确认识。《论语·公冶长》中写道：“闻一以知十。”《论语·述而》中写道：“多闻，择其善者而从之，多见而识之，知之次也。”意思是多听，选择其中好的来学习；多看，然后记在心里，这是次一等的智慧。这些都是从认识论角度来阐述智的意义。

要成为智者，还要善于自省、自知，善于察人、知人。《论语·颜渊》中说：“（樊迟）问知。子曰：‘知人。’”人贵有自知之明，即要求自己要清

▲ 阎立本《孔子弟子像》局部

楚地认识自己的长处和短处，更要认识到自己的过错。知人，就是要善于识别贤佞，选拔贤才，做到“知者不失人，亦不失言”。

可见，儒家将“智”的标准明确为博学、审问、慎思、明辨、笃行。儒家认为，只有有知识、有智慧的人，才能最终实现“仁政”。智在儒家学说中占有重要地位，是最基本、最重要的德目之一，也是儒家理想人格的重要品质之一。

商人的智慧

中国的传统商业与儒家思想之间，有着千丝万缕的联系。儒家学说本来是一种政治理想、政治学术，主要功能就是运用道德理想主义行王道之政，它也是士大夫遵行的入世为官的学说。儒家思想在社会上广泛传播，渐渐地为中国商人所接纳，进而成为传统社会中优秀商人所奉行的经营哲学。儒与商结合，即是儒商。儒家乐智，在商业领域，智体现于商人的经商能力和经营理念。深受儒家思想影响的中国古代商人，其经商能力和经营理念也深深地烙上了儒家思想的印记。

虽然古代传统中“重农抑商”的思想很严重，以至于任何一个从商者都有可能被斥之为“舍本逐末”，但“天下熙熙，皆为利来，天下攘攘，皆为利往”，商业经营的巨大利润和其本身拥有的魅力，还是吸引了众多英雄为之“竞折腰”。在商海沉浮的背后，凝聚着中国传统商人的经营智慧和适于中国人的经商理念、经商视角。至少从官方政策上来看，商业在古代中国并没有繁荣发展的土壤，且商人作为四民之末，处于社会最底层，但他们却凭借着自己的胆识、眼光、智慧与力量，创造了中国商业史上的一次次辉煌。

下面我们就来领略一下儒家思想影响下的中国传统商人的经商智慧。

积著之理

《史记·货殖列传》中写道:“积著之理,务完物,无息币;以物相贸,易腐败而食之货勿留,无敢居贵。论其有余不足,则知贵贱。贵上极则反贱,贱下极则反贵。贵出如粪土,贱取如珠玉。财币欲其行如流水。”

夏商周时期,手工业和商业由国家垄断,手工业者和商贾都是官府管的奴隶,他们必须按照官府的规定和要求从事生产和贸易,官府设官统一管理,为他们提供衣食,驱使他们为官府服务,这就是所谓的“工商食官”。春秋战国时期,“工商食官”格局打破,出现了自由大商人,商业较之前已有很大发展,因此商业思想也开始活跃起来,出现了比较系统的经商理论。“积著之理”就是这个时期出现的关于经商富国的理论。

春秋末年,越国败于吴国,几乎就要亡国。越王勾践听从了范蠡、文种等人的计策,卧薪尝胆,励精图治,经过二十年的艰苦努力,终于转弱为强,灭吴称霸。范蠡在大功告成之际,却急流勇退,弃官从商,并名扬天下。范蠡的师傅计然,把经商致富的道理加以总结,形成“积著之理”,成为中国古代最早的经商原则。范蠡将其用于指导商业经营活动,结合自己经商实践的经验,并加以提炼,形成了一套理论。

作为私人经商致富之学的“积著之理”,其基本原则之一就是“务完物,无息币”。所谓“务完物”,就是指在商业贸易的买进卖出中,要严格注意货物的质量,务必使所经营的货物保持完好;“无息币”就是指不要让货币滞留在手中。商人为了取得利润,就必须加快商品流通的速度,与此相应,货

▲ 范蠡画像

币也必须不停流动。这就是所谓的“财币欲其行如流水”。从一定意义上说，不断地买进卖出，就是商人资本的存在形式，这个过程如果中断，就意味着商人资本生命的停顿。而买进卖出这一过程能否顺利进行，一个重要的因素就在于货物的质量。商人要使自己的商品顺利地售出，从而得到利润，就不得不重视货物的质量。要实现“务完物”，就要“易腐败而食之货勿留”，即容易变质的食物要尽快脱手，不能留在手中，因为这类货物稍有不慎，就会变质，失去交换价值。

“务完物，无息币”从一般意义上提出了资本在流通中必须恪守的原则，这对商人来说无疑十分重要。但仅有这个原则，并不足以指导商人的实际商业活动，因为它没有把市场的因素考虑进去。只有掌握了市场变化的一般规律，“务完物，无息币”才得以充分实现，也才有实际意义。所以，范蠡又对市场变化的规律性进行了探索和概括，提出了“与时逐”的原则。所谓“时”，主要是指市场行情的变化。先秦诸子都重视“时”，但他们所谓的“时”，一般都是指农时，即农业季节，如孔子说的“使民以时”。当时社会的主要经济支撑是农业，因此富国、富民思想都以强本、重农为着眼点。而商人的富家途径并不是务农而是经商，所以他们关心的“时”主要是市场行情变化的趋势和规律性。而“与时逐”则是指认识并利用这种趋势和规律，以掌握贱买贵卖的最佳时机。

“积著之理”还认为，应该通过商品的数量多少以预测其价格的增贵或趋贱。某一商品价格太贵了，会有人大量生产或运来而造成积压进而跌价；太贱了又会因无人生产、运输而造成价格回涨。当商品价格昂贵时，应将自己的存货像粪土一样抛售，不能留着等待更高的价格；当市场商品价格低贱时，需将其视为金玉等宝物立刻收购。总之，要使货物与货币像流水一样经常地流转和运行，才能达到获取较高利润的目的。

“积著之理”实际上具有辩证统一的内在联系，其关键就在于“积”与“售”的关系上。“售”是“积”的目的，“积”是“售”的准备。积贮的货物，务求高质量之物，买卖东西千万注意不留存易腐蚀、易腐烂之物，不要冒险囤居以待高价，不能让货物积压而造成损失。

“积著之理”具有重要的实用价值，是古今商人视为珍宝的生意经和经商之道。春秋战国时期，计然和范蠡的这一理论在商贸经营领域产生过巨大的影响。范蠡运用“积著之理”，“候时转物，逐什一之利。居无何，则致赀累巨万”，最终“天下称陶朱公”。而在当今市场经济的大潮中，搞好市场预测，及时把握好商品流转的规律，处理好供应与需求的关系，处理好囤积与销售的关系，强化商品和货币的流通，是经营有方、生财有道的明智之举。

人弃我取

《史记·货殖列传》中写道：“当魏文侯时，李克务尽地力，而白圭乐观时变，故人弃我取，人取我与。”

说到“人弃我取，人取我与”，就不得不提到白圭。前文我们已对白圭进行过简单的介绍，这里我们重点关注一下白圭的这一著名商业理论。白圭作为中国商人中最早的商业理论家，被誉为“天下言治生祖”，这足可见白圭的经营之术对后世影响之深远。早在几千年前，白圭就能洞察到商品经营背后一些鲜为人知的规律，这非常可贵。“人弃我取，人取我与”就是他最著名的理论。

人弃我取，就是指商品供过于求时，将人们不愿意问津的商品，趁机大量买进。白圭显然也像范蠡一样，深深懂得“贱下极则反贵”的道理，所以趁着供过于求、价格低廉的时候买进，等到这商品供不应求时，再以市价售出，以获取利润。人取我与，就是指当自己手中存贮的某些商品供不应求，人们纷纷买进、价格大涨时，大量出售、平衡市场。这与范蠡的“贵上极则反贱”也是如出一辙。这一经营原则，不仅能够使进价和预期的销售价格之间空间巨大，能够获得巨额利润，而且客观上使货物得到流通，人民生活需要得到及时满足。

要实现“人弃我取，人取我与”这一原则，还必须预测行情，乐观时变。所谓的“时变”，在当时很重要的方面是农业丰歉对商品价格和供求的影响。在农副产品经营上，他有自己的一套方法，即在凶灾之年，粮食虽然歉收，但其他农副产品却未必减产。因此，就会出现丰年粮价比其他农副产品价格相对较低，灾年粮价比其他农副产品价格相对较高的情况。所以，在丰年买进价格较低的粮食，而卖出价格较高的丝、漆、茧，在灾年则卖出粮食，而买进帛、絮。这即是运用市场规律，正确地决定取舍，以此从年岁丰歉和季节差异所造成的价格变动中获取利润。

白圭认为，经商一定要掌握时机，运用智谋，他曾说：“吾治生产，犹伊尹、吕尚之谋，孙吴用兵、商鞅行法是也。是故其智不足与权变，勇不足以决断，仁不能以取予，强不能有所守，虽欲学吾术，终不告之矣。”意思是做买卖要像伊尹和姜太公那样有计谋，如孙膑和吴起那样善于判断，还要像商鞅执法那样说到做到。有些人的智慧不能随机应变，其勇敢不能当机立断，其仁爱不能恰当地取舍，其倔强不能坚持原则，这样的人即便想跟我学经营之道，我也不会教他的。这段话，把他的商业智慧阐述得淋漓尽致。白圭的经商原则和经验，被后世商人所称道，也非常值得我们现在的企业家借鉴。

从白圭的经营策略和经营效果，我们不难发现，作为一个商人，如果人云亦云，盲目跟风，很有可能一败涂地；在别人贪婪的时候谨慎一些，在别人恐惧的时候大胆一点，冷静观察市场变化，保持对市场的警惕和预见，人弃我取，人取我与，才是成功的前提。白圭还提出了企业经营道德的要求，说到商人，人们往往会想到无商不奸，囤积居奇，白圭反对这种赢小利而铸大害的做法，相反，他主张薄利多销，这点也非常值得我们当代企业经营者借鉴。

出奇制胜

中国传统文化讲究“以和为贵”，中国传统商人也注重在和谐中求发展。可是，商场如战场，竞争十分激烈，这就要求商人们具有出奇制胜的商业智慧。实际上，“出奇制胜”一词正是出自《孙子兵法·兵势》：“凡战者，以正合，以奇胜。故善出奇者，无穷如天地，不竭如江海。”意思是出奇兵战胜敌人，用对方意料不到的方法取得胜利。

在《韩非子·说林下》中有一则“宋贾买璞”的故事：“宋之富贾有监止子者，与人争买百金之璞玉，因佯失而毁之，负其百金，而理其毁瑕，得千镒焉。”

宋国一位名叫监止子的富商，同别人争买一块价值百金的“璞玉”，监止子知道这是一块质地上乘的璞玉，又不想多出高价购买。因为此时若出高价，势必使自己陷入彼此抬价的争吵之中，甚至会使卖璞者以为奇货可居而不愿出售。于是，他假装失手，将璞玉摔在地上。因璞玉碰坏了，争购者不再争了，监止子便按大家出的“百金”购得这块璞玉。回家后，他将毁坏的地方稍加修理，此玉便成了一块质量上乘的美玉，竟卖得“千金”，获得了十倍的利润。韩非子很赞赏这位富商的智慧，评论曰：“事有举之而有败，而贤其毋举之者，负之时也。”意思是说，做任何一件事情都有胜、负两种可能。若只看到失败、赔钱而不去做，则会失去商机。监止子若只想到赚钱，而不去设计购得这块璞玉，又怎么能获取“千金”的利润呢？这种善于

▲ 1915年，巴拿马万国博览会上中国政府搭建的中国馆牌楼

捕捉商机、出奇制胜的做法，是值得商人们学习的。当然，这种为达目的不择手段的做法值得商榷。

在商业经营中必须求新求变，出奇才能制胜。如今，中国茅台酒是上乘之酒，被称为“国酒”，可是茅台酒的名声是如何打出去的呢？这不得不提到1915年巴拿马的万国博览会。当时博览会上人潮涌动，但是，在中国展室驻足的人并不多。那个时代，在西方人眼里，中国又贫又弱，没有什么值得“博览”的好东西。一连几天过去，都是门可罗雀，中国商人都暗暗叫苦，特别是一位来自贵州的商人更是焦灼无比，他是来万国博览会展销茅台酒的。看到这样惨淡的景象，他苦苦思索着对策。又一群外国人从邻近的展室涌了出来，贵州商人灵机一动，捧起一瓶酒，故作失手，“哗啦”一声，茅台酒坠落在地上，陶瓷酒瓶摔碎了。刹那间，一股特殊的芳香悠悠飘散开来。在一片惊异的赞叹声中，外国酒商们纷纷涌上来。虽然地面很快就被擦干了，但数天过去，中国展室内外依然香气不绝，沁人心脾，于是，中国茅台酒一摔成名，从此一鸣惊人，走向了世界。这可谓出奇制胜的典范。1960 年，美国化妆品制造商艾丝蒂想把她的产品从美国推销到欧洲，但欧洲高级商店却不愿接纳她的化妆品。有一天，她来到巴黎一家百货公司门口，正是下班时间，购买物品的人川流不息。她抓住这一时机，将十多瓶“青春的朝气”香水，打碎在百货公司的地板上，芬芳馥郁的香味飘散于整个百货公司，加上后来报刊记者撰文大力宣传，她的香水名震巴黎，遂在七十多个国家热销，在国际化妆品市场独占鳌头。

不管是中国的茅台酒，还是美国“青春的朝气”香水，都体现了《孙子兵法·兵势》中“凡战者，以正合，以奇胜”的策略。当然，在商业经营中使用这个策略时，一定要处理好“正”和“奇”的关系。“正”是制胜的保障，“奇”是制胜的关键。无“正”之配合，就无“奇”之制胜。一方面，“正”是基础的，“正”是常规的，用“正”是用兵的基础，用“奇”是用兵的关键。要想出击时用“奇”成功，平时就要有效地用“正”，即用正规之法积蓄力量，才可能用奇招一举成功。如果没有茅台酒过硬的质量和鲜明的特色，摔坏多少瓶酒，用多少奇招都没有任何意义。

▲ 福建船政码头造船

知己知彼

“知彼知己，百战不殆”，这是《孙子兵法·谋攻》中总结出来的实战中的宝贵经验，求胜的关键就是要做好充分的准备，在所有的准备工作中，正确的策略、谋略是最重要的。对于商业经营者来说，这也是行之有效的至理名言。“知己知彼”要求商人了解和掌握外部环境和自身两方面的情况，然后做出科学的决策。

外部环境包括的内容很多，主要有自然条件、政治动向、社会风尚、经济状况、市场需求、竞争对手等情况，只有对外部环境有准确客观的把握，

商业经营的每一步才可能做到有的放矢。近代以来，在重商思潮的影响下，郑观应等商人和士大夫提出的“商战”思想很好地运用了“知己知彼”这一战术。

“欲攘外，亟须自强；欲自强，必先致富；欲致富，必首在振工商；欲振工商，必先讲求学校，速立宪法，尊重道德，改良政治。”这几句话是郑观应大半生著述的思想结晶。郑观应把“攘外”作为救国的头等任务，把“振工商”作为富强的根基，把“速立宪法”作为达到富强的政治保证。他认为兵战固然不可忽视，但它是“末”，商战才是“本”，商战重于兵战，绝不能“舍本而求末”。他从商战这个基点出发，提出了建立工业体系以保证商战胜利的见解。他在著作《盛世危言》中总结了他的商战思想，认为中国要想效法西方开展商战，就必须标本兼治：“我中国宜标本兼治，若遗其本而图其末，貌其形而不攻其心，学业不兴，才智不出，将见商败，而士、农、工俱败，其孰能力与争衡于富强之世耶？况乎言富国者必继以强兵，则练兵、铸械、添船、增垒无一非耗费巨款。而府库未充，赋税有限，公用支绌，民借难筹，巧妇宁能为无米之炊？亟宜一变旧法，取法于人，以收富强之实效。一法日本，振工商以求富，为无形之战。一法泰西，讲武备以图强，为有形之战。知己知彼，战守无虞，自然国富兵强，何虑慢藏诲盗？岂非深得古人‘能富而后可以致强，能强而后可以保富’之明效也欤！”

他认为，工业的强大取决于先进的机器技术的使用，所以他很注重学习西方的科学技术和引进先进的机械装备。但为了不受外国人的挟制，单靠购买和引进技术是不够的，必须自己制造这些机器，郑观应早在十九世纪八九十年代即提出设专厂制造民用机器。为了使工商业顺利发展，发挥资本的作用，他主张自己办银行，以解决生产和流通中的矛盾，促使商品和资本加快周转。可见，他对生产和流通的全过程都有周密的考虑。但要把工厂、矿务、交通运输、银行办好，关键是要有足够的新式管理手段和技术人才，否则“借才异域”，不仅要受人挟制，且工薪很高，增加了产品的成本。所以他不断大声疾呼，把创办学校、培养人才放到很重要的位置。由此可见，郑观应有着完整的关于商战的思想体系。我们说惯了“知己知彼”，但真正的“知彼”不是学理层面上的，而是像郑观应一样，具有深入其中的实操体验——“初则学商战于外人，继则与外人商战”。

在现代商业中，“知己知彼”的重要性更加凸显。现代企业的发展不仅依赖于外部环境，同时企业自身也很重要，如企业所拥有的物质条件、销售状况、经营管理水平、企业的应变能力等。这些方面是“己”的方面，自身发展健康、向上、超前，企业的经营发展自然就有了强大的后劲。企业自身的强大好比是企业发展的内功，但仅有内功是不够的，对外部环境和条件的掌控就是外功，一个企业只有练好内功和外功，只有对“己”和“彼”的各个方面、各个环节都了如指掌，才能做到孙子所说的“动而不迷，举而不穷”，扬长避短，提高决策的自觉性，减少盲目性，使商业经营沿着正确的道路顺利前进，在激烈的市场竞争中立于不败之地。

第三章

乡土与商缘——明清商帮文化

明清十大商帮

由前文我们可以看出，中国人经商的历史源远流长，几千年的漫长发展，积淀了丰富的商业文化，涌现出了很多名商大贾。计然、白圭、范蠡、子贡、吕不韦、沈万三、乔致庸、雷履泰、胡雪岩、虞洽卿、陈光甫等。他们在商场上深谋远虑，运筹帷幄，最终成了富甲天下的大商人。

明清时期，中国商业达到了鼎盛，出现了十大商帮：山西商帮、陕西商帮、徽州商帮、宁波商帮、龙游商帮、洞庭商帮、江右商帮、福建商帮、广东商帮、山东商帮。其中，山西商帮、徽州商帮、龙游商帮、洞庭商帮和广东商帮影响较大。

山西商帮是十大商帮之首，商号曾遍及全国各地并延及日本、阿拉伯、东南亚。他们雄霸国内商界五百年之久，创造了不朽的辉煌，出了乔致庸、雷履泰等商界名人。山西的太谷县成为中国北方的金融、商业中心，有“白银谷”的美誉，甚至被外国人称为“中国的华尔街”。在那个商帮四起的年代，晋商占据鳌头，独领风骚。

徽州商帮作为明清一支著名的商业劲旅，活跃于大江南北、黄河两岸，乃至南洋东瀛，“无徽不成镇”，引领了中国商业经济潮流，保持了三四百年的鼎盛辉煌，几执商界牛耳，也涌现出胡雪岩、张小泉等巨贾名商。就连乾隆皇帝也为之感叹：“富哉商乎，朕不及也！”

龙游帮、宁波帮是晋、徽两大商帮之后势力最强的地缘性商人群体，在国内外商场上十分活跃、成就卓著，“无宁不成市”“遍地龙游”，出现了虞洽卿、张元济、朱葆三、黄楚九、刘鸿生等天才商人。发展到今天，“浙商”横空出世，散居各地的浙江村、温州城、义乌街，以马云为首的福布斯中国富豪榜上强大的浙商军团，无不向世人证实：浙商已当之无愧地成为新时代中国的第一商帮。

广东商帮又称为粤商，是由广东本地的三大民系以及其他民系组成的，包括广府帮、潮州帮、客家帮、海陆丰帮以及其余广东各地帮等。敏感、勤劳、刻苦、务实、低调，这些都在粤商身上有所体现。粤商由于其特殊的地理位置，毗邻香港、台湾地区及东南亚，国外的先进技术和设备最早由广东进入，然后辐射全国。因此，粤商自古以来特别是近代以来就在推动中国和世界工商业发展中扮演重要的角色。

洞庭商帮是一个以洞庭东西山的山名命名的商帮，又称“洞庭帮”“洞庭山帮”，是苏商的主体。东西山地域狭小，分为东山镇和西山镇，明末冯梦龙将其总结为“两山之人，善于货殖，八方四路，去为商贾”，所以江湖上有个口号，叫作“钻天洞庭小而强”。

都说中国历史是一部漫长的封建史，重义轻利的儒家文化和农耕经济的主流使得市场经济之花迟迟难以萌发。但事实上，在封建专制不断强化的明清时期，却出现了一场“商业革命”，在这场“革命”中，十大商帮相继崛起。其中，晋商、徽商势力最大，但后来又经历了怎样的盛衰起落？说史自省，读古明今。下面我们就来感受一下中国商帮的发家之道，剖析其经营思想，细辨其成败得失，其中蕴含的中国商人特有的经商之道和致富秘诀，对当代商人仍具有深刻的启发和借鉴意义。

晋商家族风云录

晋商辉煌五百年，在明清时期，晋商的活动达到鼎盛，甚至富可敌国，曾经开创并一度垄断了中国票号汇兑业，曾有“中国的威尼斯商人”之称。事实上，山西省在清朝大部分时间里，都是全国最富裕的省份。晋商经营盐业、票号等商业，尤其以票号最为出名。晋商也为中国留下了丰富的建筑遗产，如著名的乔家大院、常家庄园、李家大院、王家大院、渠家大院、曹家三多堂等。八国联军向中国索要赔款，慈禧太后掌权的清政府就向晋商的乔家借钱还国债，晋商的经济实力可见一斑。

晋商的崛起

自然地理环境

晋商的兴起，与其所处的地理环境有很大关系。山西省的地形比较复杂，境内有山地、丘陵、高原、盆地、台地等多种地貌。山区、丘陵占总面积的三分之二以上。顾祖禹在《读史方舆纪要》中说：“山西之形势，最为

▲ 李家大院

完固。”历史上，虽历经数度王朝更迭，而山西基本上未受战乱之苦，社会安定，经济繁荣，人丁兴旺。每逢战乱，难民大量流入，山西人口更加稠密。地少人多，为了生存，人们围湖、毁林造田，黄土高原的生态环境遭到破坏，水土流失严重，加之气候干燥寒冷，山西逐渐成为自然环境恶劣的地区，水旱灾害频发，在清朝两百多年的时间里，山西全省性的灾害就达一百多次，平均三年一次，其中最长的一次旱灾竟长达十一年。

当土地不足以养活日益增多的人口时，山西人只能“贸迁有无，取给他乡”，“一切家常需要之物，皆从远省贩运而至”。乾隆年间，《太谷县志》就载有：“民多而田少，竭丰年之谷，不足供两月。故耕种之外，咸善谋生，跋涉数千里，率以为常。土俗殷富，实由此焉。”《五台新志》也有相关表述：“晋俗倍以商贾为重，非弃本而逐末，土狭人满，田不足以耕也。”可见，晋人多因生活所迫，而起步经商。从地缘上看，山西位于蒙古草原与中原腹地之间。草原上的牧民需要中原的茶、布，而中原需要来自草原的牛、马。这样的地理条件必然会促进贸易往来。

物产资源条件

山西虽地处黄土高原，自然条件比较差，天寒地瘠，地物鲜少，但地质地貌奇特多样，气候类型跨度大，自古以来，就以盛产煤、铁、盐和丝绸、棉布而闻名全国，这为山西商人的商业贸易提供了重要的物质基础。

位于山西运城的盐池为山西提供了丰富的天然盐。这里的盐又称为潞盐、河东盐。据史料记载：“晋地其南境解州有盐池，唐虞以来，号为利薮。”在中国古代社会，长期以来，盐、铁都实行专卖制度，潞盐都是由官府通过徭役制征集盐丁经营。到了北宋，实行盐引制度后，商人可纳课领引，贩卖官盐。商人参与贩卖后，潞盐的产量迅速增加。明代中期，潞盐的产量超过了二亿八千斤，成为晋、冀、豫诸省军民用盐的重要来源。万历年间，盐商已多达五百余家，盐利丰厚，许多人纷纷走上贩盐的道路。

晋商促进了潞盐的生产和发展，雍正年间，从事潞盐生产的工人多达两万余人，其手工作坊的规模和水平已超过了欧洲的同类工场。一些晋商从运销潞盐起家，资本逐步积累，明代出现了家财几十万至百万的巨商。比如太原府的阎家、李家，襄陵县的乔家、高家，以及平阳的亢家和河津的刘家等，他们都是从贩运潞盐开始致富的。

说起山西的矿产资源，人们首先想到的肯定是煤矿。但实际上除了山西南部外，山西大量的煤矿资源是在19世纪后期才被发现的。在这之前，山西的铁矿产量早已领先全国，甚至有“产铁之地十之八九，其不产地十之一二”之说，而且都是含铁量较高的富矿。加上山西南部早已开采与利用的煤矿，冶铁业发展十分迅速。明朝时，全国共有官营冶铁所十三个，山西有“吉州二，太原、泽、潞各一”五个，冶铁坑遍布十九个州县，且产量巨大。其中，以泽州的阳城、潞州的长治为最，这一带生产的铁被称为潞泽铁，既包括官用的炮、钟，也包括民用的锅、壶、盆等。潞州以生产熟铁为主，主要用于打造刀、剪、锄、钉等。尤其是潞铁打造的钉，为南方造船所必需。潞泽铁被贩往京城、直隶、山东、辽东等地，潞州经营铜铁器的商人，明代就在京城创建了潞安会馆。乾隆年间，《重修炉神庵老君殿碑记》记载“都城崇文门外，有炉神庵，仅存前明张姓碑版”“吾山右之贾于京者，多业铜、铁、锡、炭诸货”。明隆庆年间，潞州的铁锅就已经贩至张家口马市，远销漠北蒙古地区了。

山西的气候条件十分适合农桑业的发展，自唐代起，就有种桑养蚕的传统，加上政府的推动，使得潞泽二州的农桑和丝织业发展迅速，成为明代全国三大丝织区之一。明代小说《金瓶梅》中，西门庆送给妻妾的礼物，每次必有“潞绸”。“三言”“二拍”和其他明代小说中，也经常提到男人送给妻妾、情人潞绸，以及这些女人如何赞赏潞绸。这说明在明代，潞绸是送礼时拿得出手的高档面料，而且已经行销全国了。作为山西的优势资源，丝绸、棉布、颜料等相关行业的发展也对晋商的兴起起了重要作用。

潞绸根据尺寸大小有大潞绸和小潞绸之分。有天青、石青、沙兰、月白等十四种染色，织工精细，鲜艳夺目，很受世人喜爱，潞绸甚至被直接作为皇室贡品。明代政府每十年就要在潞安派造皇绸近五千匹，称之为“捐碎璧于宝山，分零巩于瑶海”。潞泽的丝织品还行销于海外，如晋商在张家口开设了“潞州绸铺”“泽州帕铺”，将潞泽丝织品销往蒙古等地。

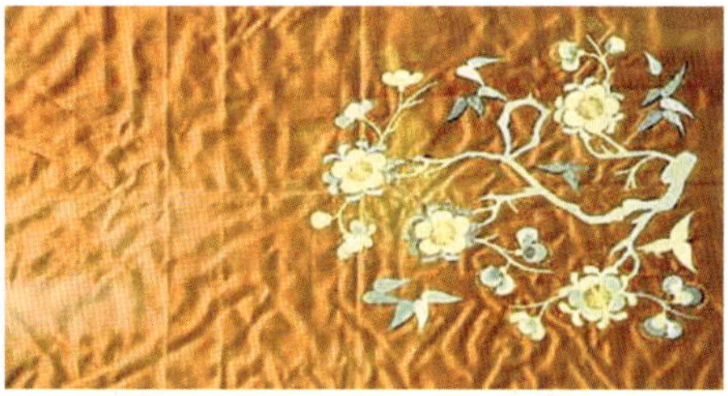

▲ 清代潞绸绣品（山西高平出土）

山西的棉织业，虽不如潞绸有名气，但在山西商业发展中的作用也很重大。明洪武二十九年（1396），山西供应北部边塞驻军棉布五十万匹，棉花十五万斤，“以本布政司所征给之”。成化十八年（1482），山西大旱，布政司库存三十六万余匹棉布，“以给军士冬衣”。那时田赋折征棉布，对棉花的需求日增。随着生产力的发展，棉花和棉布的产量大增，又需要将多余的棉布销售出去，因此，棉花和棉布的长途贩运由此而兴起。

丝绸业、棉布业的发展，推动了染坊和颜料行的发展。元代，翼城、襄陵两地各设有织染局，明代承袭元代，且称为“山西”织染局。平遥县的颜料商也很著名，还在北京建有平遥颜料商会馆，著名的商号日升昌的前身就是一家颜料商。

优良的社会环境

明代，商业在整个社会经济中的地位逐渐提高。随着商品经济不断高速发展，形成了繁华的商业网络。清初，经过数十年的治理，清政府平定了各地叛乱，迎来了拓疆万里、中外一统的局面。到了乾隆年间，呈现出前所未有的兴盛局面，政权巩固、国家统一，人民安居乐业，经济繁荣，文化昌盛。因此，清政府骄傲自大，自以为“天朝物产丰盛，无所不有”，不用与外界互通有无。再加上怕外国商人同中国沿海人民交往，不利于自己的集权统治，遂开始闭关锁国，对东南沿海的对外贸易予以限制。在南方，清政府关闭了除广州外所有的东南沿海口岸，并加以很重的商税。而在北方，中俄边境却恰恰相反，由此，国内形成了东南封闭而西北开放的对外贸易局面。对俄贸易的发展，使晋商迅速积累了财富。

稳定的政治局面有利于促进生产发展。不同地域之间资金的调拨是否顺畅，成为决定商品交易是否发达的一个重要因素，由此，就迫切需要解决不同地域之间现金收解和债务清算的问题。晋商审时度势，顺应商品生产与商品交换的客观需要，创设了票号。晋商也从商贸领域拓展到了金融领域，“执全国金融业之牛耳”。因此，稳定的政治局面为票号的诞生创造了重要前提，而票号的诞生又成为晋商走向辉煌的重要标志。

由此可以看出，地理环境、物产资源和社会环境、文化传承等，都是晋商崛起的重要因素。而晋商的资本原始积累，与当时政府的政策有着很大关系。明初，为防退到蒙古的元朝残余势力卷土重来，明军在北方边境大量设防。明政府鼓励商人向守边的士兵运粮，条件是运粮时，政府付给商人“盐引”，商人凭“盐引”可以到指定的盐场买盐，再到指定的地区卖盐。当时盐是紧缺的国家专卖品，贩盐者可得暴利。山西地近北方边境，晋商利用地缘优势，捷足先登，开始了资本的原始积累。晋商善经营，重信义，又提倡节俭，所以很快就强大起来。

最初，晋商经营的品种很杂，从绸缎到葱蒜，无所不包。随着经济实

▲ 乔家周村大德通票号

力的增强，晋商突破了区域性界限，进行长距离的贩运，从而加强了各地区的联系。晋商的经营活动，对于中国城镇的兴盛，特别是边陲城镇的兴起，起到了重要作用。城市的形成，往往以人口聚集、商业繁荣为条件。例如，恰克图地处色楞格河东岸中俄分界处，最初为荒野之地，后来晋商以此作为中俄贸易集散之地，开始逐渐形成城市。塞外的包头，原本无城，山西祁县乔家先在该地开设复盛公商号，由于商业的发展，人口渐多，乾隆时逐渐形成城镇，所以有了“先有复盛公，后有包头城”之说。随着商业活动的扩大，晋商又开始涉足国际贸易，主要是对俄贸易。到了清朝中后期，晋商又创立了东方独有的票号业，适应了当时社会发展的需要，营业繁荣。到了清朝末年，随着资本主义国家的入侵，现代经营方式进入中国，票号的改革势在必行，但多数晋商墨守成规，拒绝改革，致使江浙财团后来居上，到民国初年，称雄商界五百年的晋商终未能避免衰落的命运。

晋商精神

晋商涉足海内外，称雄商界五百年，成为世所艳羡、实力雄厚的商界劲旅。他们不畏艰辛、敢冒风险的开拓创业精神，被国内外学者誉为“山西商人精神”，即晋商精神。其实，晋商精神远不止于此，在笔者看来，它可以概括为以下五个方面。

同舟共济、协调一致的群体精神

天下晋商是一家。在经营中，晋商十分重视发挥团队群体的力量。他

▲《瀚海驼帮》雕塑，晋商博物馆藏

们以乡土为纽带，建造会馆，以维系独具地方特色的商帮群体。他们崇奉关公、讲义气、讲相与、讲帮靠，来协调人与人、商号与商号之间的关系，进而增强团结，逐渐形成了以血缘、地缘为纽带的商帮。这样的群体经营，可以分散、弱化经营风险，提升竞争力，扩大商业活动区域和业务范围。

为了巩固商业阵地，维持行业垄断，从亲缘到地缘，晋商逐渐形成了大大小小的商帮群体。晋商的群体精神在商业经营中主要表现有以下形式：一是家族制。大多数晋商商号都是家族性企业。商号由两代或两代以上家庭成员掌握大部分所有权，并保持临界控制权。如太谷曹家，共有六百多家商号，经营范围遍布大半个中国，且发展到莫斯科等地；介休侯氏的蔚字号，在全国有三十个分部。家庭企业成员间因血缘关系而信任度较高，有利于筹集资金和增强企业凝聚力。为商业竞争的需要，家庭企业还会用联姻的方式向地缘组织发展。

二是股份制和联号制。晋商的股份制是顶身股制。即“出资者为银股，出力者为身股”。身股就是取得一定资历后，不出资本而以人力顶一定数量的股份，可按股额分红。财东持有银股，在商号享有永久利益，同时对盈亏负无限责任。联号制则是由一个大商号统管一些小商号，类似西方的子母公司，在商业经营中有力地发挥着团队群体的作用。

三是按地区形成商帮。晋商在各地设立的会馆，就是地方商帮形成的一个重要标志。这种地域帮统称晋帮，但在内部又形成不同的商帮，如泽潞帮、临襄帮、太原帮、汾州帮等。

从以上形式可以看出，从晋商内部的组织关系来看，大多以血缘、地域为纽带集结从业人员，用宗法礼教和老乡之情团结在一起，以亲情化解矛盾，因此，很容易形成共同的价值理念和文化氛围。他们以会馆和商会作为聚会议事的地方，可以促进相互了解，便于相互支持、关照，在协调的氛围中，向着共同利益努力，在实现帮内和谐共事的基础上，再与帮外客人实现和谐外交。

山西人最早的纯商业性质的会馆，是由山西颜料商人建立的颜料会馆。最初，晋商会馆是同乡聚会的场所，随着晋商商业规模的扩大，会馆逐渐变为集办事处、招待处、救济处、拜神处等多种功能于一身的集合体。山西人在外地建立会馆，最早始于明朝隆庆到万历年间。随后，在很长一段时间内，中国几乎所有商业繁盛之地最惹眼、最气派的建筑，就是晋商会馆。据《三晋会馆记》记载：“尚书贾公，治第崇文门外东偏，作客舍以馆曲沃之人，回乔山书院，又割宅南为三晋会馆，且先于都第有燕劳之馆，慈仁寺有饯别之亭。”这里说的贾公名叫贾仁元，字西池，山西万泉人，嘉靖四十一年（1562）进士，曾任兵部左侍郎，协理京营戍政，克经筵官。贾氏任京

▲ 开封山陕甘会馆的照壁和雕砖，山陕甘会馆位于河南省开封市龙亭区徐府街北侧，建于清乾隆时期

官时，宅第在崇文门外，曾辟宅南为三晋会馆。当时的会馆规模较小，其功能主要是在京的山西籍士人聚会的场所。入清以后，晋商设立的会馆蓬勃发展，大体上前后在京师设有四十处以上的会馆。与此同时，在国内的一些商埠集镇，也先后有晋商会馆设立。

晋商会馆的发展，不仅表现在大量建立新会馆上，更表现在会馆宏伟的建筑规模上。比如，开封的山陕会馆，由清乾隆年间山西的旅汴客商集资兴建。道光年间，陕西商人加入，故改名为山陕会馆。1933 年，甘肃商人加入，又易名山陕甘会馆。该会馆建筑巍峨壮丽，布局严谨，装饰华丽。尤以砖雕、石雕、木雕精美绝伦，堪称“三绝”。会馆前有雕砖砌成的照壁，上有“忠义仁勇”四个字。这四字赞语一般是关帝庙的“标配”，可见晋商对关公的推崇。照壁上嵌“二龙戏珠”“八仙过海”等大大小小的透空砖雕图画。

洛阳的山陕会馆，始建于康熙五十年（1711）前后，道光时曾修缮。整个建筑面积达一千余平方米。其建筑形式是以中轴线为基准，左右对称，布局严谨，层次分明。殿堂采取台阶式上升的建筑结构，为我国传统的宫殿式建筑，集建筑、雕刻、绘画、陶瓷工艺于一体。琉璃照壁为会馆一绝，洛阳人称其为九龙壁，是由多彩釉陶和雕砖相结合垒砌而成的。

这些会馆的设立，不仅是为了团聚同乡，更是为了经商活动的需要，形成帮伙，凝聚本帮商人的向心力。日本人岩崎继生研究晋商后曾称赞说：“山西商人相互之间通过连锁关系，保持着一种团结局面，以便实现维护商业利益，防止同业间的竞争，在采购及销售方面相互扶助，处理纠纷等项目。乍一看，同其他的一般中国人并无任何不同之处，然而仔细观察就可以发现，在资本流通等方面，其经营手段是十分巧妙的。”岩崎继生所说的连

▲ 洛阳山陕会馆照壁，该会馆建于清初康熙、雍正年间，位于洛阳老城南关马市街九都路南侧，亦名西会馆，是清代时山西、陕西两省来洛商人聚居的地方

锁关系，正是晋商群体组织特有的形式。“在家靠父母，出门靠朋友”，同乡是朋友中的朋友。“乡党见乡党，两眼泪汪汪”，只有在会馆才能聚起那么多的老乡，大家都有共同发财的意愿，更有一起思念家乡的心情。会馆重在叙乡情，也在不断为同乡排忧解难。因此，在晋商足迹所至之处，都建有会馆，既是他们聚会叙乡情之所，更是谈生意的中心。

会馆发扬了晋商的群体精神，这种精神不仅表现为“报神恩，联乡情，诚义举”，更表现为它能够做个体做不成的事，促进晋商的经营。“天下晋商是一家”，在与其他商帮的竞争中，以及在与牙行及外商的争斗中，晋商所表现出来的团结一致，总让人惊叹和敬服。

诚信为本、以义制利的经营理念

如果我们翻遍晋商的资料，就会发现，在商场不断呼吁经商要以诚信为本的今天，五百年前的晋商早已将诚信作为经商的最基本原则。“诚”与“信”都是儒家思想的重要范畴。信以诚为基础。晋商深受儒家思想的影响，在经营中极其注重诚信。诚信是晋商精神的精髓和最宝贵的财富。他们在经营中时刻遵守“和气生财，公平交易，童叟无欺”“诚招天下客，誉从信中来”的信条。

晋商认为，诚信不欺是经商长久取胜的基本因素，所以他们把商业信誉看得高于一切。他们认为经商虽以赢利为目的，但凡事又要以道德信义为标准。经商活动属于“陶朱事业”，须以“管鲍之交”为榜样。对待顾客、商家，无论大小，都要以诚相待。销售商品，绝不缺斤短两，一定要做到货真价实，童叟无欺。如果发现商品质量低劣，宁肯赔钱，也绝不抛售。因为他们深知，只有讲信用，重承诺，不欺不诈，人们才乐于与他们交易。

晋商在经营活动中，总结出了许多有关经商诚信的谚语，如，“宁叫赔折腰，不让客吃亏”；“买卖不成仁义在”；“售货无诀窍，信誉第一条”；“秤平、斗满、尺满足”等。因此，在晋商中讲信誉的商人和商号比比皆是。

晋商极重信誉，贸易双方产生了一种基于信用交易的特殊结算形式——标期。按传统的商业习俗，在一定的周期内各商户要清偿债务，商人们清偿债务的规定日期称为标期。太谷县是山西省的商业中心，标期是每季一期，届时结算旧债，再生新债，有借有还，体现了商人与主顾之间建立的互相信赖的关系。如果有人不按规定执行，就要受到所有商号的指责，这些商号甚至会采取一致行动，中止与失信者的贸易往来，让他落得身败名裂的下场。此外，在山西会馆中，都有一件被视为圣物的“官秤”。这里的“官秤”，并非官方所定的意思，而是晋商自己公议而定的。为了买卖公平，杜绝大秤进、小秤出，晋商们借助“官秤”维持整个商帮的信誉。如果发现其中偶尔出现害群之马，便会“举秤禀究官治”。这也体现了晋商的诚信精神。

除了诚信为本，以义制利是晋商的又一经营理念。“义利”之辨历来是儒家思想的重要主题之一，体现的是伦理道德原则与物质利益之间的权衡取舍。晋商的义利观深受儒家学说的影响，他们认为，义与利相互区别、相互联系、相互渗透，形成了义利并重、义利统一的商业价值观。“君子爱财，取之有道”“信义为本，禄利为末”在晋商中广为流传。在遍布全国乃至境外的晋商商号中，都规定了“重信义，除虚伪”“贵忠诚，鄙利己，奉博爱，薄族恨”等号规，反对采取卑劣的手段骗取钱财。

晋商讲究见利思义，不发不义之财。明代山西蒲州商人王文显曾说：“夫商与士，异术而同心。故善商者处财货之场，而修高明之行，是故虽利而不污。善士者引先王之经，而绝货利之径，是故必名而有成。故利以义制，名以清修，各守其业，天之鉴也。”他在经商的四十年中，严守信义。王文显认为，经商与做官，尽管道路不同，但做人的道理是一样的。善于经商之人，虽处财货之场，却修高明之行，可谓图利而不污。明代山西曲沃的富商李明性，“尤善导人于善”，他听说族中有人放高利贷，就召来当面责备，并撕毁其券。晋商还把关公敬奉为信义的精神偶像，奉关公为财神，除

▲ “官秤”，晋商博物馆藏

了关公是山西人外，更重要的还因为关公是信义的象征。在晋商的推动下，信义昭彰的关公成了财神的化身。

晋商誉满天下的商人形象，还表现在对社会的贡献。每当清政府出现财政赤字或处于危难的时候，晋商往往不惜巨资，慷慨解囊；每遇到饥荒灾难，他们仗义疏财，赈济社会，表现出仁爱善良、见义勇为的风范；每逢国难当头，晋商识大体、举大义，尽忠报国。清光绪初年，山西连续遭灾，饥民以树皮草根充饥，史称“丁戊奇荒”。祁县乔家“于亲故之惆恤，灾歉之赈施，独倾囊资助无吝啬”。日升昌票号掌柜邱泰基“设粥棚放赈，民赖此而活者以万计”。常维丰、常光祖叔侄“慨然输万金以救荒”。

在义利相通观的影响下，义利并举，成为晋商行商生财、拓展人脉的资本，成为晋商精神价值观的核心，也是晋商长期雄踞商界的重要思想基础。

艰苦创业、坚韧克己的进取精神

“天行健，君子以自强不息。”山西人把经商当作大事业来看，他们通过经商，实现其创家立业、光宗耀祖的抱负，而这种观念正是使其在商业上不断进取的巨大精神力量。晋商吃苦耐劳，艰苦创业，在全国堪称楷模。许多晋商原本家境贫寒，均是白手起家。如晋商中有名的曹家、乔家、侯家、冀家、渠家、常家等，都是从一无所有经过很多代人的努力逐渐发家的。他们的创业之路充满了艰辛，支撑他们不断进取的，是自强不息、坚韧克己的精神信念。

晋商的进取精神表现在他们不怕艰难、勇于冒险。他们拉着骆驼，越过沙漠，冒着风雪，北走蒙藏边疆，东渡东瀛，南达南洋。因此，他们在清代开辟了一条以山西、河北为枢纽，北越长城，贯穿蒙古戈壁大沙漠，到库伦（乌兰巴托）再至恰克图，进而深入俄境西伯利亚，又达欧洲腹地彼得堡、莫斯科的国际商路。这是继我国古代丝绸之路衰落之后，在清代兴起的又一条陆上国际商路。

在这条商路的开拓史上，旅蒙商号大盛魁做出了重要贡献。大盛魁称雄蒙古草原两百多年。其创始者太谷人王相卿，祁县人张杰、史大学，原本都很贫苦。王相卿幼年家贫，受生活所迫，到山西右玉县为人佣工，曾在清军中当伙夫，服杂役。张杰、史大学也受生活所迫，康熙时随着清军征讨噶尔丹部队做随军贸易，当时仅是肩挑小贩，蒙古人称为“丹门庆”（货郎）。他们三人都是白手起家、艰苦奋斗，克服千辛万苦，终于使大盛魁由小到大，一度成为垄断对俄贸易的大商号。西北新疆伊犁、塔尔巴哈台等地，也是晋商活跃之地，并进而“远贾安息（今伊朗）”。此外，晋商从明代起就在日本贸易。清乾隆年间，晋商范氏是赴日贸易的最大洋铜商，清末，晋商又在韩国、日本开办了银行。这些事业的成功，没有非常的气魄与胆略，是不可能实现的。

经商犹如打仗，险象环生是常有之事。商人们不仅要面对恶劣的天气环境，还会常常遇到被盗贼抢掠及至丧失生命的情况。明清之际，晋商虽凭借濒临边境的地理优势和坚韧的精神，垄断了北方边陲贸易，但这些贸易都是长途贩运，而且北方边境多是不毛之地，气候异常恶劣，沿途地广人稀。长途跋涉，夏日酷暑，头顶烈日，冬季严寒，顶风冒雪。他们吃在驼峰上，睡在牛车里，长年累月在数千里的商路上奔波往返，其吃苦耐劳的精神，绝非常人所能想象。即使到了草原销售货物，环境仍然很艰苦。牧民的流动性很大，较为分散，且相互距离都很远，商人每天需要负重走几十里。茫茫草原难见人烟，没有大树、房屋可供遮风避雨，只能听任风吹雨打，日晒霜冻，而且时不时还有匪徒出没，杀人越货，呼救无门。比如晋商到包头经商，杀虎口是必经之路。有民谣唱道：“杀虎口，杀虎口，没有钱财难过口，不是丢钱财，就是刀砍头，过了虎口还心抖。”但是旅蒙晋商并没有因此而退缩。为了适应社会不安定的现状，还有一些晋商甚至自己练就武功。明嘉靖年间，为防日本海盗入侵，山陕盐商家属善射骁勇的有五百人，曾组成商兵守城。又如，苏州是晋商十分活跃的商埠，“有山西客商善射者二三十人”。由此可见晋商创业之艰辛。正是这样一种不畏艰难险阻、百折不挠的进取精神，成就了晋商的宏图大业。

灵活融通、变通生财的创新精神

晋商有着高效的经营管理制度，以及高超的经营艺术，有着强烈的创业意识和创新精神。山西人打破了中国历来“学而优则仕”、看重科举入仕的社会心态，思想认识超前，重商轻仕。此外，前文也有提及，晋商在其企业管理上，开创了身股制、联号制等先进的经营制度，同时还在金融方面创立了票号业。

晋商在“以人为本”的思想基础上进行了制度创新，特别是在人脉资源管理方面。在经营活动中，晋商时常打破常规，如让店员伙计入股，创立了人身顶股制度，这也是我国历史上最早出现的人力资本制度之一。晋商的身股制，是在明代“东伙合作”制基础上形成、发展起来的。随着清代统一局面的形成和商品货币经济的发展，嘉庆、道光年间，东伙合作制发展成了以个人劳力顶股的制度。这种身股与银股一起参与分红的制度，是晋商的创新。身股制即财东出资，财东允许掌柜和部分伙计以个人劳动顶身股，即人力股，掌柜和伙计为资本负责，身股与银股一样享有同等分红的权利。

“身股”之所以能够和银股一起参与分红，是因为在当时的商业贸易中，个人劳动已经成为一种具有增值力的“资本”。在晋商商号中，掌握有经营知识、技能和经验的身股持有者，不但能够收回他们在商号中所付劳动的回报，还具备了通过身股获取回报的权利。这种物质的激励，使商号中的所有人都充满热情地去为商号服务，这样就提高了商号的经营水平和竞争力，推动了晋商商号的整体发展。

▲ 乔致庸画像

祁县的乔致庸利用身股制，激励了员工的积极性，赢得了人脉，获得了很好的效果。一次，商号的一位得力掌柜以及很多伙计纷纷递交辞呈，这让乔致庸百思不得其解。经过了解，乔致庸才从伙计们的口中明白，商家之间原也有个惯例，若别家给的薪水更高，徒弟满师后都会离开，因此市面上也有“铁打的商家，流水的伙计”这样的说法。而掌柜就不一样，他们可以在生意里顶一份身股，不仅平日里可拿到比伙计多十倍、百倍的薪水，到了四年账期还可以领到一份红利。所以，能干的人想方设法地想去更好的商号，平庸的人挖空心思地想留下。如此一来，人才流失特别严重。可乔致庸是个惜才如命的人，他意识到，想要留住人才，乔家复字号需要一场大变革。

于是，乔致庸不顾各店掌柜的反对，打破商界中的陈规陋习，在新店规中提出：学徒出师四年以上，愿继续在本号当伙计者，一律顶一厘身股，此后按劳绩逐年增加。这个规定实际上让所有伙计都有了入身股的可能，而且门槛很低，只需继续留在本号即可，因此震动了商界。乔家复字号的面貌从此焕然一新。这一新规，是中国民营企业股份制的先声，也造就了富甲天下的乔家商号。这种身股制，意味着小伙计即使不投资银两，只要对商号有所贡献，或者在商号中有一定的资历，一样也可以成为小股东，与投资的大股东们一样，分红得利。如此，凝聚了人心、聚集了人气，极大地调动了员工对工作的热情，充分发挥了他们经商聚财的积极性、能动性。乔家复字号从大掌柜到普通伙计，无不殚精竭虑、尽心尽力，以便在商号中做出更大的贡献，从而获得更多的身股。

之后，这种身股制在山西商号中普遍实行，但商号不同，具体的分配方案也不同。例如，大盛魁商号，管点杂事、接待客商的职员可顶一二厘；在柜上应酬买卖，但大事尚不能做主的职员可顶三四厘；已有一定的做买卖经验，货色一看就懂，行情一看就明，生意能否成交，也敢一语定夺的，可顶五厘；顶七八厘者，已是商号里外的一把手，或来往于总号、分庄之间，盘点货物、核算亏盈，或奔波于天南海北，拍板大宗交易；顶九厘者，日常营业不管，专决断重大疑难。大盛魁比较特殊，没有顶整股的，最高九厘。

在晋商看来，人才是做生意的根本。晋商正是基于此，开历史之先河，破例给伙计顶身股，利用薪酬这种最重要、最有效的激励手段，把店员个人利益与商号利益、财东利益紧密联系在一起。因此，下层伙计和学徒为了晋升和薪酬，努力为商号工作，这使劳资关系得以协调，既调动了伙计的积极性，留住了人才，又可以吸引更多的人才到商号来，扩充人脉。有了人脉就有了财脉。另外，这一制度也为晋商遴选人才开阔了视野，拓宽了渠道，稳定了蕴藏人才最广泛、最深厚的社会基础。因此，身股制度是晋商选拔、培育人才的核心机制，可谓一举数得。

晋商的另一个创新就是联号制，前文亦有提及，联号制是由东家对自己创办并经营的分布在不同地域、跨不同行业的商业机构实施有效管理的一种模式，有些类似于现代企业的集团公司。具体来说，就是通常在一个家族创立的总号下，设有许多分号或分支机构，少则十多家，多则数十家，广泛分布于全国各地甚至海外。联号并非平等的组合，而是总号统辖分号，东家管理掌柜（总经理），掌柜率领伙计的分级管理方式。东家可能是一人，可能是数人乃至数十人，完全依其投资情况而定；掌柜也可能有数人，但大掌柜只有一人，是真正的“管事的人”，分号同样可以有无数个，但总号只能有一个。因此，一些西方学者认为：“山西商人具有大商业才能，现代美国托拉斯式的跨国企业集团，在19世纪的中国就已经有了雏形。”

以太谷曹氏巨商为例，其经营范围涉及票号、典当、颜料、药材、皮革、洋货等领域。实行联号经营制后，遍及国内外的六百多家商号正常运转，总资产超过六七百万两白银，雇员最多时达七万人。具体来看，它通过“励金德”管理设在太原、潞安及江南各地的商号，通过“用通五”管理设在东北的各商号，通过“三晋川”管理设在山东的各商号等。如励金德管辖的彩霞蔚，是曹氏规模最大的绸缎庄，而彩霞蔚又管辖着张家口的锦泰亨、黎城的瑞霞当、榆次的广生店、太谷的锦生蔚等商号。这些商号的经营和盈亏，财东曹氏一般不会直接过问，而是由彩霞蔚负责，彩霞蔚则向励金德负责。如果彩霞蔚所属的锦泰亨等商号经理想面见财东，必须由彩霞蔚经理先引见给励金德经理，再由励金德经理引见给财东。曹氏的各商号虽然都是独立核算，但是各商号在上一级商号的统一领导下，无论在信息交换、物资采办，还是市场销售上，都会相互支持，必要时在财政上也可挪款相助。这样，就建立了较严密的管理网络，曹氏东家只管理励金德、用通五、三晋川这三大商号，然后三大商号只管理自己分管范围内的商号，类似于分公司，一级管一级，不能越级，尤其是遍布各地的商号，直接对各自分管的“公司”负责，而不能越过“公司”向东家汇报请示，东家也不能伸手去管各分号的事务。如此，就保证了管理的稳健有效，避免了混乱。

联号制可谓是造就晋商雄霸商场五百年的“秘密武器”之一。与太谷

▲ 常家大院常氏宗祠东配厅上的彩绘

曹氏一样，榆次的常氏也靠联号形成了集团优势，使其在对俄贸易中处于举足轻重的地位。晚清，恰克图十几个较大的商号中，常氏一门独占其四，堪称清代山西的外贸世家。常氏在恰克图设立的四大商号是大升玉、大泉玉、大美玉、独慎玉。除此之外，常氏还设有六家带“玉”字的商号，号称“十大玉”。常氏“十大玉”主要在北方从事边贸，称“北常”，以经营茶叶为主。常氏之所以能形成垄断，都归功于联号制。

同样是经营西北贸易的大盛魁也是联号制的受益者。它在蒙古、内蒙古地区和全国许多地方都建立了分支机构。大盛魁的分支机构有乌里雅苏台分庄、科布多分庄、汉口分庄、库伦分庄、召河养马场等。这些分支机构负

▲“汇通天下”匾额

责当地的收购、储存、运销业务。其中乌里雅苏台、科布多两个分庄的业务范围大，地位非常重要。大盛魁还设有许多流动贸易的骆驼“房子”，还有拉着骆驼，驮着货物，串蒙古包做生意的“小组”，还出资开设了若干“小号”。这些房子、小组、小号长年活动在广阔的蒙古草原上，为大盛魁源源不断地创造着巨额的财富。

再以票号为例，票号得以实现“汇通天下”，联号制功不可没。如果不联号，汇通就根本无法进行。如果各地分号不通力合作，又如何能实现信誉为本呢？“天下第一票号”日升昌在全国设分号达三十五家，鼎盛时汇总银子在两千万两以上。如果不联号，银子的异地兑拨就难以实现，恐怕连一笔业务也做不成。

但值得一提的是，晋商联号制中，总号和分号的责、权、利非常明确。

按照程序，分号之间互相协作，心往一处想，劲往一处使，互通信息，互相接济，共谋大利。“总号管大号，大号管小号”，但在管理中又提倡放权，强调相互扶持。这样的管理模式，极大地调动了全体员工的积极性。也正因如此，晋商才能在数百年的商海沉浮中立于不败之地。

积德行善、乐善好施的奉献精神

许多晋商并没有读过多少四书五经，但他们却深受中国儒家文化的浸润，把儒家思想作为自己做人和经商的指南。儒家文化的核心是集体主义。无论是什么人，从事什么职业，都应该关心国事、天下事，要关心百姓，为国分忧。商人关心社会公益事业、关心国事，是中国的传统。晋商在经商活动中就体现了这种精神，他们对社会、对国家毫不“抠门”。他们乐善好施，多行义举，为国家、为家乡做出了突出贡献。

明嘉靖十六年（1537），明政府经历了多年征战，最终平定了北方的蒙古。晋商范世逵为军队运送军需，得到朝廷的嘉奖。嘉靖三十三年（1554），山陕盐商为了反抗海盗入侵，曾挑选骁勇善战的五百名商兵协助防守扬州。隆庆元年（1567），江苏松江倭寇进犯，山陕商人“协力御之”。

进入清代，尽管清政府后期腐败无能，但由于多年儒家思想的影响和忠义精神的熏陶，使晋商们在国家有难时，依然伸出援助之手。康熙、雍正、乾隆三朝，介休范氏一直为政府运送军粮，每石粮的购买及其运费从四十两银子降至二十五两、十九两，甚至更少；还有，四川大渡河上有两条支流，分别是大金川、小金川，盛产金矿。当地的统治者土司想独占金矿，自立统治。乾隆年间，朝廷先后两次用兵征讨大小金川，为了支持朝廷，晋商

▲ 慈禧

一次就捐了一百余万两白银；大约在同治三年（1864），新疆开始叛乱。到光绪初年，新疆已混乱了十多年，朝廷上下为此事吵成一团。当时担任陕甘总督的老将军左宗棠力主收复新疆，慈禧太后最后同意，但朝廷表示不能保证军事供给。左宗棠依靠徽商和晋商的鼎力支持，筹得了大批军饷，南北帮票号共筹款超过一千一百万两白银，其中晋商就贡献了逾八百八十万两。左宗棠六十六岁时出兵，到七十岁时终于收复了新疆。1900 年，八国联军攻陷北京，慈禧、光绪仓皇西逃。他们到了山西以后，晋商们借给了他们很多旅费，其中太谷曹家借银十万两，后来慈禧还了曹家一个金火车头钟。而祁县乔家借银三十万两，还把大德通票号精心收拾了一番，当成了慈禧、光绪的临时行宫。甲午战争以后，帝国主义列强开始向中国进行资本输出，攫取中国开矿、办厂、筑路的特权。国难当头之际，晋商筹集了二百七十五万两白银，赎回矿权，还积极筹办保晋公司，为全国各地纷起的保矿运动带了头……

晋商在家乡遭受大灾之际，也纷纷伸出援手，其急公好义，备受称道。光绪年间的《祁县志》中，记载了光绪三年灾荒中晋商的义举。乔致庸、孙

▲ 平遥日升昌票号旧址

鄂、渠源祯、渠源潮等人及相关商号均被荣记于赈灾名册中。除了积极捐银之外，不少商号的财东、经理还积极协助官府办理赈灾事务。蔚丰厚掌柜范凝晋、日升昌经理张兴邦、协同庆经理刘庆和等，都满腔热情地投身救灾之中。而且，各票号都义不容辞地承担起了汇兑赈灾银的重任。从根本上保证了全国各地的赈灾银两能够及时汇兑到灾区，救灾民于水火之中。而遍布各地的票号分号，也不约而同地为家乡“出血”，四处奔走求救，仅蔚丰厚金陵分号掌柜范家俊就筹捐银达十万两，其他各票号分号也都有不小的贡献。

有麻雀的地方就有晋商

晋商在京城

北京是全国的政治中心，也是一个大型的商业消费地。山西地近北京，为晋商在京城开辟经营活动提供了便利的条件。“京师大贾多晋人”，明清时期在京城内经商的很多富贾都是山西人。

晋商在北京进行的商业经营范围相当广泛，涉及银钱店、粮店、酒铺、油盐店、砖瓦厂、烟铺、茶馆等几十个行业，有的甚至占据垄断地位。晋商在北京留下了许多老字号，比如现在仍然生意火爆的“都一处”烧麦，就是乾隆年间山西王姓商人始创的。因乾隆十七年（1752），皇帝赐名“都一处”，又送来一“虎头”匾而出名。北京人食用的长芦盐，主要也是从山西盐商那里购买的。前门外的大栅栏、内城西单牌楼和西四牌楼一带的点心、干菜、米、面、油、盐、酒等，大都是山西襄陵人经营。著名的“六必居”也是明朝中叶由山西临汾赵姓兄弟开创的。据统计，嘉庆二十四年（1819），在京的山西平遥颜料商，就有三十六家，而山西临汾的纸张、颜料、干果、烟行字号，也有三十三家。

北京有很多山西会馆，光绪时就有四十五所。这些会馆中，有以地域组成的，也有以行业组成的。以地域组成的如平遥会馆、襄陵会馆、襄陵北馆、襄陵南馆、襄陵公所、临襄会馆、临汾东馆、晋翼会馆、潞郡会馆、河东会馆、盂县会馆、平定会馆、忻州社、太谷社等。以行业组成的如药王社、钉鞋社、成衣社、净发社、金炉社、鲁班社、宝丰社、银行社、集锦社、毡毯社等。

北京也是除平遥外，山西票号最早成立的地方。日升昌是中国第一家私人金融机构，成立于道光四年（1824），由山西平遥西裕成颜料庄东家李大全出资创办，雷履泰任掌柜。之后，京城的金融机构如雨后春笋般兴起，咸丰初年，北京可查的账局就有268家，其中晋商占了210家。宣统年间，北京账局虽大为减少，但在可统计的52家中，就有34家由晋商开设，而且其中49家的总经理由山西籍人担任。北京的当铺也较多，乾隆二年（1737）已有200余家，咸丰三年（1853），在京的159家当铺中，晋商开设的有109家。从典当到账局，晋商为京城的工商业及金融流通起到了重要的促进作用。

晋商走西口

西口是指如今山西朔州右玉县境内紧邻内蒙古的杀虎口，因其位于长城的另一个通道口——张家口的西面，所以称为“西口”。内地人把从杀虎口等长城沿线进入内蒙古草原地区叫“走西口”。山西、陕西、河北等地的农民、商人，为生活所迫，远赴察哈尔、绥远等地，即今内蒙古中西部乃至更遥远的地区垦荒、挖煤、拉骆驼、做生意，特别是大量的山西人，从明清以来至新中国成立，延续三四百年，排除万难不断地走西口，为今内蒙古中西部农业、手工业、商业的发展和民族团结做出了不可磨灭的贡献。

如前文所述，由于明朝政府与蒙古多年战事平息，加之地理位置上的优势，晋商在蒙古地区贸易中处于重要地位。入清以后，内地与蒙古地区的联系更加紧密，晋商“走西口”，深入草原，大显身手，旅蒙晋商由此兴起，产生了许多晋商巨子，如赫赫有名的乔家、渠家、常家、曹家和大盛魁等。晋商在蒙古草原十分活跃，贩卖的商品种类繁多，数量巨大。蒙古人的生活必需品如茶、布、绸缎、药材、陶器、铁锅、纸张、农具等，都依赖晋商，而内地也大量需要蒙古所产的牲畜和畜牧产品。经由晋商运到内地的蒙古羊有数百万头，马的成交额也很大。当时仅乌兰察布盟销往内地的骆驼就有十万余头，羊皮十万余张。山西大盛魁商号，每年运往蒙区的茶叶就有三万箱以上，生烟两千多囤，每囤一百八十包，每包一斤，从蒙区赶回的羊上百万只，几乎垄断了蒙古牧区市场，贸易量巨大。晋商进入蒙古市场，把内地的种子、生产工具和先进技术也传入了蒙古草原，促进了蒙古畜产品加工业、手工业的发展，当地牧民不再单纯依靠从内地购买。广大牧民改进了制革、鞣皮、制毡等手工工艺，畜产品的加工技术不断提高，不仅能够满足自己的需求，还有富余产品运销内地。大盛魁每年向内地运销蒙古靴子一万多双，都是牛皮制作的，深受内地人民喜爱。在晋商的影响下，蒙古经济迅速发展，促进了城市的兴起与繁荣。如乾隆年间，归化城（呼和浩特市旧城）就已经成为蒙古地区的商业枢纽，“一切外来货物先汇聚该城囤积，然后陆续分拨各处售卖”。它的周边盛产粮食，内地商贩采买者甚多，经黄河运至秦晋两省出售。

在旅蒙晋商事业的发展进程中，清朝多次对蒙古、新疆用兵的作用不能不提。在康熙、雍正、乾隆三朝平息噶尔丹叛乱的多次战事中，山西旅蒙商人曾组成贩运军粮及各种军用物资的商队，随军行进，保障了军队生活所需日用物资的供给。利用商人随军贸易，使得数量庞大的军粮等军需物资的来源得以妥善解决，这不得不说是历史性的创举。清政府对商人的特殊依赖与利用，也是史无前例的。由于军饷多以银两方式发放，当时又处在战争期间，物品匮乏，因此不论什么货物，在军中售卖的价格自然比内地高出数倍

▲ 郎世宁等绘《平定伊犁回部战图》

至数十倍，随军的商人也获得了丰厚的利润。

许多商业巨子在随军贸易中诞生了，最大的旅蒙晋商大盛魁就是在随军贸易中起家的。关于大盛魁的发家史，前文已有记述。类似大盛魁这样的旅蒙晋商，在清朝能够长期定居于蒙古，建立总号、分号，南北东西任其所至，享有在蒙贸易的特权，与当年随军有功是分不开的。战争结束后，清政府在边疆地区保留了许多驻军，建立了不少衙门，他们的军需供给仍需要晋商提供。鉴于在千里无人烟的大漠生存、经营不易，清政府对晋商格外优恤。这也表明，政府的政策对民间商人的活动有着多么巨大的影响。

晋商在新疆

在西北，明末的晋商就已经积累了雄厚的经济实力，垄断了西北贸易市场。清军入关并统一新疆后，该地的商业几乎被晋商垄断了。新疆的晋商遍及天山南北，如新疆古城子（今新疆奇台县）、乌鲁木齐的“山西巷子”。晋商在新疆从事茶、粮、布、盐、铁、煤、木材、驼运、饮食、药材和金融等多种行业。其中，茶、驼运与票号三业最盛。

新疆对茶的需求量极大，晋商在内地购买茶山，将加工、生产的茶叶北运归化，沿着大草地进入新疆古城子，销售到天山南北。晋商不断创新生产出符合新疆牧民口味的砖茶，深受牧民的喜爱。晋商的货物主要靠驼和马运输，因此，驼运业也非常发达。天山北麓的古城子有大小驼店近四十家。早年在乌鲁木齐山西巷子就有山西大同人季登魁开设“山西驼场”，当时从呼和浩特来的骆驼队到乌鲁木齐都在此休整。票号业在新疆发展较晚，光绪后期，晋商们才在乌鲁木齐设立蔚丰厚、天成亨和协同庆三家分号，但其一经成立，就“执新疆金融业之牛耳”。除了民间业务，票号主要承办各省协济新疆的“协饷”业务，起着代理国库的作用。票号还在收复新疆、平定新疆叛乱以及反抗外来侵略、维护国家统一的过程中做出了重大贡献。

晋商在新疆的商业活动，使新疆的城市得到了前所未有的发展。如哈密“商贾云集，百货俱备”，俨然成了一个大都会。巴里坤也是“自设官分治，商货云集，当商、钱商、百货商无不争先恐后，道光间颇称繁盛”。古城子是晋商贸易总汇之地，生意兴隆，“地方极大，极热闹，北路通蒙古台站，由张家口到京者，从此直北去，蒙古食路，全仗此间。口内人商贾聚集，与蒙古人交易，利极厚。口外茶商，自归化城出来，到此销售，即将米面各物贩回北路，以济乌里雅苏台等处，关系最重，茶叶又运至南路回疆八城，获利尤重”。乾隆时，乌鲁木齐已是“商民云集，与内地无异”，“繁华富庶，甲于关外”。玛纳斯也是“商民辐辏，庐舍如云，景象明润，丰饶与内地无异”。南疆阿克苏“内地商民，外番贸易，鳞集星萃，街市纷纭”。伊犁、塔城、喀什等地，也是一派繁荣景象。

晋商还为新疆带来了独具特色的山西文化。山西汾酒、陈醋、面食等，都深受边疆百姓的喜爱。晋商在古城子、乌鲁木齐、巴里坤等边城设立山西会馆，建筑高大宏伟，内供奉关羽塑像，独具北方民居风格。每逢佳节，山西会馆便组织社火龙灯，表演山西花鼓，丰富了边疆各族群众的文化生活。

晋商在各地

“有麻雀的地方就有晋商”，除了京城、蒙古和新疆外，晋商在甘宁青、东北、扬州等地也十分活跃。

甘宁青地理位置特殊，处于丝绸之路通往关中的咽喉之地，乾隆时期大批晋商分赴甘宁青各府州经商，形成了互相关照、互通有无的庞大经商群体。他们基本垄断了甘宁青地区的商业，成为主导甘宁青商贸业的主力。在这一地区活动的，主要是晋中商帮和晋南商帮。晋商经营的商品种类繁多，清朝中前期，多经营民间手工制品，清后期晋商主要从天津进货，洋货占绝大多数。晋商还收购大烟、羊毛、枸杞、甘草、发菜等当地土特产，运往京津等地。到民国前期，晋商调整经营种类，涉足皮毛行业，势力很快到达顶峰，当地几个规模大、资产雄厚的皮毛商号，如瑞凝霞、步云祥等，都是由晋商经营的。在西宁，乾隆年间晋商创办的“晋益老”是当地最早的大型商号，民国时期甚至有“先有晋益老，后有西宁城”的说法。

东北地区地阔物丰，山西人很早就在此地从事贸易活动。晋商在东北经营的行业很多，主要有粮食、丝绸、采参、铁货、杂货等。他们在当地开设山西会馆，修建关帝庙。晋商还把山西的乡土戏曲向外传播，东北地区流行的地方戏曲中，很多都有山西戏曲的影子。

明朝，许多晋商南下扬州经营盐业。如太原贾氏，其举家迁往扬州。临汾亢氏和大同薛氏，都是扬州著名的盐商。晋商还建了扬州最早的盐商会馆——山陕会馆。会馆设立之初，是为了联络同乡感情，后来成为山西祁县盐商在扬州的办事机构。声名显赫的盐商亢嗣鼎经常出入于此。晋商在扬州经营盐业，对南北文化的融合起到了一定的促进作用。如扬州的建筑就吸收了北方建筑的一些特色。扬州有很多青砖青瓦建筑，而不像南方的粉墙黛瓦，属于北方特色。

晋商名门

中国传统社会以家庭为本位，家庭是社会的基本细胞，也是社会最基本的经济单位。在中国人眼中，家庭是神圣的，在家庭关系中，提倡“孝悌为仁之本”，进而在社会关系上提倡齐家、治国、平天下，认为只有在齐家的基础上，才能治国平天下。可见，家庭在中国的传统文化中占有崇高的地位。但家庭维系的基础是经济，即治生。晋商就是在这样的思想基础上，把养家糊口放在首位，进而达到兴创家业的目的。晋商历经数百年的艰苦创业，形成了许多名震天下的商业世族。下面我们就来了解其中几个有代表性的晋商名门。

祁县乔氏

乔家的始祖名叫乔贵发，祖居祁县乔家堡，原系一贫苦农民，早年因父母双亡，无依无靠，生活所迫，常为人帮佣。乾隆初年，与徐沟县大常村的秦某结为异姓兄弟，离乡背井，到了内蒙古萨拉齐厅老官营村当铺做伙计。后稍有积蓄，便转到了包头西脑包开了一间草料铺，兼营豆腐、豆芽、切面及零星杂货。在他们的苦心经营下，生意日见起色。但后来又一度亏赔，几乎歇业。乔贵发只好回原籍种地，留秦氏同乡守摊。

乾隆二十年（1755）农业丰收，粮价低落，秦氏趁粮价低时购存一批黄豆，准备做豆腐，不料次年黄豆歉收，豆价骤涨，于是秦氏把黄豆出售，获利颇丰，便把乔贵发从原籍叫来共同经营。乔秦二人把店移到东前街，开设客货栈——广盛公，二人当上了财东。嘉庆年间，广盛公生意十分兴隆，但有一次“买树梢”（注：农民春季急于用钱，向商号借支银钱货物，以所种青苗庄稼作抵，议定极低廉的价格，到田禾收获后，照议定价格交粮，俗称这种投机买卖为“买树梢”。）蚀了本。广盛公这次蚀本，几近倒闭，幸赖当地往来业户支持，议定将广盛公欠款缓期三年归还，使广盛公得以继续存活。到三年结账时，广盛公不但还清了债款，而且大有余利。秦、乔欢庆之余，认为这是复兴基业的起点，便把广盛公改名“复盛公”。复盛公的业务仍以经营油粮米面为主，后又兼营酒、衣服、钱铺，买卖日益兴隆。

后来，乔家子弟恪守祖训，定有家规，勤俭持家，不准嫖赌，不准纳妾，不准酗酒。因此乔姓家业兴旺。而秦姓子弟吃喝嫖赌，挥霍浪费，渐渐从号内将股份抽出，全部花光。秦氏抽出的股份都由乔家补进，最后复盛公几乎都是乔家的股份，秦氏股份极少，复盛公成了乔家的独资生意。

▲ 乔家大院的在中堂

复盛公成为乔姓之商号后，买卖兴隆。随后，乔家又在包头增设复盛全、复盛西商号和复盛菜园，拥有十九个门面，复盛公是包头城开办最早、实力最为雄厚的商号，所以包头城有“先有复盛公，后有包头城”之说。

在乔贵发发家致富期间，他娶妻生子，育有三子，分别是乔全德、乔全义和乔全美。这三个儿子长大后，各自成了家，还在乔贵发的家乡乔家堡村各自成立了商号。乔贵发还为三个儿子分别选址盖房。老大乔全德所居称为“德星堂”，老二乔全义所居称为“宁守堂”，老三乔全美所居称为“在中堂”。这些都是我们后世所见的乔家大院的重要组成部分。

乔全美生有二子，长子致广，英年早逝；次子致庸，是乔家一位出类拔萃的人物，他历经嘉庆、道光、咸丰、同治、光绪五个朝代，是乔氏家族中最长寿的人，为乔氏家族的繁荣立下了大功。父亲乔全美去世时，乔致庸才七八岁，母亲亡故得也早，所以他一直由长兄致广抚育。在长兄的教诲下，乔致庸养成了淳厚好学的性格，年纪轻轻就考中了秀才。就在乔致庸欲以“儒术荣门阀”之时，乔致广不幸去世。乔致庸只好放弃学业，继承祖业，在商界大展宏图。

乔致庸治商有方，并主张经商首重信，次重义，第三才是利。他认为：经商必须戒懒、戒骄、戒贪。在乔致庸的精心经营下，乔氏的生意得到很大发展，人称乔致庸为“亮财主”。乔致庸生有六子，次子乔景仪所生之子乔映霞，过继给了长子乔景岱，人皆称大少，乔氏的在中堂后来由他主持。乔映霞深受祖辈熏陶，主持乔家以来，事业心强，治家颇严。乔映霞不愿意乔家偌大的家业在他手中败落，所以力图振兴，维护这个家族的繁盛和完整。乔映霞针对众兄弟与子弟的性格特点，分别立书斋名，如“不泥古斋”“知不足斋”“日新斋”“自强不息斋”“一日三省斋”等，以资互勉，并订立家

▲ 乔家大院的“退思”匾额

规：一不准吸鸦片，二不准纳妾，三不准虐仆，四不准赌博，五不准冶游，六不准酗酒等。

乔家对其子弟的学业十分重视，要求十分严格。他们聘私塾先生，一定要聘学问大的，在接待上也尤为礼遇。如对所聘本县名儒刘奋熙，异常尊敬，以致不敢对刘提报酬，只是暗中对刘家给予多方资助。先生回家时，必备车接送，家长率子弟恭立甬道送迎。乔家如此尊重教师，目的是在家族子弟中树立教师威望，使其心生崇敬，有利于教师秉权执教，约束骄横的小少爷。同时使教师有所感戴，可不遗余力地施教，最后受益者仍为乔家。在乔氏重教之风的熏陶下，涌现出了许多人才，其后代子弟有不少人进入高等学府，成为科学家、教授和爱国军人等。

在复字号的基础上，乔氏向国内各大中商埠发展，先后在京、津、东北、长江流域各城镇设立商号。光绪十年（1884），又设大德通、大德恒票号。大德通票号最初投入资本六万两，中期增银十二万两，最后增至三十五万两。大德恒票号投入资本十万两。两大票号在全国各地有二十多个分号。西至兰州、西安，东至南京、上海、杭州，北至张家口、归化、包头，东北至沈阳等地，均设有乔氏商号。徐珂在《清稗类钞》中称，乔氏共有资产四五百万两。实际不止此数，清末乔氏在全国各地有票号、钱庄、当铺、粮店等两百多处，有流动资产一千万两以上，加上土地房产等不动产，保守估计有资产数千万两。

乔氏在商业经营中很注意网罗人才，这也是乔氏商业长久兴旺的重要原因。如祁县人阎维藩，原本在平遥蔚长厚票号福州分庄任职时，曾为福州都司恩寿垫付白银贿官，总号认为阎维藩此举违背了号规，要处置他。而不久后恩寿升迁汉口将军，但阎维藩因为处分之事，内心不快，已决意要辞职。

▲ 慈禧太后赐给乔家的“福种琅嬛”匾

乔致庸得知消息，认为阎维藩善于与官府搞好关系，又是个经营人才，所以决定礼聘阎维藩为大德通票号总经理，授权他全权处理票号之事。为了报答乔致庸的知遇之恩，阎维藩殚精竭虑，苦心经营，使乔氏生意获益匪浅。实际上，乔氏为了商业的繁盛，一直很注意交结官府。乔映霞就认为花钱捐官买来的只不过是死后铭碑上的殊荣，并无可骄傲之处，而花钱结识权贵则可作为经商靠山。如果某官在官场失意，又可另外交结新官吏。也就是说前一个靠山倒了，还可找新靠山，使商业经营不受影响。乔氏交结权官，上至皇室亲贵，下至州府县吏，四方笼络，八方疏通。光绪以来，陕甘封疆大吏、山西巡抚道员，几乎都与乔氏有经济上的交往。庚子事变时，慈禧西逃，途经山西时，乔氏大展交结官吏之能事，将慈禧的行宫设在其所办票号祁县大德通总号，又借给清政府四十万银两，以解决清政府西逃财政拮据之急。清政府当然也是“投之以桃，报之以李”，此后对乔氏商业多加关照，又让山西巡抚丁宝铨将“福种琅嬛”匾赐予乔氏，乔氏商业也得以借此大壮声威，扩大了影响。

乔家的票号业务也十分著名。票号肇始于平遥李氏的日升昌，成立于道光四年（1824）。晋商见它业务繁忙，赚钱很多，于是群起效之，逐渐形成了平帮、祁帮、谷帮等群体。平帮是指总号设在平遥的票号，主要有蔚丰厚、天成亨、蔚盛长、新泰厚、蔚长厚；祁帮指总号设在祁县的票号，主要有大德兴、大德恒、三晋源、存义公、合盛元、大盛川等；谷帮是指总号设在太谷的票号，主要有志成信、协成乾、大德玉等。前文所述的大德通、大德恒票号，都是乔家出资开设的，加上日升昌，这三家是票号中实力最强的。

清末，外国资本大批涌入，票号业务多被外资银行夺走，加上清末清政府设立了官方的户部银行，乔氏票号的很多业务被官办银行夺走，公私存款大幅度减少，乔氏不得不把票号改组为钱庄，这也成为了乔氏家族衰败的开始。辛亥革命时期，随着清王朝的灭亡，原依附清王朝的乔氏商业大受损失。随后战乱频仍，乔家资本虽实力雄厚，但在战乱的冲击下，也屡受重创。1926年，冯玉祥向西北撤军途中，向乔家商号和票号摊派了五百万石粮食和一百五十万银圆，乔家资本元气大伤。1930年，蒋介石、冯玉祥、阎锡山中原大战，大德通票号又经历了一次关乎生死且悲壮的选择。当时阎锡山控制山西，独自发行晋钞。阎锡山中原大战失败后，晋钞贬值，几乎成了废纸，二十五元晋钞才能换一元新币。不少银行乘机牟取暴利，对晋钞存款用户，只给兑换晋钞。但大德通却没有这样做，乔家动用了票号历年存储的资金，按照新币来为存款户兑换，最终造成三十万两白银的亏空。本可以趁机大捞一把的大德通，却放弃了一次东山再起的机遇，做了有史以来最大的一笔赔本买卖。做出这个舍生取义决定的，是当时的掌家人乔映霞。他的这一决定并非一时冲动，他算的是良心账：即便大德通因此倒闭，但乔家这样的大财团，子弟绝不会沦落到衣食无着的地步；但对一般储户来说，如果仍兑给他们晋钞，将威胁到很多人的身家性命。乔映霞权衡了轻重，做出了这样的决定。乔家的举动，为晋商的诚信，做了最具体也最生动的诠释。

后来，抗日战争全面爆发，1937年日军侵占包头，乔氏复字号当铺、钱铺均被日伪组织接收。抗战胜利后，乔氏商号复业，但已不复当年的辉煌，多数职工相继离号，复字号到解放前已是奄奄一息。到了1950年，在公私合营的大潮中，乔家后人乔铁民、乔子珍等在包头把油房、面铺以低廉价格让给职工接办，把大部分房产平价出售给国家使用，并把部分房产分赠给各号执事的掌柜居住，房产售价均按股平分。从此，乔家与百年复字号脱离了关系。

平遥李氏

道光初年，在平遥诞生了中国第一家票号“日升昌”，以它的诞生为标志，晋商完成了由商业资本向金融资本的转变。此后近百年，山西票号“执中国金融之牛耳”，汇通天下，创造了令人瞩目的经济奇迹。而日升昌票号的财东，就是平遥达蒲村的李家。

李氏原籍陕西汉中，元朝时祖先李实任官于山西，从那时起，举家迁到了平遥达蒲村落户，成为一个官宦之家。后来，随着朝代的更替，李家子弟渐渐转入商业，李氏经商据说始于清雍正年间。

清代，李氏传到李占殿，李占殿生有两个儿子，分别是李文质和李文赟。李文质缺子，而李文赟生有两个儿子——李大元和李大全。清雍正年间，李大元、李大全兄弟俩开始从事颜料生意，第一家商号是在达蒲村开设的“西裕成”颜料庄。由于当时的平遥地区的颜料经营粗具规模，李家趁势在平遥西大街设立总号，兄弟俩经营有方，事业发展很快。经过乾隆、嘉庆两朝，西裕成颜料庄在北京的分店以规模宏大、资本雄厚而一跃成为众商之首。与此同时，李家又陆续在达蒲村开设了绸缎庄、杂货铺、药铺、洗衣局、干果铺、肉铺等一系列店铺。此时的李家，已成为平遥首屈一指的富户了。但李家的极盛时期，还是在建立票号之后。

嘉道年间，西裕成颜料庄为适应埠际商业清偿的需要，在经理雷履泰的策划下，开始进行汇兑业务，日趋繁荣。道光四年（1824），由李大全投资白银三十万两，和经理雷履泰一起，将西裕成颜料庄改为专营汇兑业务的日升昌票号，成为我国历史上第一家票号，被称为“现代银行的始祖”。自从创立票号后，利润丰厚，财富骤增。李氏于道光年间在达蒲村新盖高楼院三处，咸同年间，又投资新设商号十多处。李氏以日升昌和谦吉升票号为中心，在平遥县城设有日升裕、日升厚、日升通钱庄及日升布庄和日升店（货栈）；在天津设有东如升等店。李氏所设日升裕、日升厚钱庄在平遥县钱业中，曾操纵行市，称霸一时。

日升昌票号创始时，当家财东是李大全，李大全生有李箴视、李箴听、李箴言三子。道光后期，李大全去世，由其长子李箴视主事，李箴视的弟弟李箴言有疯癫之病，人称“李二魔子”。李箴视死后，由李箴听之子李五典管理家业。李氏从事商业，所获利润除一部分继续扩大商业投资外，另一部分消耗于攀附达官显贵，还有一部分用来购买土地，其余的皆用于李家的奢侈生活。李氏为满足其生活需要，又在达蒲村开设杂货、绸缎、药材、干果、肉食、水果、成衣、理发等店，村中人说：“领的李家本，吃的李家饭，赚的李家钱。”

李氏资本的去向具体有以下几方面：一是盖房置地。李氏在平遥达蒲

▲ 李家大院

村筑有四座辉煌巍峨的大院，每座都是三串院，分东西厢房，前庭后院，楼阁相辉，亭榭互映，四座大院又连接一起，村民称之为“李家堡”。土地也很多，据记载，李氏在宣统末年“家有土地两顷”。二是投资商号钱庄。李氏以日升昌票号为中心，扩大投资，新增商号多处。三是捐纳官衔。李氏为了荣宗耀祖和提高家族的门庭地位，花了许多银两竭力攀官结贵，提高门庭。通过捐输，获取虚衔。如李大全在世时，捐衔“千总”，去世后其子箴视为其父大全捐衔“知府加四级诰封通奉大夫”，箴视为其祖父文赟、曾祖父占殿也捐了虚衔。李氏男性多捐有文武官衔，女性也封为“宜人”“夫人”。嫁女娶媳也必门当户对。四是挥霍浪费。李氏家中雇有许多用人，仅老妈子、丫鬟、保镖、护院就有数十人。李氏一家人，生活也是阴阳颠倒，白天睡觉，黑夜打麻将、吸鸦片。吃饭也是想起就吃，随要随到。有时厨师因厨灶火力不旺，就把馒头蘸上油扔到灶火里，以应付李氏一家人的“快餐”。

从光绪末年起，李氏的各商号、票号、钱庄已经出现亏赔。辛亥革命后，亏赔愈益严重，债主已逼上李财东的家门。当时，主持李家商号和家业的是李五峰。他怕债主逼债，便把家里藏的许多财物寄放到内兄赵鸿猷家中，自己也躲藏起来不见人。后来，逼债的风势减弱，李五峰便向赵氏索取寄存财物，不想赵氏抵赖不承认有寄存一事。李五峰气急败坏，要到衙门告状，又怕招来债主逼债，不得已只好忍气吞声，吃了暗亏。最后，煊赫一时的日升昌票号财东李家，落了个穷困潦倒的下场。

灵石王氏

山西灵石县静升镇王家，源出太原，为太原王氏宗裔，世居灵石县禹门外沟营村（今南关镇沟峪滩村）。元代皇庆年间（1312—1313），族人王实迁至灵石县静升村定居，宗支繁衍，渐成巨族。因王实之前无族谱可考，所以后世就尊王实为静升王氏始祖。

王实，字诚斋，生有一子名秀。王实最初迁居静升时，以佃耕为主，空闲时垦荒自耕，年长日久，渐渐有了几亩薄田，成为自耕农。除了种庄稼外，王实还兼营豆腐坊。明代手工业蓬勃发展，晋商迅速崛起，使静升王氏逐渐从耕读世家转向了商宦之家。从王实之后的第十世起，王家就有人开始经营棉花杂货和典当行业，但属初创时期，不具规模，未形成主业，家族仍以农耕为生。王家在农耕、经营的同时，十分注重教育，家族从第八世起，读书人逐渐多起来。到第十八世，共有生员129人，监生211人，且有举人、进士。家族对修文庙、办义学、建学馆等教育公益事业十分重视，慷慨解囊，大力资助。

王氏家族从六世起分为五大支派，为金、水、木、火、土，乾隆五十四年（1789）改为仁、义、礼、智、信。如前所述，王家从十世开始经商，到十一世，资本增多，逐渐成为巨商大贾。据明朝天启年间碑文记载：王家"士者，经史传家，英辈迭出；农者，沃产遗后，坐享年盈；工者，彻通诸艺，精巧相生；商者，逐利湖海，据资万千。"由此可见，当时的王家，士、农、工、商全面发展，且业绩显著，资产雄厚，已成静升村大户。

清初，王家第十三世孙王兴旺叔侄等人，看到明末以来，平川地区农桑受战乱破坏严重，畜力极为短缺，便瞄准这一商机，往返于冀、鲁等地贩卖牲畜。他们凭着义气、信用、银钱等，不仅通过了所设关隘卡口，同时结交了很多燕齐豪勇义士，打通了晋、蒙、冀、鲁贸易通道，买卖越做越大，资本日趋雄厚。康熙十二年（1673），吴三桂叛乱，清政府急需军马粮草。王家弟兄将二十四匹良马献给平阳府，支援平叛，受到平阳知府及步军统领的赞赏，从而受命为清军筹集军马粮草，王家兄弟从中不仅得到经济利益，政治地位也大大提高。康熙十五年（1676）叛军投降，步军统领上奏朝廷，王氏兄弟受到康熙帝的褒扬。王氏家族借清政府的势力，生意规模更大，很快便发展成为当地有名的巨贾大商、官僚士绅和大地主，同两渡何家、蒜峪陈家、夏门梁家并称为灵石四大家族。

王家由耕读起家，因商宦富族，发迹后，便大兴土木，不断营造住宅、祠堂、牌坊、坟茔。从康熙一直修到嘉庆年间，形成了规模宏大的王家大

▲ 山西灵石王家大院

院，包括五巷、五堡、五祠堂，总面积二十五万平方米。王家大院由东堡、西堡、宗祠、当铺、戏台、佣工院等几部分组成。东堡俗称高家崖，由王氏十七世孙王汝聪、王汝诚兄弟建于清嘉庆初年，整个大院依山而建，三十五座大小院落鳞次栉比，层楼迭院，错落有致，从文化内涵到规模气势，从地势选择到内部结构设计，都体现出了一种磅礴大气和匠心独具的风格。同时，整个建筑在合乎礼制和讲究实用的前提下，把造园艺术与造院技巧融为一体，既保存了北方民居的传统风格，又充分借鉴了南方园林的设计思路，注重运用明暗虚实、浓淡轻重的手法，使整个建筑群或如丝竹声声，或如群鼓激越，错落有致，神形俱立，成为了不朽于世的民居建筑艺术精品。王家大院的艺术价值还表现在木雕、砖雕、石雕方面，这些雕刻艺术品，巧夺天工，仰俯可见，无处不在。中国传统的吉祥花草、珍禽瑞兽、历史典故等在古代匠人的精雕细琢下，成为一幅幅或抒发情怀、或寄托希望、或自我勉励、或训诫后辈的美丽画卷，集中展示了中华民族深厚的文化底蕴和王氏家族独特的治家理念。王家大院以其叹为观止的建筑艺术和深沉厚重的文化品位，被国内外众多专家学者誉为“华夏民居第一宅”和“山西的紫禁城”。民间至今流传着一句谚语，“王家归来不看院”，足见王家大院的地位之高。

王氏家族从清道光年间，大概第十八世以后，逐渐衰败，其原因除社会、政治、经济等多方面的客观因素外，于王家本身，则主要是子弟不争，日渐奢靡，把祖先勤俭创业的品德都抛于脑后。家族中有的不再以耕读为本，有的不继续从商经营，有的只满足于一官半职，有的安乐于锦衣玉食，一些人荒于学而用钱捐官，甚至有的沉迷鸦片，坐吃山空。抗战前夕，王家虽然还有个别大户在省内及京津等地有一些商号，可卢沟桥事变后，也都收拾家业，举家南迁，流落他乡了。王家大院也于道光后渐无人居住。

太谷曹氏

曹氏原住晋源县花塔村（今属太原市晋源区），明洪武年间迁至太谷县北洸村。《清稗类钞》中记载，曹氏有资产银六七百万两，是太谷巨富。

明代洪武年间，曹家的始祖曹邦彦来到太谷县北洸村卖砂锅，后来全家定居于此。曹氏发迹，始于明末清初“三”字辈的曹三喜。当时三喜为谋生，随人至东北三座塔（在今辽宁朝阳县），租地、种菜、种豆。后来，与一当地人合伙，用所种的豆子磨成豆腐销售，再用豆腐渣养猪。辛苦经营多年，日渐发达。这时，原合伙人提出分开各自经营。三喜独立经营后，辛勤劳动，精打细算，由磨豆腐、养猪，又发展到用高粱酿酒，进而开杂货

▲ 曹家大院的“客亦三多”匾额

铺，生意蒸蒸日上，后来又兼并了原合伙人的生意。随着三座塔日渐繁荣，人口增多，清政府开始在这里设厅，进而设立了朝阳县。而曹氏在该地早已开办有商铺，所以当地有“先有曹家号，后有朝阳县”之说。此后，曹三喜又将商号开办到赤峰、凌源及建昌等地，经营范围也扩展为杂货业、典当业、酿酒业。后来又在沈阳、四平、锦州等地设立商号。这样，曹氏成为了关外大商。

1644 年清兵入关，曹三喜在三座塔等地也积累了相当的资本，产生了思乡之念，因而收撤了三座塔等地的商号，返回太谷县求发展。他首先在太谷县开设商号，然后又将商号发展到华北、西北各商埠。曹三喜有七个儿子，他致富后，将资产分成七份，分给七个儿子，让他们各立门户，但是在商业上仍合资经营，七家各出资本十万两，组成总管理处，称“曹七合”。后来，有一个儿子带着财产过继给了叔父，“曹七合”又被改为“六德公”。六门各有堂名，分别是：怀义堂、馨宜堂、留青堂、三多堂、五桂堂，还有一堂佚名。他们合资办的商业，到清道光、咸丰时达到鼎盛。当时曹氏商号遍布全国各地，如济南、徐州、兰州、太原、天津、北京、沈阳、锦州、四平、张家口、黎城、屯留、太谷、长子、榆次等，在新疆、库伦及莫斯科、伊尔库茨克等地，也设有曹氏商号。其经营范围很广，如：绸缎、布匹、呢绒、颜料、药材、皮毛、杂货、洋货、茶叶、典当、钱庄、票号等。道光以后，各门渐次衰微，唯独三多堂一直保持着旺盛的局面。到了曹家二十一世曹克让，上溯到其父辈曹中美、曹中成，祖辈曹培义、曹培智、曹培德，曾祖曹凤祥等名噪一时的商人，均是出自三多堂。曹氏家业兴起后，很重视子弟的读书教育问题。曹家设有家塾“书房院”，聘请名师任教，教师待遇颇厚，每年酬金在百两以上。曹氏除捐官外，其子弟在清末也有考取功名中举者，其中很多也是出自三多堂。如曹培德，字润堂，为人精明干练，曾为直隶候补知府，著有《木石庵诗合刻》《木石庵文录》《木石庵随笔》《傅文贞先生年谱》等。他富有经济才能，后弃儒经商，所有曹氏“锦”字商号，如锦丰泰、锦生润、锦丰焕、锦丰典、锦泉汇、锦泉兴、锦泉和、锦泉涌、锦元懋、锦隆德、锦泰亨等，都是曹培德一手创立的。在曹培德的墓志铭中有记述：“太谷之曹，以资雄于并晋间，而木石庵曹君特以名德显。君讳培德，字润堂，以字行，别字木石庵。……光绪乙酉，以选拔贡于京，朝考报罢，援例捐内阁中书。……君先以中书加捐至知府，指分直隶试用。……壬寅秋，垦务大臣贻将军谷奏调君襄垦事，……君冲寒塞外者累月，创设西蒙公司，复返里集款至十余万金，事乃举。……自正太铁路开，谷商已大减，同蒲线如复不经谷境，为谷计者，尤宜速修榆太支路以通商情，独惜时人之不能用也。”

曹氏对各地商号的管理，有自己显著的特点。首先一个最突出的特点，就是曹氏首创的联号制、分号制的经营管理办法。曹氏拥有金融商号近四十个，在管理上与其他家族不同的是，它不是面对一个个的字号，而是采取大号投资支号、支号又生小号的管理方法，既把管理责任授予大号经理，即所谓“当家的”，又减少了曹氏的操劳，获得了成功。这种类似母子公司的制度，是曹氏的一大创造。大号就是枢纽字号，比如励金德、用通五、三晋川等，其中励金德的权势最大。励金德创设于乾隆年间，是曹三喜由三座塔返回太谷后设立的，所以后来曹氏就把再设字号的权力授予了励金德。设在太谷、太原、潞安及徐州等地的字号，全是由励金德出资开设的。励金德就像是曹氏企业的总部，统一核算企业收支，结算盈亏，所以称其为“当家的”，曹氏的决策，都通过励金德实施。如此，就是大号投资支号。然后，支号又有权再投资小号。比如彩霞蔚本是由励金德投资开设的，是经营京广苏杭的绸缎、纱罗、绫绢、曲绸等商品的总庄，只做批发不做零售，为了开展零售业以及与俄商的贸易，彩霞蔚在张家口设锦泰亨、太谷设锦生蔚、榆次设广聚花店、黎城设瑞霞当铺。再如，设在沈阳的富森峻钱庄，又在四平开设富盛泉、富盛长、富盛诚等商号。

曹氏的另一个经营特点，就是设置“钦差”巡视制。曹家为了对外地各商号加以控制，避免出现“将在外，军令有所不受”的现象，财东会派专人前往巡视，类似于皇帝派大臣到各地巡视。“钦差”一般由上级商号选派。

▲ 奉票

他们会去往各地，在当地少则住几个月，多则半年一载，但不参与商号的经营事务，只负责从旁监督考察。如果发现问题，就及时上报，但在巡视期间，不得随意干涉商号的经营活动。

曹家自曹三喜在东北以苦力经营起家，一直到曹克让及其子衰落为止，共计二十四代。然而，曹家的商业毕竟是一种封建的资本经营方式。随着社会的发展和国内外政局的变化，曹氏商业在清末走上了衰落的道路。辛亥革命后，白银改银圆，银圆改钞票，几次变更，曹氏商号由此受到的亏损达数十万两。1919 年，曹氏在莫斯科、恰克图、伊尔库茨克和内蒙古库伦的商号，负外债银八十余万两。原持帝俄时代的钞票每张抵银一两，苏联革命成功后每张仅值白银五分，此一项曹氏就亏银三十七万两。曹氏商业多开办于东北各大城市，北洋军阀混战时期，张作霖的奉系军阀大量发行“奉票”。1922 年第一次直奉战争，奉系军阀失败，“奉票”大跌，曹氏商号又损失一百数十万元。1931年“九一八”事变，日军侵占东三省，后来又成立伪满洲国。曹氏在辽宁的五个银号全部被迫归伪满洲国政府所有，曹氏在东北的商号全部化为乌有。东北原是曹氏发祥地，其东北商号的垮台，又影响到关内的商号。再加上曹家后代子孙多吸食鸦片，庸碌无能，根本不问号事。而各号掌柜也都趁机移花接木，中饱私囊，显赫数百年的曹家商业，遂一蹶不振，终至衰败。

▲ 张作霖

平阳亢氏

清初，山西平阳府（今临汾）的亢氏资财雄厚。据徐珂《清稗类钞》记载，其资产达数千万银两，堪称山西首富。资产在七八百万银两或百万银两的侯、曹、乔、渠、常、刘诸姓人家，均排于亢氏之后。亢氏家族在当时不但是山西首富，而且堪称富甲天下。

亢氏祖籍山东，明万历年间逃荒来到平阳。流落到此地后，亢氏的第一个发迹者——亢嗣鼎娶了洪洞富户刘尔夙之女为妻。在岳父的资助下，亢嗣鼎经营盐业，买卖越做越大，从山西一直发展到扬州，名噪江淮，人称“亢百万”。

关于亢氏发家之缘起，有这样的传说：明末李自成农民军退出北京后，经山西撤往西安途中，途经平阳，为了轻装赶路，曾将携带的军中辎重和大批金银财宝寄存于亢家。后来，义军覆灭，李自成牺牲，清朝在全国建立了

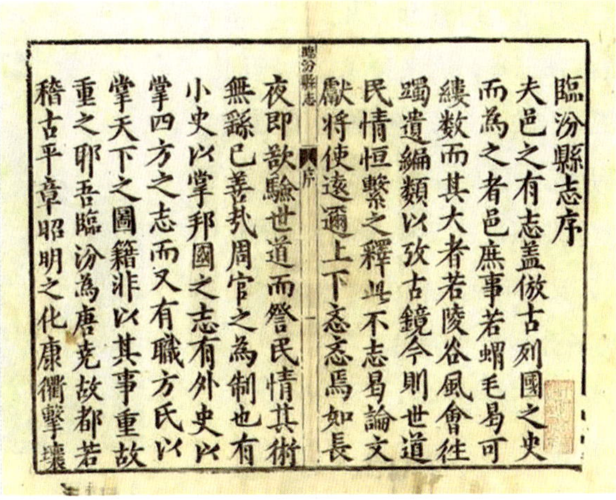
臨汾縣志序
夫邑之有志蓋倣古列國之史而爲之者邑庶事若蝟毛曷可縷數而其大者若陵谷風會往躅遺編類以攷古鏡今則世道民情恒繫之釋此不志曷論文獻將使遠邇上下忞忞焉如長
臨汾縣志　序　一
夜即欲驗世道而詧民情其術無繇已善夫周官之爲制也有小史以掌邦國之志有外史以掌四方之志而又有職方氏以掌天下之圖籍非以其事重故重之耶吾臨汾爲唐堯故都若稽古平章昭明之化康衢擊壤

▲《临汾县志》书影

统治权，农民军寄存的金银财宝遂为亢氏所有。此说法虽然流传甚广，但纯属民间猜测。不少学者翻阅大量文献，并未发现可靠证据。试想：清兵入关后，财政十分困难，清朝大臣祖可法等有过控制山西、解决财政困难的建议。世上没有不透风的墙，清军占领山西后，岂会听说亢家寄存有李自成军的大量金银财宝而不索要？另外，李自成虽然牺牲了，但李自成的余部仍在战斗，并一直坚持到康熙初年，他们也缺乏活动经费，岂能不设法向亢氏索还寄存的金银财宝？所以，这个传说恐怕是人们对亢氏成为巨富原因的一种猜测而已。那么，亢氏何以成为巨富的呢？实际上，亢氏还是凭其经商才能，一步步致富的。

据乾隆《临汾县志》记载，亢氏以经营盐业起家，兼营典当，同时也是大地主兼粮商。所以，亢氏的生财之道不止一端。明初以来，北方边疆连年用兵，平定后也一直驻重兵戍守。驻军需要大量的粮食，官方的运输能力又十分有限，于是朝廷采取了“招商输粮而与之盐”的办法，即盐引。就是商人把粮食运到“边仓”，就可以折价领到盐引，凭盐引到内地盐场支盐、售盐，这种方法也叫开中法。这种方法使盐商获利颇丰。山西的河东一带恰恰处在输粮的要冲，由此可见平阳商人经营盐业由来已久。明朝后期，政府将开中法的纳粟中盐改为纳银中盐，称“折色”，即把粮食折成银两，于是有许多山西盐商由定居盐行转为内商。亢嗣鼎有岳父的财力资助，又有平阳赵知府相助，凭着其精明的商业头脑，在盐业经营中越做越大。到清康熙年间，亢氏的盐业生意早已做到了扬州。与当时江南扬州的两淮盐商季氏季沧苇并称为“南季北亢”。亢氏在扬州有大片房产，即著名的“亢园”。

除盐业外，亢氏还兼营典当和粮行。典当是封建社会以衣物等动产做质押，进行放款的高利贷机构。清代前期，山西典当商颇多，而亢氏则是一个资本雄厚的大典当商。相传亢氏在原籍平阳开设有一大当铺，后来有人在亢氏当铺附近也开设了一家当铺。亢氏眼见自己开办的当铺盈利被别人抢夺，很不甘心，决心挤垮这家当铺。于是，他每天派人到这家当铺中典当一个金罗汉，典价银一千两，连续典当了三个月，把这家当铺的资本几乎用光了，这家当铺的主人着了慌，忙问典当人何以有这么多的金罗汉要典当？来人答道：“我家有金罗汉五百尊，现只典当了九十尊，尚有四百一十尊金罗汉要拿来典当哩！”这家当铺主人听了大吃一惊，经再三询问，才知原来是平阳府巨富亢氏。当铺主人自知不是亢氏的对手，只好托人与亢氏协商，请其将金罗汉赎回，自己关闭当铺远赴他乡去了。此传说真假姑且不论，但从侧面说明亢氏在当时是经营着典当业的大富商。

此外，亢氏还经营粮店并进行粮食长途贩运业务。清代，随着城市的发展和商品经济的活跃，粮食贸易规模很大。当时的北京，由于是京畿之地，四方辐辏，买米糊口之人倍繁于他省。而北京资本最多、规模最大的粮店，就是亢氏在正阳门外所开设的粮店。据说，因其名声较大，曾有人图谋半道劫夺由外地运往该粮店的粮食，后来被一位王爷知道了，王爷拔刀相助。正因亢氏作为粮商名声在外，才招来了劫粮者，并引来王爷相助。此外，亢氏还是大地主，拥有大量田宅，在其原籍平阳府“宅第连云，宛如世家”。

亢家的日常生活异常奢侈，在娱乐、婚嫁上一掷万金，令人咋舌。而且亢氏家族十分注重外在形式，张扬而狂妄。在饥民成群结队沿街乞讨时，亢百万竟敢当众扬言“上有老苍天，下有亢百万，三年不下雨，陈粮有万石”。这种狂妄，无形之中把亢家放到了一个众矢之的的尴尬位置上，后来就连皇帝也盯上了亢家的银子。乾隆年间，因外事征战，内兴土木，国库日益空虚，此时，朝廷便想起了亢家，用乾隆的话说就是：“朕向以为天下之富，无过鹾商；今闻亢氏，则犹小巫之见大巫也！”亢氏从明末到这时已传五代，这时亢家的主人叫亢其宗。清政府为霸占亢家财富，就故意设了一个局，给了亢其宗一个管理河工与盐务的官做。亢其宗以为皇恩浩荡，就欣然赴任，本想做出一番大事业，不料河、盐两边均亏空巨大，乾隆就借此为名，籍没亢家。当时人戏称这是“皇上向亢家借看家银子”。亢家也就此衰落了。

介休侯氏

侯氏出自介休县北贾村，原是南宋孝宗隆兴年间由陕西迁入的。清康熙时，侯家的家境一般，侯家后人侯万瞻外出苏杭一带经商，专贩绸缎。侯万瞻生二子，二子长大后，与父亲一起贩运绸缎。他们南贩北运，经过几十年的辛苦经营，获利颇丰，家业渐兴。到侯万瞻的孙子侯兴域时，侯家已是外有商号数十处、内有大量房产土地的赫赫有名的财主了，介休人称“侯百万”。

侯兴域是一个承前启后的人物。他生于清乾隆年间，卒于嘉庆年间。他在继承祖业的基础上，又苦心经营，使侯氏的财产达数百万两以上。侯兴域发展起来的商号，比较著名的有设在平遥的协泰蔚、厚长来、新泰永、新泰义、蔚盛长；设在介休张兰镇的义顺恒、中义永；设在晋南运城的六来信等。这些商号大多是杂货铺、绸庄、茶庄和钱铺。侯兴域生有六个儿子，分别是泰来、恩来、庆来、迪来、章来、荣来。清嘉庆十三年（1808），侯兴域已年过花甲，便将其家产除留一部分自己养老外，其余分成六股，分给了六个儿子。侯兴域去世后，长子泰来、次子恩来相继去世，三子庆来成了家长，侯氏六门的生意都由庆来掌管。侯庆来颇有才干，一手掌家，野心勃勃。他主持家政后，首先把在平遥开设的蔚盛长、协泰蔚、厚长来、新泰永商号都改为带有“蔚”字的蔚泰厚、蔚丰厚、蔚盛长商号。据说之所以如此改名，是因其父字蔚观，改为蔚字号是为了永志其父创业维艰、教育后辈永世不忘之意。侯庆来在北贾村大兴土木，建筑宅院，极尽富丽堂皇。在侯氏的大厅上曾有晋商中的知名书法家徐润写的一副对联：“读书好，经商亦好，学好便好；创业难，守成亦难，知难不难。”

道光初年，侯庆来又适应市场变化，把蔚字号均改为票号。但侯庆来英年早逝，三十六岁便去世了。后来经过其子侯荫昌的大力经营，侯氏业务飞速发展，蔚字号成了国内著名的票号。

侯家的蔚泰厚原是绸缎店，开设在平遥西街，和著名的日升昌票号邻近。侯氏见日升昌由颜料行改票号后生意兴隆，十分眼红，但苦于无熟练人

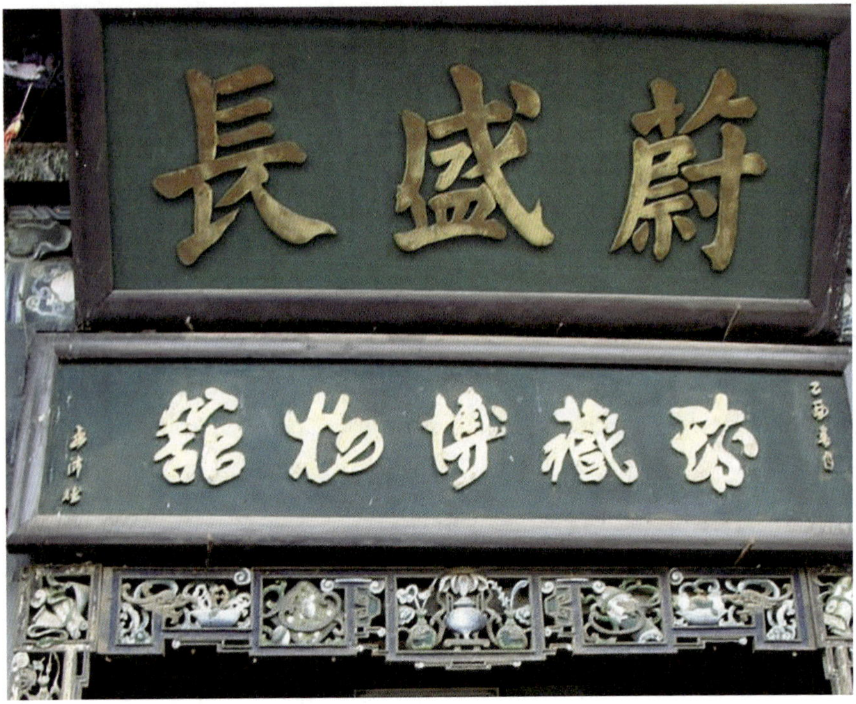

▲ 位于平遥古城南大街的蔚盛长珍藏博物馆，前身是蔚盛长票号旧址

手。恰巧日升昌票号副经理毛鸿翙与经理雷履泰不和，毛鸿翙受到排挤，侯荫昌便趁机把毛氏拉了过来，于道光十四年（1834）将蔚泰厚绸布庄改组为票号，聘毛氏出任总经理。毛氏感激侯财东知遇之恩，誓与日升昌票号决一雌雄，锐意经营。在毛鸿翙的操办下，侯氏的蔚丰厚、新泰厚、蔚盛长、天成亨、蔚长厚、蔚泰厚等六家均改为票号。经过道光、咸丰、同治几个朝代，票号得到了很大发展，在全国五十多个省、市建立了分庄，成为信誉很

高的介休“侯氏蔚字号”。到了光绪年间，总资产达到七八百万两银子，在晋商票号中，一举成名，名列前茅。

侯氏蔚字号的发展，除其经营有方外，还用过一些特殊的手段。太平天国革命期间，蔚字号在东南各省的分庄因战争影响损失严重，致使平遥的票号发生挤兑现象，票号信用摇摇欲坠。在这关键时刻，侯氏用骡马车成队结伙，从介休北贾村向平遥的票号运送银两，应付挤兑局面，让客户们重拾信心。谁知浩浩荡荡的运银车辆中，有一部分银箱内装的不是银两，而是石头。侯氏用这“瞒天过海”的手段，度过了挤兑风潮。

侯荫昌的儿子侯从杰也是个经商能手。据《侯从杰墓志》可知，侯从杰“庚子以后，海内商业大局岌岌，君独筹划周密，他商亦均取其法”。侯从杰去世后，由其妻王氏代管蔚字号商事，人称“侯四太太”。这时蔚字号已呈现江河日下之势，而侯家豪华奢侈之风仍旧。侯荫昌的侄孙侯奎，是介休县赫赫有名的挥金如土的阔少爷。当时介休流传着这样的话：“介休有个三不管，侯奎、灵哥、二大王。”这“三不管”中第一位就是侯奎，灵哥则是介休大财东冀国定的长孙，二大王是介休大财东郭可观的弟弟郭寿先。这三人在平遥、介休一带仗着有钱有势，横行霸道，无人敢惹。

辛亥革命以后，侯氏各地商号在兵荒马乱中大受损失，纷纷倒闭。但侯家的太太少爷仍然过着养尊处优、腐化奢侈的生活。他们吸食鸦片，每餐必酒肉海味。侯家的经济来源断绝，只能坐吃山空，靠出卖财产过活。到民国十年，蔚字号全部停业。到抗战前夕，显赫一时的介休侯家末代子孙侯崇基已日不果腹。不久日军侵入山西，侯崇基终因烟瘾发作冻饿而死。

多大的产业都禁不住骄奢淫逸、腐化堕落的无度挥霍。不单是侯氏，多少晋商名门，都因为子孙的挥霍无度而走向没落。

徽商的儒学情结

徽商是除晋商外，中国商帮的重要一支。徽商萌发于东晋，成长于宋唐，兴盛于明清，至清道光年间逐渐衰落。徽商是旧徽州府籍的商人或商人集团的总称。徽商还有另外一个名字——“新安商人”，因徽州府古时又称新安郡，且境内有新安江流过。从隋朝到辛亥革命废府留县，徽州历史上所辖的六县分别是歙县、黟县、休宁、绩溪、婺源和祁门。以现在的区域划分来看，徽州大致位于安徽南部，而如今婺源已划入江西。

鼎盛时期的徽商，曾占有全国总资产的大半。徽商亦儒亦商，辛勤力耕，有“徽骆驼”“一代儒商”等美称。徽商的活动遍及海内外，甚至远至日本、东南亚及葡萄牙等地。大江南北曾流传着“无徽不成镇”的说法，可见徽商的影响之大。

徽商的崛起

徽州地处皖南崇山峻岭之中，向有“七山半水半分田，二分道路和庄园”之说，可见土地数量很少，成片的可耕地就更少了，人稠且粮缺，但徽州却有竹、木、茶、瓷土、生漆等异常丰富的资源和大量的土特产品，同时，这里“上接闽广，下接苏杭”，水陆交通较为便捷，这便促使徽州人开辟了一条走出大山、以商代耕的路子。

徽州人经商，历史悠久，早在东晋就有新安商人活动。此后，历经唐代的发展，到了五代时期，北方战乱不断，人口大规模南迁，江南得以充分开发，先进的思想和生产方式被带到这里。徽州地处江南，而与此相隔不远的今南京人口稠密、经济富庶，对徽州特产木材、茶叶等的需求量极大，这些刺激了徽州人的经商热情，徽商初步形成。南宋迁都杭州，徽州离杭州比较近，且有新安江水路直通。徽州人抓住了当时经济重心南移以及与经济发达地区毗邻这一机遇，发展商业经济。宋朝理学家朱熹的外祖父祝确，就是先在外做生意，资金回流后到歙县开了许多店铺、客栈，其生意规模占了徽州府商业规模的一半，人称“祝半州”。在宋朝，像祝确这样的商业巨贾还屈指可数，但是到了明清时期，这样的富户就比比皆是了。徽商作为一股商业势力、一个商帮而引起社会的关注，应该是明朝中叶以后的事。

明朝初年，经过长期战争的消耗，社会生产力遭到极大破坏，为恢复经济，明太祖朱元璋颁布了一系列休养生息的政策，而且作为历史上最不喜欢商业、也最不重视商业的皇帝，朱元璋主张重农抑商。但后来政策慢慢松动，直到明朝中期的成化和弘治年间，社会生活相对稳定，商业形势和社会形势不像明初那样紧张，徽商才渐渐崭露头角，形成了徽州人集体从商并致富的现象，给人们留下了“徽骆驼”的整体印象，出现了徽商群体，产生了一定的影响力。歙县的《许氏世谱》中说道：“徽歙以富雄江左，而豪商大贾往往挟厚赀驰千里，播弄黔首，投机渔利，始可致富。”

结伙经商，可以共享市场信息、公共资源，还能集中资本，扩大规模，形成垄断，从而降低经营的风险，增强竞争力。古代交通不便、治安不好，在徽商崛起的时候，晋、陕、闽、粤等地的商人也都在长途贩运贸易中发展起来，徽商要在与他们的激烈竞争中获胜，以宗族为核心的地域性帮派是其重要依凭。加之受到南宋朱熹理学的影响，使徽州人的宗族制度和宗法观念更加强化，这种牢固的血缘、地缘关系，成为徽商的黏合剂。他们借助血缘、地缘关系，在经商之路上相互提携，在商业竞争中互通信息、互相扶持，凝结成商业“团队”，为他们事业的成功提供了保证。

朱子阙里，贾而好儒

前文提到朱熹的外祖父就是徽州当地的一位豪商大贾，徽州也因是朱熹的故里，而以“东南邹鲁”之名而驰誉遐迩。明万历年间《歙志》中记载徽州“人文郁起，为海内之望，郁郁乎盛矣”，被称为“文献之邦”。徽州人，特别是士人，自认为是朱熹的“私淑”弟子，对朱熹顶礼膜拜。宋元以来，徽州的教育事业一直比较发达。在“朱子之教”的陶染下，书院大兴。除了按定例设府学、县学外，另外还有社学和私塾，教授乡里子弟。徽州商人，自幼即不同程度地接受过儒学教育，养成了读书向学的习惯，之后虽“弃儒服贾”，但“亦贾亦儒”。徽商在经商过程中，通常会继续保持读书好学、吟诗作画的传统。可以

▲ 台北故宫博物院藏朱子像

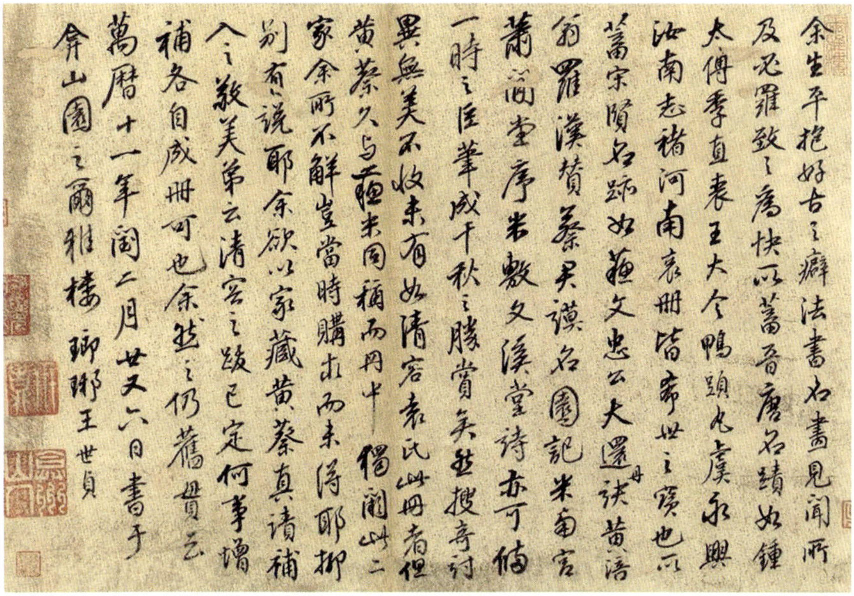

▲ 明代王世贞书法作品

说，业儒和服贾，是徽州人所从事的两项主要职业，且这两个职业经常融合在一起。“贾为厚利，儒为名高”，徽商虽孜孜追逐厚利，但更念念不忘“名高”，因此，“贾而好儒”是他们的基本特征，从这个角度来看，徽商可谓是典型的儒商。

明代大名士王世贞对于徽商有一段分析，他说：“徽地四塞多山，土狭而民众，耕不能给食，故多转贾四方，而其俗亦不讳贾。贾之中有执礼行谊者，然多隐约不著。而至其后人始往往修诗书之业以谋不朽。”

他认为徽州人之所以从商，是因为地理环境的原因，多山而土狭，物产不能自给，所以只能走出去，转贾四方。他还指出徽商中“有执礼行宜者”，意即儒学修养高的人。在浓厚的徽州传统文化和传统价值观念的影响下，经商谋利只是徽州人为解决生存和发展的一种手段，而用经商所得之厚利让子弟业儒入仕、显亲扬名才是徽商的终极关怀。

在徽州的楹联里，我们也能感受到此地重文重教的风气，“几百年人家无非积善，第一等好事只是读书”；“友天下士，读古人书”；“得山水情其人多寿，饶诗书气有子必贤”；“承继先祖一脉相传克勤克俭，教子孙两行正路惟读惟耕”。徽州民间还流传着一个谚语：“三世不读书，等于一窝猪。”

从这些楹联中可以看出，徽州人特别希望子孙读书成名，以光门楣。他们虽然在经济上已经富有，但他们的目标却不仅限于此。他们知道，“士”比“商”高出许多，让自己的子孙读书、做官，才是他们最可观的收益。歙商鲍柏庭，原来家境十分贫寒，后来“业浙鹾，家渐饶裕”。他常说：“富而教不可缓也，徒积资财何益乎！”这种“富而教”的想法，在徽商中是非常具有普遍性的。有的商人，到了晚年，乃至临终之际，仍然殷殷勉励子孙认真“习儒业”。另一位歙商汪镗，病危之际还对子孙说：“吾家世着田父冠，吾为儒不卒，然簏书未尽蠹，欲大吾门，是在尔等。”徽商着力培养子弟读书，令其子孙能更好地继承祖业。徽商“喜敦诗书”的风气，就这样一代代沿袭下来，以致徽州境域内的一代代商人，都因接受过儒学教育而形成一支有文化、明义理的商帮。

相当一部分徽商的人生道路都遵循这样的轨迹：先“业儒”，后读书，后来因家族影响等原因不得不经商，在经商的同时，仍然读书不辍，最后甚至在文化上还小有建树。徽商是商人，但是他们醉心于文化，有很重的商人气，但也不乏书卷气。如明代嘉靖、万历年间的一位徽商郑孔曼，“虽游于贾，然峨冠长剑，褒然儒服，所至挟诗囊，从宾客登临啸咏，翛然若忘世虑者。著骚选近体诗若干首，若《吊屈子赋》《岳阳回雁》《君山吹台》诸作皆有古意，称诗人矣。”这位徽商虽以经商为业，却完全是一个儒生的形象。又如清代徽商汪孟翊，二十一岁就补了博士弟子，但屡试不第，只好继承父亲的盐业生意，他说：“贾山涉猎，不为纯儒；子贡废举，亦称贤士。”他认为做了商贾，就算不上纯粹的儒者了，但是子贡虽然也经商，却仍然是孔门弟子中的贤人。所以，即便是入了商贾行列，也不妨碍自己做一个贤人。大多数徽商都是“亦商亦儒”。黟县人郑作四处经商，却“挟束书，弄扁舟，孤琴短剑，往来宋梁间”，完全是书生形象。另一位黟县商人余士溥，白天经商之余，常常“手不释卷，无事不出户庭”，晚上仍焚膏继晷，学习至深夜，虽然是商人，但是学问却很渊博。歙县富商王延宾，在吴、越、齐、鲁等地做生意，他“性颖敏，好吟咏，士人多乐与之交，而诗名日起”。有人对他母亲说：“业不两成，汝子耽于吟咏，恐将不利于商业。”他母亲却说：“吾家世承商贾，吾子能以诗起家，得从上游幸矣，商人之利何足道耶！”即使从商了，但他们仍然留心于经史诗赋，结交名士文人，保持着文人的风调。

实际上，徽商的这种文化性格，决定了他们的价值取向，也让他们寻找到了一条能够获得心理平衡的路径，也是一种商业策略，即儒商互济。徽州人知道，经商能够为读书提供经济保证，而读书入仕则可以光大门楣，反过来为经商提供政治靠山，这样家族才能保持兴旺。所以，在一个徽商家族中，往往是父兄在外经商，子弟在家读书，如果兄弟有数人，则有的经商，有的读书，大多数情况下都是兄长经商，弟弟读书。徽商吴次公一生经商，有四个儿子，他临终时留下遗言，要大儿子和二儿子继续经商，三儿子和四儿子读书，要求“四人者，左提右挈”。另一种情况，是上一辈经商，下一辈读书入仕，形成良性循环，很多徽州籍的文人学者，都是出身于商人家庭，先辈给他们创造了良好的读书条件，他们才得以成才，比如胡适、汪道昆、金声、戴震、凌廷堪、王茂荫等，都是如此。

此外，儒商互济的另一种表现，是徽商的文化修养使他们比其他商人更具经商的智慧，更善于把握商业机遇。他们凭着自己的文化修养，结交文人士大夫，而后者往往又是朝廷的官僚，于是他们就可以便捷地了解朝廷的经济政策和各种经济信息，自己的地位也随之抬高。如清代徽商在两淮盐业中，占据优势地位，就是和他们的“好儒”分不开的。著名徽商江春，是以业盐起家的徽商巨富，他曾是乾隆时期“扬州盐业八大总商”之首。年轻的时候读书，后来虽然经商了，却喜欢结交文人名士，他自己著有《随月读书楼诗集》《黄海游录》等。与文人的聚会使其增长了见识，增强了才干，甚至他还以布衣的身份结交到了乾隆皇帝。他以“一夜堆盐造白塔，徽菜接驾乾隆帝”的奇迹，被誉为“以布衣结交天子”的天下最牛徽商。

实际上，深入分析徽商“贾而好儒”的心理状态，不难看出徽商的“好儒”背后，是其自尊和自卑交织的矛盾心理。在传统观念中，“商”是四民之末。他们虽通过经商而成为富有之人，但是，在传统观念里，仍然是“末等公民”。因此，他们为了维护自尊，为了提高自己的社会地位，可以一掷千金，花很多钱捐官、买官。他们与有地位的文人名士交往，又竭力培养子孙走“儒”的道路。这一切似乎让他们赢得了自尊，而其反面，恰恰是他们的自卑心理。在根深蒂固的传统面前，他们还是无法淡然。

徽商的成就与贡献

徽商兴盛于明清，一代代徽商前赴后继，运用他们的智慧和勤奋，共同缔结了徽商的成就。徽商的商业活动，对促进商品流通、城市经济的繁荣，甚至扩大社会分工等，都起到了积极作用。明清正值资本主义萌芽产生与发展时期，徽商聚集巨量货币资本，当时已有少量的商业资本开始与生产相结合，逐步向产业资本转化。徽商不仅通过经济活动使徽州及其他活跃区域的市镇兴盛繁荣起来，在政治上也积极参与抗倭斗争，并且创造了众多老字号，让后人受用至今。

推动了徽州和其他市镇的繁荣

徽州风景秀丽，清荣峻茂，但人多田少，尤其是歙县南部新安江两岸，几乎没有什么田地，都是石头山，种的都是玉米之类的杂粮，连水稻都无法种植，因此历史上此地一直是粮食不足的。如果不经商，当地人的生存都成问题。这也就决定了徽州人必须与外界进行商品交换，必须走向山外的广阔空间。徽州虽地处深山环抱中，但离江浙东南发达地区较近，这也促进了徽商的崛起。

徽商的商业活动，也反过来使徽州摆脱了贫困的处境。大量农业人口的转移，减轻了徽州的土地压力。徽商致富以后，又将大量的资金投入到徽州的各项基础建设中去，他们在家乡修宅第、建祠堂、造园林，大大改变了徽州原先落后的面貌。祠堂是徽商捐资最多的一类建筑，可见徽商对宗族荣耀十分重视。有些徽商在捐助的时候，甚至不考虑承受能力。比如民国时

▲ 建于明代的安徽歙县鲍氏支祠

期歙县商人汪嘉树，为修建祠堂，“力实不支，至于鬻田称贷。祠成而仍饥，有食观音粉者，见之恻然”。汪嘉树克服那么大的困难，仍坚持修建祠堂，可见其强烈的宗族归属感。此外，徽商还纷纷在家乡从事公益事业，大大改善了农村的生活环境。同时，徽商雄厚的资产，也成为徽州文化发展的坚实基础。

除了徽州本地，行走于全国各地的徽商也推动了其他市镇的兴起与繁荣。甚至有些市镇直接就是由徽商建立的。比如，在太仓州经商的徽商钱璞，“因其乡陆公堰旧有小市，遂捐赀修葺，更其市名曰新安，有无贸易，货物流通，乡民便焉”。钱璞定居于陆公堰，就在当地捐资修葺，把其市名改为“新安”。另外，还有一些市镇是因徽商而兴起的。比如太仓州的刘河镇，有一位金姓徽商，“赍资本至刘河，始创造海船”，自此，这里的商贩“如云而起矣”。由于徽商的经营，使很多市镇繁荣起来，促使这些市镇的人口迅速增加。徽商在这些市镇进行贸易活动，吸引了大批人口涌入，相应地兴起了牙行、酒肆、茶馆等商业场所，这些都促进了市镇经济的发达与繁荣。

此外，徽商还将其大部分商业利润花费在兴水利、修道路、筑亭桥、赈灾济贫、资助书院等“义举”上，对其资助地区的城市基础设施建设以及公益事业做出了巨大的贡献。清光绪《婺源县志》中有很多相关记载：婺源商人程金广“自少任侠不羁，父与亲友合伙业茶……（程金广）请肩父任，许之，经营有年，赀饶裕，创建宗祠，输数千金，以成父志，他如修桥、葺亭、施棺、济乏，亦多捐助”；茶商程国远“尝偕友合伙贩茶至粤……其他修宗祠、建义仓、兴赈会、施棺木，均归美于父，不自以为德焉”；茶商李登瀛“尝业茶往粤东……凡文庙、义仓以及京都会馆、桥梁、道路无不踊跃捐输”。徽商的此类善举义行，在史志中比比皆是，不胜枚举。

积极参与抗倭斗争

从元末到明朝中叶，倭寇频频侵犯中国的东南沿海，除了沿海劫掠外，还从事中日走私贸易，给中国带来了巨大的灾难。倭寇每到一处，“毁民居，劫库藏”，所经之地必掠，所掠之地必焚。这种破坏延续了十余年，国难当头，徽商毅然参加到当时的抗倭斗争中，出钱出力。

作为有一定经济基础的商人，徽商慷慨解囊，捐资筑城。明初有定制，“附郭不城”，即城市外面不建城墙。加上明中叶海防废弛，军队腐败，以至于在倭寇突然袭击时，既没有守备的人，也没有守备的城墙，造成巨大损失。因此，很多地方为了抵御倭寇，纷纷筑城。明朝中期，国家财政发生危机的时期，筑城的费用一般都由地方自筹。有着雄厚资本的徽商在这方面就起到了很大的作用。比如，休宁原来就无城墙，县大夫委托巨商程锁筹备修城事宜，程锁慨然应允。他的族人程甲家中贫困，难以筹款，程锁就代替程甲捐了一些钱。歙商凌珊在瓜洲（今扬州市邗江区）经商，嘉靖年间，倭寇侵犯江南北诸郡，凌珊在瓜洲围城之中，敌军快破城之时，守军退敌无策，指挥无方。凌珊挺身而出，说：“非重赏无以得死力者以保危城。”意即，没有重赏，怎么会有拼死献身的人！于是他打开自己的钱袋，遍散金银，派青年在四处宣传抗敌，招纳义士。对投奔而来的人，委以各种职务。随后，整顿城防，添置御敌设施，井井有条。倭寇见状，不敢侵犯。倭寇退后，守城的官员前来拜见，发现凌珊已经悄然离开了。

徽商积极参与抗倭，除了捐资外，有的甚至弃贾从戎，亲自上战场。休宁商人程良锡就是一个典型。他原本是个商人，曾经“挈重赀，贾浯溪，昼则与市人昂毕货殖，夜则焚膏翻书弗倦，尽读《阴符》《黄石公》诸书暨

《孙吴兵法》，日与诸豪士试剑校射”。他三次应武试，却都不中。他怀着“立功名，垂竹帛”的抱负，毅然弃贾从戎，例授宣州卫指挥佥事。在倭寇猖獗时，程良锡毫不畏惧，指挥将士以强弩射倭，立毙倭寇十七人。倭寇仍未退却，“君乃奋剑贾勇，驱壮士馘斩剧贼六人，城危遂解”。他屡立战功，上级迭行嘉奖，总督胡宗宪深为器重。

有些徽商虽未弃贾从戎，但在倭寇兵临城下之时，挺身而出，亲自组织群众，领导抗倭斗争。嘉靖三十四年（1555），倭寇从浙江窜到了徽州，潜入歙县境内，令守将惊慌失措，竟然下令拆毁民房，以防止倭寇火攻。歙商许谷坚决反对，“未拒守而先毁夷，脱有漏言，示弱已甚”。接着他自告奋勇，组织群众拒守东门。在守歙期间，许谷也充分发挥了自己的才能，“盛军容，昼旌旗，夜火鼓，践更者以期至，失期有诛”。倭寇知其有防备，“闻先声而退二舍”。后来，倭寇又进犯芜湖，芜湖与休宁一样，亦无城墙可守，歙商阮弼毅然负起了守土之责。他倡议捐资招募强壮少年，配合土著壮丁数千人，誓与倭寇决一死战。倭寇知道有防备，吓得连夜逃跑了，使芜湖避免了一场浩劫。后来，为了纪念阮弼的功劳，人们把芜湖西门称为“弼赋门”。

促进徽州地区文化教育的发展

“贾而好儒”的徽商，推崇文化，重视知识，恪守崇儒重教的传统，因此，与文化教育有着不解之缘。徽商主张“贾为厚利，儒为名高”，把商业利润与文化扬名有机结合，将文化融入商业，并在实践中逐步形成一套具有自身特色的徽商文化。他们嗜书成癖，不仅博览群书，还著述传世。徽商致富后，有了雄厚的经济实力，获得更为广阔的文化视野和宽厚胸襟。他们在异地他乡投资住宅，在当地开店设铺、造亭楼、置典籍、购古玩等，他们广交名流，广结文士。徽商在商业经营中积累的大量资产，很多都投资到了文化教育事业中，为徽州地区文化教育的发展起到了举足轻重的作用。

首先，徽商重教兴学，斥资兴建了许多书院。明清时期，徽州的书院在全国最为兴盛。这些书院大多是徽商投资兴办的。据不完全统计，明清时期徽州的书院有九十多所。这些书院的建立和运行都需要耗费大量钱财，没有徽商强大的经济实力做后盾其发展状况是难以想象的。以歙县的紫阳书院为例，徽州盐商徐士修就为其“增置号舍，又捐银一万二千两以赡学者”，项琥捐银五千两等。乾嘉年间，扬州的歙商为修复山间书院和紫阳书院共捐银超过七万两，其中两淮总商鲍肯园独捐银一万一千两。再如嘉庆年间，歙县重修碧阳书院，著名徽商胡学梓毫不犹豫地带头捐银五千两。除了徽州，其他地区也有徽商捐资修筑书院的事例。扬州府城的梅花书院、安定书院和仪征的乐仪书院大多由两淮商人出资兴建，其中多是徽商。杭州的崇文书院与汉口的紫阳书院，是徽商在侨居之地所创办的书院中比较具有代表性的商人书院。崇文书院始建于明代万历年间，当时政府有规定，没有户籍的子弟是不能进入杭州府学读书的，更无法参加乡试，这与我们现在入学政策有相似之处。这些徽州盐商子弟家中虽有钱财，却因户籍问题而与仕途无缘。当时，巡盐御史叶永盛向朝廷奏议，要求给盐商另置商籍，等同于落户，这个奏议得到了批准。从此，盐商的子弟和浙籍学子一样，有了在杭读书参加科举的权利。叶永盛还借来别墅，为盐商子弟办起了讲堂。叶永盛此举，让在杭的徽州盐商十分感动，纷纷把孩子送来此处就读，因为路途遥远，交通要靠小船。叶永盛觉得，利用小船作为游动的书斋不失为授课的妙法。

▲ 新安画派画家弘仁的山水画作

▲ 古紫阳书院

于是，这种奇异的授课形式，后来竟成了杭州四十二景中的一景——“崇文舫课”，这种情状一直延续到了清朝。叶永盛任满离开杭州后，盐商们集资买下了这幢别墅，改称“崇文书院”，又在书院后面为叶永盛立了生祠，早晚供奉。汉口的紫阳书院，是汉口徽商于康熙三十三年（1694）建立，由于规模特别宏大，历时十二年才竣工。建成后的紫阳书院主体建筑及其附属设施是一个蔚为壮观的庞大建筑群。乾隆时期徽州学者王恩注曾指出：“我徽士侨居远方，所在建祠以祀朱子，而唯汉镇最巨。”汉口紫阳书院具备了祭祀、讲学、会馆等功能，成为徽州人祭祀朱熹、联络乡情、讲学办学、商业交流和举行各种慈善事业的场所。

其次，徽州人热衷于藏书，徽商凭借雄厚的经济实力，更喜搜罗、刊刻典籍。家藏万卷的徽商多之又多，因此有了“海内十分书，徽州藏二分”之誉。乾隆年间修四库全书，四库馆向天下征集遗书，当时为助修四库全书全国捐赠图书超过四百种的仅四人，其中三个是徽州商人，即鲍廷博、汪启淑和马裕。大多数藏书家以能为文人士子提供求知场所为荣，以之为兴建书楼的旨归。当时这些藏书家不仅藏书，还刊刻典籍、珍本、善本，为文人士子提供多种读书的便利。

徽商十分关注新安文化，大力资助新安画家。新安画派是明末清初之际在徽州区域出现的画家群体，他们善用笔墨，借景抒情，表达自己心灵的逸气，展现画家的人品和气节，绘画风格趋于枯淡幽冷，具有鲜明的士人逸品格调，在当时的中国画坛独放异彩。徽商对画家的支持赞助主要是收藏书画、修会所、办文会等。这些稀世珍品，汇集到徽商手中，他们往往会邀请一些儒雅之士一起品赏。新安画家们能够对前人绘画进行精深研究，往往受益于徽商的购买和收藏。据统计，明清以来徽州有画家七百六十七人，一个地区能在几百年之内涌现出如此多的知名画家，这是其他地区所不能匹敌的。

徽商创造的老字号

徽商本质上是儒商，其在经营过程中主张“以德治商”，并且，徽商有其自觉和对此内在的理解与把握。徽商具有很好的品牌意识，十分注重这种无形资产的建立。因此，一代代徽商在长年经营中造就了一批享誉全国的老字号。其中，人们耳熟能详的就有张小泉、张一元、胡庆余堂、谢裕大、王致和等。这些老字号是徽商几百年辉煌的缩影，体现了徽商的以德治商、讲求信誉的经营哲学。

“张小泉”剪刀

“北有王麻子，南有张小泉。”张小泉剪刀是徽商老字号的代表，是目前刀剪行业中唯一的中国驰名商标，在国内市场覆盖率和占有率一直居同行之首，同时产品还远销东南亚、欧美等地。张小泉品牌成名于1663年，如今已兴盛了三百多年。张小泉剪刀锋利精美，采用镶钢锻打技艺，经过七十二道工序制成，其钢铁分明、磨工精细、剪切锋利、开合和顺、样式新颖、手感轻松，一直为人所称道。

张小泉是明末安徽黟县会昌乡人，他的父亲张思家是铁匠之家出身，以锻打剪刀出名。张思家自幼在以“三刀”闻名的芜湖学艺，为了养家糊口，在黟县城边开了个“张大隆剪刀铺”。张小泉在父亲的悉心指教和实践下，也练就了一手制剪的好手艺。张小泉三四岁时，就蹲在炉边帮忙拉风箱，八九岁时，就给父亲打下手，学着打小锤。没几年工夫，张小泉不但学会了祖传的手艺，自己还在熔、铸、锻、打、磨各方面琢磨，想了许多巧方法，打铁的本领比父亲高出一筹。之后，张小泉还刻意求师访友，技艺大进，经过反复琢磨，终于创制出了嵌钢制剪的新技术。他选用著名的“龙泉”钢为原材料，制成的剪刀镶钢均匀，磨工精细，刀口锋利，开闭自如，名噪一时。一些专业的艺人，如裁缝、锡匠、花匠等，都慕名前来定制。

后来，张小泉娶妻成家，有了三个儿子。因为在家乡得罪了一个恶霸，

▲ 张小泉店铺

张小泉携家带口来到杭州谋生。父子四人在杭州大井巷开了一间铁铺。大井巷在吴山脚下，地处繁华街区，张小泉在此开铁铺，生意兴旺。加之他的手艺好、产品精，对顾客又很殷勤，所以人们都喜欢光顾。张小泉在此还有一个流传甚广的故事。

大井巷有口大井，井水很深，大街小巷家家户户都吃这口井里的水。可是有一天大家来挑水时，吊起水一看，井水黑漆漆犹如烂泥浆，臭味浓烈。后来，一位年纪很大的老人道出实情，说他小时候曾听老一辈人说过，这大井直通钱塘江，江里有两条乌蛇，每隔一千年就会钻到这口清凉的大井里来交尾下蛋。这黑漆漆的井水，就是乌蛇吐出的毒涎。大家听了，忙问这乌蛇何时才走。老人说，只能由它了，如果想制伏它，只有下井去与它拼。这口水井深不见底，就算下面没有毒蛇，人们也不敢下去。张小泉听说这事，自告奋勇要去井底看看。他叫人买来了老酒和雄黄，又叫儿子拿来了他的大锤。张小泉把雄黄倒进一坛老酒里，咕嘟咕嘟一口气喝干了。于是，他脱下衣服，又把另一坛酒往自己头顶上一倒，雄黄酒从头顶直淋到脚跟。接着他拿着大锤，系上绳子，跳进了大井里。

因为喝了雄黄酒，张小泉一点也不怕乌蛇，他四处寻找，终于在暗角处发现了这两条黑得发亮的乌蛇，有手臂那么粗，紧紧盘绕着。张小泉眼疾手快，不等两条乌蛇分开，就抡起大锤，朝着蛇的七寸“咣，咣，咣”砸了三锤，锤锤都砸在两条乌蛇的要害之处，把两条乌蛇的脖颈砸得扁扁的，都粘到一块了。两条乌蛇就这样被砸死了。

张小泉一手提着大锤，一手拎着蛇尾，慢慢地泅出水面。围在井边的乡亲们赶紧放下绳索，将他拉上来。爬出井后，他把两条乌蛇往地上一摔，“咣”一声，把人们吓了一大跳，原来这两条乌蛇已修炼成精，炼成了钢筋铁骨，要不是张小泉这个出色的铁匠，恐怕还制伏不了。两条乌蛇被除掉后，井里的水又变清澈了。张小泉是个有心思的人，他把两条蛇拖回家里，仔细看了好久，在纸上画出一个图样来。他和儿子们照着这个图样，在蛇颈相交处安上了一枚钉子，把蛇尾弯过来的地方做成把手，把蛇颈上的一段敲扁，又打磨了一番。就这样，他打造出了一把很大的新式带蛇形把手的剪刀。他将这把剪刀挂在了铁匠铺的门口，当作招牌，并且打造出了许多剪刀出售。

在张小泉以前，此处的人们极少用剪刀，裁衣多用刀子划，断线拿刀子割，很不方便。张小泉造出新式剪刀后，裁衣剪线就变得方便得多了。张小泉的剪刀也卖得越来越好。后来，他又造了许多各式各样的小剪刀，便不卖别的铁器，专卖剪刀了。

张小泉与乌蛇的故事，广泛流传于民间传说中，其中真假我们现在已难辨别，但这至少说明了民间传说中张小泉剪刀的来历十分神奇。杭州地处钱塘，自古以来多传龙蛇之事，蛇物结合，状物寓情，用故事的形式来反映剪刀的特征，这也是对剪刀业代表者张小泉有勇有才的歌颂与赞美。

在康熙二年（1663），张小泉在杭州正式始创张小泉剪刀铺，把原来张大隆的招牌改用自己的名字张小泉。张小泉剪刀的名气越传越大，销路也越来越广。张小泉去世后，他的三个儿子各立门户，三家铁匠铺都用“张小泉剪刀”的招牌。张小泉还收过不少徒弟，他们也都挂起这个招牌来。儿子传儿子，徒弟传徒弟，杭州的“张小泉剪刀”店越来越多。张小泉的其中一个儿子张近高，担心冒牌者越来越多，便在张小泉下面加了“近记”，视为正统。据说乾隆皇帝第二次下江南到杭州，乔装打扮上山游览。游兴正浓时，天公却不作美，下起雨来。皇帝只好下山寻屋避雨，匆忙走进一间挂着“祖传张小泉剪刀”招牌的作坊里。乾隆好奇，顺手拿来一把剪刀，只见寒光闪烁，锋利无比，就买了一把带回宫中。他带回的就是张小泉“近记”的剪刀。他很喜欢这把剪刀，便将其作为宫内用剪。从此，张小泉剪刀名声大噪，打出“张小泉”招牌的店最多时达八十余家，甚至出现了“青山映碧湖，小泉满街巷”的说法。

到了宣统二年（1910 年），张小泉的后人张祖盈继承祖业，他以“海云浴日”作为新商标，送至知县衙门，并报农商部注册。商标上还加上了“泉近”的字样，即“张小泉近记”的简称。1915 年，张小泉近记剪刀在巴拿马“万国博览会”上获奖，从此剪刀远销南洋、欧美一带。门市平均每月销售大小各种剪刀计一万余把。1926 年，张小泉近记剪刀又获得美国费城世博会银奖。1917 年，张祖盈将剪刀表面加工技艺改为抛光镀镍后，更受顾

▲ 杭州张小泉剪刀博物馆的匠人造像

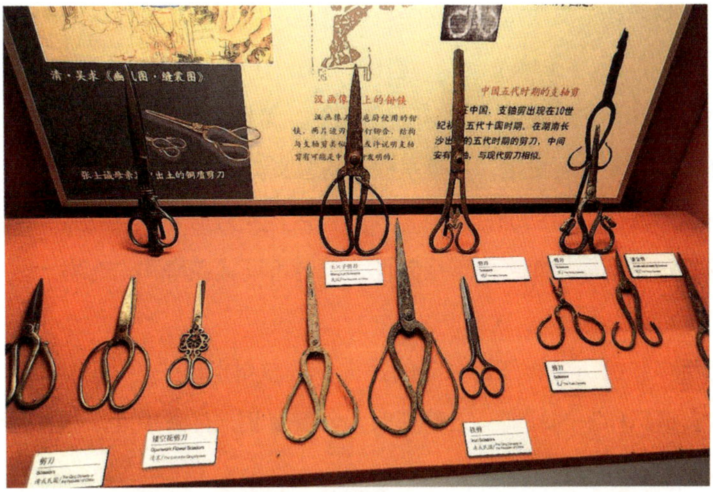

▲ 杭州张小泉剪刀博物馆展出的部分张小泉剪刀

客的欢迎。在一次剪刀评比会上，人们把四十层白布叠在一起，用各种剪刀试剪，唯独张小泉剪刀一次剪断，连剪数次，次次成功。其锋利程度是其他剪刀望尘莫及的。1966 年，剧作家田汉走访张小泉剪刀厂时，写下了一首赞美诗：“快似风走润如油，钢铁分明品种稠；裁剪江山成锦绣，杭州何止如并州。”

新中国成立后，杭州百废待举。1950 年以后，社会日趋安宁，各作坊商号纷纷复业。为了让张小泉这个传统的民族品牌保存下来，并发扬光大，1953 年，在政府部门的组织下，相继成立了五个张小泉制剪生产合作社，生产品种各有不同。1954 年，五个合作社一起迁至杭州海月桥集中生产。1955 年，五社正式合并为杭州张小泉制剪合作社。1956 年，毛主席在《加快手工业的社会主义改造》一文中特别指出："提醒你们，手工业中许多好东西，不要搞掉了。王麻子、张小泉的刀剪一万年也不要搞掉。我们民族好的东西、搞掉了的，一定都要来一个恢复，而且要搞得更好一些。"这个指示，在张小泉的发展史上，具有里程碑的意义。如今，杭州"张小泉"是一家专业生产各类刀剪的综合企业，产品包括专业刀剪、炊具五金、礼品、西餐厅用具和文具等，年产两千余万件，国内市场覆盖率和占有率一直居同行之首。

三百多年的历史，三百多年的盛誉，从徽州走出去的"张小泉"，一直恪守"良钢精作"的祖训，工善其事，名播南北，誉满华夏，是徽商所创品牌的典型代表。

张一元茶庄

张一元在徽商老字号中，可以算是比较"年轻"的品牌了，但也有一百多年的历史。老北京人一提起茶，嘴边常挂的就有"张一元"。可见百姓对张一元茶庄的认可。现在，张一元茶庄已经成为北京张一元茶叶有限责任公司，仍然深受百姓喜爱。

张一元茶庄的创始人名叫张昌翼，字文卿，是徽州歙县定潭村人。自古以来，安徽就是茶叶之乡，祁门茶、六安茶和黄山茶，名扬国内外。张昌翼自小家境贫苦，十几岁时就已经帮助父亲料理家中的几亩水田和茶田。务农虽能填饱肚子，但很难富裕起来。为了让张昌翼有更好的未来，父亲准备让他走出闭塞的山村，去外面的世界闯一闯。为此，父亲几乎动用了所有的关系，终于在张昌翼十七岁时，将他送去北京崇文门外磁器口荣泰茶庄做学徒。当时的磁器口是个商业闹市区，每天来此做买卖的人络绎不绝，茶庄生意十分兴盛，张昌翼抓住机会，努力学习，仅用了三年多的时间就学会了在后柜拼配茶叶的手艺。之后，他另立门户，在花市摆茶叶摊，生意很好。于是1900年，他在花市开办了第一家店，取名“张玉元”，玉茗是名贵的白山茶花，在陆羽的《茶经》中，它是茶叶的通称，因此，“玉”字表示的是茶的意思，而“元”在汉语里是第一的意思。应了这个名字的彩头，茶庄生意兴隆。

1906年，他又在前门大栅栏观音寺开设了第二家店，取名“张一元”，店名取自“一元复始，万象更新”之意，寓意开业大吉，不断地发展创新。1908年在前门大栅栏街开设了第三家店，同样取名“张一元”，为区别前一个店，该店亦称“张一元文记”茶庄。张一元在当时的影响力极大，甚至还有银号拿它当作炒作的手段。京城有家正通银号，于1917年在前门外珠宝市路东开业。当时国民政府发行“黄河奖券”和“建设奖券”，正通银号取得了推销这两种奖券的资格。为了更好地扩大宣传，当时的负责人宣称，“张一元”的老板张昌翼就是用一块钱买了一张黄河奖券，得了个头彩，才开了这个张一元茶庄，也因此取名“张一元”。从时间上来看，这个说法显然是不真实的，只是正通银号的一个宣传噱头而已。但从这件事可以看出当时张一元茶庄的火爆程度。

连开了几家茶庄后，为了更好地发展，张昌翼还在福建开办了茶场，亲自制茶。他根据京城及北方人的口味进行窨制、拼配，研发出了汤清、味浓、入口芳香、令人回味无穷的茉莉花茶，受到了北京人的广泛认可。张昌翼自己办茶场，不仅生产的茶叶质量有保障，还省了茶叶贸易中间的好几道程序，所以茶价比其他店便宜很多，质优价廉，且店里员工对待顾客彬彬

▲ 北京大栅栏张一元茶叶店

有礼，态度和气，生意自然更加红火。1931年，张昌翼去世，可是张家却没有人愿意出面经营，在北京的几家张一元只好分别委托外人经营，虽然易主，但营业并不比以往逊色。

然而好景不长，1937年七七事变后，北京沦陷，各行各业都开始凋敝，张一元茶庄的营业额也逐渐下滑。如果说抗战爆发给了张一元茶庄重重的一击，那么1947年的大火便是毁灭性的打击。1947年的一天，大栅栏张一元茶庄中的伙计们正忙着招呼客人，后楼突然起火。最终茶庄被烧得只剩下店前门面。这致命的打击让张一元茶庄一蹶不振。为了生存，店员只好到街上去摆摊经营。直到新中国成立后，1952年，观音寺张一元茶庄与大栅栏的张一元文记茶庄合并，老字号的优良经营传统才得以继续发扬，茶庄在保证茶叶质量的情况下，还对茶叶品种进行了更新、改造、调整、升级，受到了消费者的欢迎。在计划经济年代，张一元的茶叶和其他所有茶叶店一样，都是统一配货，茶庄作为老字号的优势和特色荡然无存。改革开放后，为迎接市场的挑战，发扬中国的老品牌，1992年，以张一元茶庄为主成立了北京市张一元茶叶公司。公司成立后，不断创新经营，遵循市场规律，茶庄的传统品种重新得到了恢复和发展，张一元的品牌再次被发扬光大。

至今，茶庄还留有张昌翼时代“一元复始，万象更新”的老店遗风，致力于中国茶文化的发扬光大。

胡庆余堂

“南有庆余堂，北有同仁堂”，胡庆余堂是与同仁堂齐名的国药老店，被称为“江南药王”，是同治十三年（1874）由红顶商人胡雪岩创办的。胡庆余堂地处杭州历史文化街区清河坊，背倚吴山，是国内保存最完好的晚清工商型古建筑群，是徽派建筑风格的典范。

创始人胡雪岩是安徽绩溪人，本名胡光墉，生于道光三年（1823）。幼年家境贫困，帮人放牛。但胡雪岩穷不失志，少年时即表现出诚信不贪的品德。他小时候有一次给东家放牛时，在路上捡了一个包袱，打开一看，里面尽是白花花的银子。他把牛拴在路边，把包袱藏起来，然后坐在路边等失主。几个时辰后，失主才慌慌张张地找来。胡雪岩问清情况后，把包袱从路边草丛取出，还给了失主，失主非常感动。这位失主原是杭州的大客商，后来他又来到绩溪，把胡雪岩带到了杭州学做生意。胡雪岩天资聪颖，勤奋好学，据传他十九岁时就被杭州阜康钱庄的掌柜收为学徒，由于掌柜没有后代，就把办事灵活的胡雪岩当作亲生儿子。后来掌柜在弥留之际，把钱庄悉数托付给胡雪岩。阜康钱庄可谓胡雪岩在商海中的第一桶金。

道光二十八年（1848），胡雪岩结识了候补浙江盐大使王有龄，王有龄后来又奉旨署理湖州知府。胡雪岩通过这层关系，开始代理公库，在湖州办丝行。随着王有龄的不断高升，胡雪岩的生意也越做越大，除了钱庄和丝行外，还开起了许多店铺。1860 年，英法联军占领北京，烧毁圆明园，咸丰皇帝逃往承德避暑山庄，最终被迫签订了《北京条约》，史称“庚申之变”。在庚申之变中，胡雪岩处变不惊，暗中与军界搭上了关系，大量的募兵经费存于他的钱庄内，后来又被王有龄委以“办粮械”“综理漕运”等重任，几乎掌握了浙江一半以上的战时财经，为其此后的发展奠定了良好的基础。除了王有龄，另一个人也起到了重要的作用，这个人就是左宗棠。左宗棠当时经曾国藩保荐，继任了浙江巡抚一职。左宗棠所部在安徽婺源时“饷项已欠近五个月”，饿死及战死者众多。此番进兵浙江，粮饷短缺等问题依然困扰

▲ 胡庆余堂

▲ 左宗棠画像

着左宗棠，令他苦恼无比。咸丰十一年（1861）王有龄因太平军攻入杭州，丧失城池而自缢身亡，急于寻找新靠山的胡雪岩紧紧地抓住了这次可以拉拢左宗棠的机会，他雪中送炭，在战争环境下，出色地完成了在三天之内筹粮十万石的任务，在左宗棠面前一展自己的才能，得到了左宗棠的赏识，并被委以重任。从此，胡雪岩常以亦官亦商的身份来往于宁波、上海等洋人聚集的通商口岸。他在经办粮台转运、接济军需物资之余，还紧紧抓住与外国人交往的机会，联络外国军官，为左宗棠训练了一支全部用洋枪洋炮装备的约千余人的“常捷军”。这支军队曾与清军联合进攻过宁波、奉化、绍兴等地的太平天国军队。

在左宗棠任职期间，胡雪岩管理赈抚局事务。他设立粥厂、善堂、义塾、修复名寺古刹，收殓了数十万具暴骸；恢复了因战乱而一度终止的牛车，方便了百姓；他向官绅“劝捐”，以解决战后财政危机等事务。胡雪岩因此名声大振，信誉度也大大提高。这为他的生意开展打下了非常好的基础。之后大小官员都将所掠之物全数存在胡雪岩的钱庄中。他以此为资本，从事贸易活动，在各市镇设立商号，利润颇丰，短短几年，家产已超过千万。

胡雪岩当时已经成为国内屈指可数的富豪，产业遍及钱庄、当铺、丝绸、茶叶、军火等，又因资助封疆大吏左宗棠有功，从二品文官顶戴红珊瑚，皇帝还赏赐了“黄马褂”。按清代惯例，只有乾隆年间的盐商有戴过红顶子的。而既戴红顶又穿黄马褂的，历史上仅有胡雪岩一人，所以他被称为“红顶商人”。

▲ 胡雪岩

在商场上风生水起的胡雪岩，是如何想到要创办药店的呢？关于创办胡庆余堂的缘由，流传有多种说法，一种说法是胡雪岩因为老母亲生病抓药受阻，怒而开药号；一种说法是胡雪岩因小妾生病，抓回的药中有以次充好的一两味药，要求更换时遭到药店伙计的抢白，愤而开了自己的药店。但笔者认为，更可靠的说法是，胡雪岩创办胡庆余堂，是他济世怀仁之举。在我国传统观念中，医者具有崇高的地位。胡庆余堂的开创与胡雪岩深受杭州悠久的中医文化熏陶、身处乱世而兴济世救人之念有着密切的关系。他认为创办一家药店有两点好处，一是生病的人和到处逃难的人都需要医治，开药店可以积德行善，也容易得到官府的支持；二是当时由于战乱、疫病，全国各地需要大量药品，药店生意大有前景。

胡雪岩在其事业的全盛时期——同治十三年（1874）开创了胡庆余堂，将救死扶伤的对象范围扩大到全天下所有的百姓。在胡雪岩的主持下，胡庆余堂推出了十四大类成药，并免费赠送辟瘟丹、痧药等百姓生活日常必备的太平药，并在《申报》上大做广告，使胡庆余堂在尚未开始营业时就已名声远播，这正是胡雪岩放长线钓大鱼的经营策略。他还聘请江浙名医以宋代皇家药典《太平惠民和剂局方》为基础，收集整理各种古方、验方、秘方、应验有效的丸散膏丹、胶油酒露等四百三十二种，编印成了《胡庆余堂雪记丸散全集》，分送各界。他还曾将研制成的胡氏辟瘟丹、诸葛行军散等成药，令伙计组成锣鼓队，在各水陆码头免费赠送，并在伙计衣服上写着“胡庆余堂”几个大字进行宣传。

胡庆余堂的制药技艺，也颇具特色。据说，杭州城有个读书人家贫，发奋读书，金榜题名，却喜极而疯，重演了范进中举的悲剧。名医开出“癫狂龙虎丸”的配方，寻遍全城药号竟无人敢接。所谓“癫狂龙虎丸”，是一种含有砒霜剧毒的药，必须搅拌得极其均匀，使砒霜在药中的含量分布平均到极点才行，稍不均匀就会出人命，而搅拌全凭人工操作。胡雪岩果断地应下了研制药丸之事，并承诺半月内交药。他亲自指导药工搅拌配制，十天后配制成功。疯举人吃了龙虎丸，疯病痊愈，兴高采烈地做官去了。这件事，轰动了全城。原来，胡雪岩让药工将药粉均匀摊在药匾上，用木棒在上面反复写九百九十九遍“龙”“虎”二字，字写完后，药粉自然就被搅拌均匀了。

胡庆余堂除了精心调制药品，济世宁人，在服务上也十分讲究。比如，胡庆余堂内专门设有顾客休息的座椅，在暑热难耐的夏天，免费提供清凉解热的中草药汤和各种解暑药品。胡庆余堂地处吴山附近，是香客进香的必经之地。

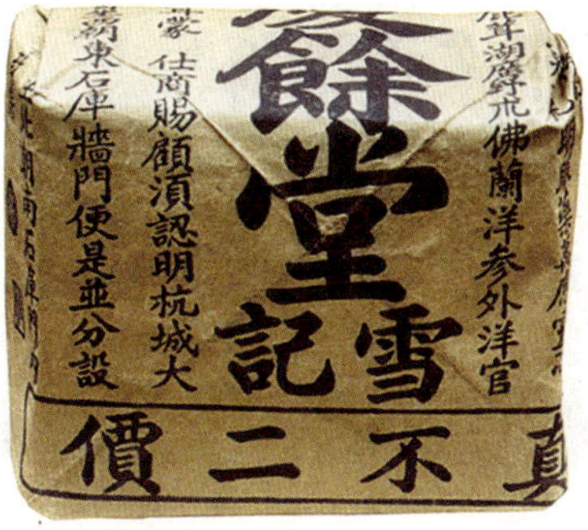

▲ 胡庆余堂药品包装

在农历初一、十五的时候，大批香客会赶庙烧香，涌进杭州城，此时胡庆余堂就会将药品降价出售。在冬天，气管炎、哮喘病发病的概率较高，时常会有人在半夜三更来就诊求药，值夜的药工一定会遵守胡庆余堂为急诊病人现熬鲜竹沥的规定，劈开新鲜的淡竹，在炭炉上用小火烘烤，待竹沥慢慢渗出，再用草纸滤过，当场让病人喝下。熬一剂竹沥一般要花一个时辰，病人一多，所需时间就更长，但药工们总是急人所难，不厌其烦地做好服务工作。

胡雪岩坚持诚信为本、顾客至上的经营策略，使胡庆余堂成了远近闻名的药店，甚至到了能与同仁堂平分秋色的程度。胡雪岩还在胡庆余堂的建筑和布局上别出心裁，为登门的顾客营造了一个温馨、舒适的环境。胡庆余堂坐落在杭州吴山的繁华地段，整个建筑外观结构像一只美丽的仙鹤停在吴山脚下，这个选址也是经过深思熟虑的。因为此处是香客上吴山进香的必经之地，每逢上香的日期到来，胡庆余堂营业就会进入旺季。胡庆余堂为顾客提供了一个流连忘返的购物环境。胡雪岩精心设计的这座富有江南园林特色的商业古建筑，至今已有一百多年的历史，具有很深远的历史价值和较高的建筑艺术水平，现在已被列为国家重点文物保护单位。

胡雪岩于光绪十一年（1885）离世，之后胡庆余堂曾数次易主，但店名仍冠以“胡”字。胡庆余堂百年老店经久不衰的法宝之一，便是“戒欺”。胡庆余堂崇尚戒欺经营，著名的“戒欺”匾额也是胡雪岩于光绪四年

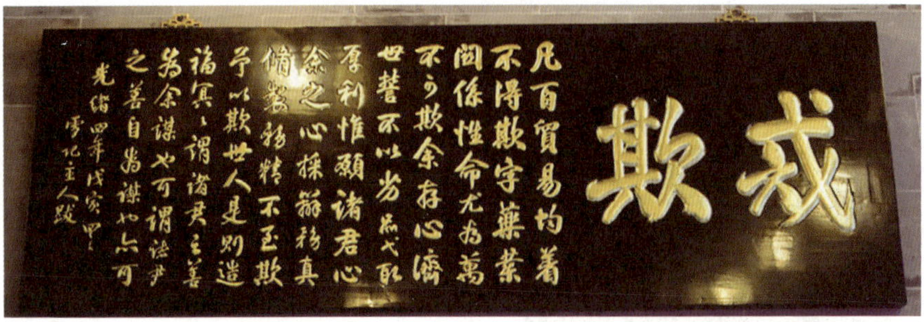

▲ 胡庆余堂内的“戒欺”匾额

（1878）亲笔所写，他告诫下属：“凡百贸易均着不得欺字，药业关系性命，尤为万不可欺……”“戒欺”可谓是胡庆余堂以“江南药王”饮誉百余年的立业之本。如今，胡庆余堂制药仍遵守祖训——“采办务真，修制务精”，所生产的药品质量上乘，所以在竞争中提倡货真价实，“真不二价”。“真不二价”的横匾如今仍悬挂在胡庆余堂国药号的大厅里。

百余年来，胡庆余堂铭记祖训，不断壮大。特别是在当代经济大潮中，仍锐意改革，崇尚科学，不断创新。20世纪末，胡庆余堂顺利完成了国企改革，成立杭州胡庆余堂药业有限公司。在秉承“戒欺”祖训的同时，继续彰显着名店、名医、名药的经营理念，生产上千种规格的中药饮片以满足国内外消费者的需求，如今已然成为我国极具人文特征和历史价值的中华老字号。

谢裕大茶行

徽州自古以来盛产名茶，其中黄山毛峰是我国十大名茶之一。黄山毛峰属于烘青绿茶，是由清代光绪年间谢正安创办的“谢裕大”茶行所创制的。

谢正安生于道光十八年（1838），他十八岁时就赴江北做生意。咸丰中期，太平军路过徽州，谢正安多年的积蓄财物被抢掠一空，其弟谢正富侍奉双亲逃难求生，后遭遇瘟疫，同族叔伯也大半死亡。两年后，弟弟谢正富也病逝了。谢正安带领家人到离家九公里的深山“充头源”租山开垦，种粮度日。同治年间，谢正安出外跑生意，每年回到徽州漕溪挂秤收购春茶，略经加工，运到各地销售。当时徽州的茶叶品种主要是炒青，各县初制的炒青集中运到屯溪精加工包装后外销，所以叫“屯溪炒青绿茶”，因与祁门红茶齐名，合称为“祁红屯绿”。“屯绿”外销被运到广州，再通过“十三行”卖给外商。由于当时茶叶紧俏，属卖方市场，所以获利颇丰，利润一般在三四成以上，徽州的茶商都争而为之。谢正安趁此大获茶利。

五口通商后，上海取代了广州，成为茶叶的主要外贸口岸。因谢正安的亲戚谢光荪在江苏靖江新沟司衙内任职，所以他将茶叶先运到靖江，再运至上海。光绪元年（1875），谢正安在漕溪开办“谢裕大茶行”。“谢”为姓氏，“裕大”取“光前裕后”的“裕”字和“大展宏图”的“大”字，寓意光大门闾、光宗耀祖、造福子孙、光前裕后、大展宏图。之后，又在休宁屯溪镇和歙县琳村开茶栈设厂加工炒青，同时把茶行的业务扩展到上海、皖北的运漕、柘皋和东北的营口。后来，谢正安又兼并了休宁吴家茶庄，成为徽州六大茶庄之首，古歙北方四大财主之一。

▲ 黄山毛峰

在激烈的市场竞争中，谢正安敏锐地看到当时屯绿炒青是外销的主要产品，销量一直居于全国绿茶之首。但是他又发现一批地方名茶，如西湖龙井、庐山云雾、云南普洱、信阳毛尖等争相入市。这些名茶的特点，一是上市早，一般在谷雨前后，有先声夺人之势；二是外形美，汤色清；三是香味清醇，各具特色，为达官贵人和外商所器重。由于量少，所以利润很大。为了扩大徽茶的影响，谢正安决定创制新的名茶，并形成批量生

▲ 谢裕大创始人谢正安

产，争夺市场。他首先对徽州地区的传统地方名茶进行调查研究，经过对比筛选，他决定对传统历史名茶黄山云雾的生产工艺进行整理升级。根据黄山云雾茶的生产环境，谢正安在谷雨前后带人到黄山紫云峰附近的汤口、充川等高山茶园摘取肥壮的新鲜嫩叶。随后，将采摘的新茶经过“下锅炒、轻滚转、焙生胚，盖上圆簸复老烘”等精心制作的步骤，形成了别具风格的新茶。由于“白毫披身，芽尖似峰”，故称为“毛峰”。从此，中国大地上就产生了一种新的茶叶品种，到现在仍长盛不衰。

为了形成规模生产，谢正安在漕溪茶厂专门生产黄山毛峰，其制作工艺为谢家秘传。毛峰的生产数量极少，谢正安将其运至上海新挂牌的谢裕大茶庄面世。黄山毛峰初露上海滩，即一炮打响，备受行家茶客赞许，大家竞相购买。美、俄等国的茶商也日夜争先订货。由于量少、名贵，一时成为上海滩达官贵人饮用和馈赠的珍品。此后，黄山毛峰还源源不断地销往山东、北京、天津、江苏、浙江、湖北、皖北等地，声名鹊起。

谢正安不仅在茶叶品种上进行了创新，在茶行的管理上，也是极为用心。谢正安一生为人正直，奉行“积善存仁”的人生准则，在茶行的经营管理上，更是至善至仁，以诚招客。晚清洋务重臣张之洞欣赏其诚信经营的理念，亲笔题下“诚招天下客，誉满谢公楼”。如今，这两句话仍镌刻在谢裕大茶行的门口梁柱上，作为永久性门联。谢裕大茶行为保持茶叶的新鲜，不仅采用了特制的茶箱包装，而且还在茶箱上附贴本行的三角形“信誉单”，注明茶叶品名、数量和质量。如发现品名不符、数少质差，均可成批退回，并由茶行负责赔偿有关损失，所以茶行每成交一批外销茶叶，都要通过严格的自检查校，才能办理成交手续，以保证茶行的销售信誉。当时谢裕大茶行在上海等地享有很高的声誉，曾经有一些茶庄冒充谢裕大，偷印“信誉单”卖茶，谢正安发现后，又增设“和”记号与客户交易，只有启用了“和”记号的“信誉单”，买卖双方才可成交。由于谢正安讲求信誉，注重质量，所以谢裕大茶行的茶叶在各地都很受欢迎，成为抢手货。谢裕大在上海设有两个旅社，到上海的徽州人只要到了谢裕大，都安排吃住，不收分文，有时还给无钱返回的老乡路费。谢正安的“积善存仁”之举，既促进了谢裕大茶行的生意昌盛，又提高了茶行的社会声誉。

新中国成立后，黄山毛峰一直为全国名茶中的佼佼者。1955 年，黄山毛峰被评为全国十大名茶之一。2005 年，在中国国际徽商大会上，谢裕大茶行创始人谢正安被评为“历史徽商十大代表人物”之一。2006 年，黄山谢裕大茶叶股份有限公司成立，旨在开拓老字号新战略的现代化企业发展之路。2010 年，谢裕大茶叶股份有限公司（注册商标：谢正安）被商务部认定为中华老字号。现在，谢裕大公司生产的茶叶行销全国各大城市，并出口欧美等国。黄山毛峰经过一百多年的发展，已经享誉世界。

第四章

偶像与神灵——商人的崇拜与信仰

“论资排辈”的财神

在神灵崇拜中，财神崇拜在商人中最为盛行。财神是中国民间最受欢迎的神祇之一。商业是以生财为基本出发点的，因此，从整体上可以说，商人对财神的信仰，超出了任何一个阶层，达到了普遍崇拜的程度。实际上，财神的队伍也十分“庞大”，不但有正财神，还有文财神、武财神之分，另外，还有偏财神、准财神和地方特有的财神，以及其他的“兼职”神仙，数量十分可观。

正财神——赵公明

在财神中，最受尊拜的当数“正财神”赵公明。赵公明又称赵公元帅、赵玄坛，许多商店、住宅，都供奉他的木版印刷神像。赵公明既是正财神，民间也经常把他归为武财神，多半因为他是武将。普遍意义上认为，赵公明是被人们虚构出的人物，但也有一些似乎确有其人的身世传说。

相传赵公明出生在陕西省西安市周至县赵大村，出生的时辰是农历三月十五日黄昏天将黑时。赵公明自幼家境贫寒，年轻时因力大技精，于是成了木材搬运工，他为人诚实守信，见义勇为，深得工友信任，木材商也十分赞赏，多次奖励。后来，赵公明攒下些钱财，又借钱款凭着勇气胆识和诚信，自任木材商，进行经营。赵公明目光远大，胸怀宽广，人人都信赖他，争着和他做生意，他也因此而积累了巨额财富。当时，有人向赵公明借百金做生意，不料想遭遇天灾亏了本，一时无力偿还债务。赵公明仅仅让其还了一双筷子，就抵消了所欠的债账，可见其为富行仁、仗义疏财的品行。赵公明不但周济贫困，出手大方，而且还资助国家的军事行动，亲自参军打仗，十分勇敢。他曾经一边经营商业，一边到终南山拜访道家学者，精研道学，修得正道。

还有人说，赵公明驯养了一只曾经骚扰平原百姓的黑色老虎，后成为赵公明的黑虎坐骑。赵公明讲信用、扶贫助困、学道修行、和美处事、善于隐讳，集众多美德于一身，于是后人将其敬为财神。

然而，传说毕竟是传说，并没有可靠史料依据能确定赵公明到底是哪个朝代的人甚至是否确有其人也尚不清楚。他的财神形象也是历经变迁才逐渐形成的。

纵观中国古代文献，财神爷赵公明的相关记载最早见于晋代，时为督鬼之神人。东晋文学家、史学家干宝所著的《搜神记》中写道："上帝以三将军赵公明、钟士季，各督数鬼下取人。"此时，赵公明是作为冥神出现的。梁代的陶弘景所著《真诰》中，也有"天帝告土下冢中王气五方诸神赵公明等"的说法。这里，他仍是一位冥神。

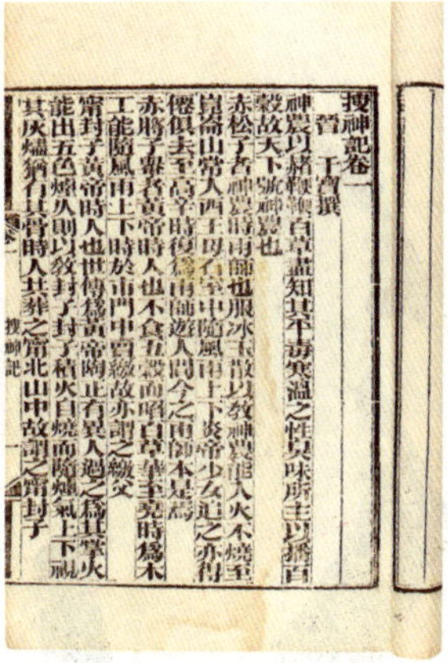
搜神記卷一
晉 干寶撰
神農以赭鞭鞭百草盡知其平毒寒溫之性臭味所主以播百
穀故天下號神農也
赤松子者神農時雨師也服冰玉散以教神農能入火不燒至
崑崙山常入西王母石室中隨風雨上下炎帝少女追之亦得
僊俱去至高辛時復爲雨師遊人間今之雨師本是焉
赤將子輿者黃帝時人也不食五穀而啖百草華至堯時爲木
工能隨風雨上下時於市門中賣繳故亦謂之繳父
甯封子黃帝時人也世傳爲黃帝陶正有異人過之爲其掌火
能出五色煙久則以教封子封子積火自燒而隨煙氣上下視
其灰燼猶有其骨時人共葬之甯北山中故謂之甯封子
搜神記 卷一 一

▲《搜神记》古籍书影

传说隋文帝时，赵公明等五位瘟神至人间降瘟，赵公明又成了瘟神之一。元明两代，赵公明的形象在原有基础上逐渐丰满起来。元代的《武王伐纣平话》讲述了赵公明作为商纣王的五将之一征战抗周，被姜子牙用计毒死。明代《列仙全传》中，将赵公明的身份从瘟神之一，变为了八部鬼帅之一，称其"周行人间，暴杀万民"，专门率领鬼兵到人间散播疟疾。后来，赵公明归顺了五斗米道的创始人张道陵张天师，在道教传说中，张天师在龙虎山炼丹时，赵公明作为一名下属，专门守护丹炉。因他守护丹炉有功，后来得道成仙。从此，赵公明在民间传说中又由瘟神变成了一位善神。迄今为止，道教在做道场行祈禳时，有一个不可缺少的仪式，就是"请神"——请出相关的神灵，帮助降妖驱魔。而作为护法四元帅之一的赵公明亦是每次必请的。宋明以后，随着儒释道三教合一思潮以及宗教世俗化、社会化进程的进一步深入，赵公明也突破了道教的界限，逐渐演变成了中国民间社会比较普遍的信仰对象——财神。

▲ 姜子牙画像

真正让赵公明成为财神的，是成书于明代的《封神演义》。姜子牙封赵公明为"金龙如意正一龙虎玄坛真君"，手下有"招宝天尊""纳珍天尊""招财使者""利市仙官"四神，并专司"迎祥纳福"之职。显然，赵公明在这里获得了类似于财神的神职。由于《封神演义》在民间广泛流传，对百姓生活影响巨大，赵公明的财神身份就此确定了。

在民间，赵公明的财神形象可以说非

常常见。赵公明是武将出身，所以其造像威武严峻，一身戎装，顶盔贯甲，黑面浓须，一手执铁鞭，一手捧元宝，骑着一头黑色的猛虎。一般来说，在传统的神像和年画中，赵公明身边还跟随着招财童子和利市仙官两个小财神，这两个小财神通常都是眉清目秀的少年形象，各自手持条幅，上面写着自己的名号。

旧时的银钱业，除了奉赵公明、关公为财神外，还尊奉赵公明为祖师爷。民间有许多关于财神的传说故事，都反映了上述信仰习俗。比如财神爷只允许有钱人家供奉，穷人家供奉是不会显灵的，这是为何？从下面这个“财神爷休妻”的故事就能略知一二。

据说从前的财神庙里，财神的身边并不是招财童子和利市仙官，而是伴着一位端庄美丽的财神娘娘，后来因为一次灾荒，财神娘娘被财神爷给休了。传说有一年天下大旱，田里的庄稼大部分都干死了，有些地方甚至颗粒无收，百姓的日子都过不下去了，于是有些人就拖家带口地逃荒到外地去讨生活。在众多受灾百姓中，有一个身患残疾的乞丐，他生来腿脚不灵便，家中只有他和老母亲相依为命。眼看着别人都逃难去了，但是由于身体原因，他和老母亲只能在附近靠挖野菜、乞讨度日。有一天他在附近的村子里转悠了一天也没有讨到一口吃的，野菜也早就被人们挖完了。饿着肚子走了一整天，他实在坚持不住，在一座庙前停下来休息，想到卧病在床的老母亲已经一日没吃饭，他心里十分难过。忽然，他灵机一动，想到或许庙里会有些供品，虽然偷拿供品是对神灵的大不敬，但是为了老母亲，也顾不了那么多了。想到这里，他连忙爬起来进了庙里，可是找遍了所有香案，也没见到一丁点儿食物。他沮丧地坐在神像前叹息：“哪怕有一点儿钱也行，能给老母亲换个烧饼我就心满意足了。”这时他猛然发现自己对着的就是财神爷的塑像，一身富贵的财神爷和满脸慈祥的财神娘娘正微笑地看着他。他一见是财神爷，连忙拜倒在地，口里还不停地祈祷，请求财神爷赐给几个铜钱，给老母亲换个烧饼。财神爷赵公明见是一个叫花子，心想连一点香烛钱都舍不得，还来求什么财？天下那么多穷叫花子，我怎么能接济得过来？于是他不予理睬，闭目养神。可乞丐心中想的正好相反，他认为财神是应该救济穷人的，富人不愁吃穿，应该也不必求财，便仍不住地祈祷着。这时，一旁的财神娘娘动了恻隐之心，想推醒打瞌睡的财神爷，劝他发善心给这个乞丐一点施舍。可财神爷却不理不睬，打了两个哈欠后又闭上了眼睛。虽然她是财神娘娘，可是财权在夫君手上，夫君不点头，她怎么能将钱赐给乞丐呢？娘娘无奈，只得取下自己的耳环，扔给了乞丐。乞丐突然看到神龛上掷下一物，一见是一副金耳环，知道是财神所赐，急忙磕头，连呼“叩谢财神爷”。财神爷听到声音，睁眼一看，发现妻子竟然将自己当年给她的定情物送给了乞丐，气得大发雷霆，将财神娘娘赶下了神龛。自此以后，财神爷打了光棍，成了“钻石王老五”。民间也从此有了一句歇后语：财神爷休妻——不为穷人着想。

文财神

文财神在中国民间所指甚多，比如范蠡、比干、财帛星君李诡祖和福禄寿三星中的禄星等。文财神大多见于民间的雕塑和木版年画中，形象大多脸色白净，锦衣玉带，冠冕朝靴，面带笑容，比较适合在新春喜庆之日挂于堂室。民间祭祀的文财神一般有三位，分别是财帛星君李诡祖、范蠡和比干。

财帛星君李诡祖，是民间最受欢迎的文财神，又称增福相公、增福财神。李诡祖原是淄川五松山（今山东淄博一带）人，北魏孝文帝时，曾担任曲梁（今河北曲周）县令，清廉爱民，去世后，人们立祠祭祀他。1920年版的《三续淄川县志》中，有李诡祖的记载：“北魏李诡祖，孝文帝时，任曲梁令。当南北纷争，民苦兵戈，独能抚楫流亡，敦行教化，与民休息，卒于官。民怀其德，立庙尸祝之，至今享祀不衰，明晋祀名宦祠。”

《曲周县志》也有记载，李诡祖在担任曲梁县令期间，清正廉洁，为民造福，疏通河道，治理盐碱，率先垂范，生活俭朴，把自己的俸禄都拿出来周济贫苦的人，是老百姓爱戴的清官，因此老百姓们才立祠纪念。可以看出，李诡祖死后，其形象经历了一个由人至神的变化过程。但是起初的李诡祖并不具备财神形象。明代万历年间，兵部尚书曲周人王一鹗在《重修增福李公祠碑记》中写道：“祠崇祭祀旧邑侯李公也。案郡乘，公家世淄川，魏文帝朝仕曲梁。时殛妖塞横水，心切民隐，贻福孔多，既逝之后，民作庙祭祀之。盖能御大灾，捍大患。”由此可见，起初的李诡祖不是财神，而是“御大灾，捍大患”的神灵，还善于降水妖，不过这实际上指的应该是兴修水利。如此这样一位为民造福、生活俭朴的清官，后来怎么成为财神的呢？这与一则民间传说有关。

唐武德年间，唐高祖李渊的夫人、李世民的母亲窦皇后得了一种怪病，就像鬼缠身一样，昼夜不得安宁。李渊找遍了国内的圣手神医，也找来了民间偏方让窦皇后试用，但都不见好转。李世民十分忧心母亲的病症，于是发榜在全国寻求神医。此时，一位来自齐地的云游道人来见李世民，他说：“尽管我大唐王朝的建立是顺天应时，但期间杀戮过多，游魂冤鬼找不到归宿，所以迁怒于皇后。今有齐地淄川神仙姓李名诡祖，又是圣上的本家，曾在北魏孝文帝朝治相府事，后在五松山得道成仙。诡祖谐音‘鬼祖’，所以

▲ 唐太宗李世民画像

主裁阴阳两间冤狱，最能驱神役鬼，祛病消灾。可在皇后处设立李神仙牌位，求其显灵，保证能医好皇后的疾病。”李世民听了以后颇感诧异，但也还是依计而行。果然，不久后窦皇后就痊愈了。唐高祖李渊感激李神仙的神功，于是赐封李诡祖为“财帛星君”。后来，到了唐明宗的时候，李诡祖又被赐封为“神君增福相公”。

李诡祖显灵治病这一传说，是否有历史依据不得而知，李渊是否真正赐封过李诡祖也没有正史记载，但是文学作品中却有佐证。北宋宰相富弼在青州做知府时，曾经作诗《过淄川仙人乡》一首，其中有一句“唐封财神今犹在，世外桃源非梦乡”。诗句中的“唐封财神”指的可能就是李渊赐封李诡祖的事迹。在被赐封为“财帛星君”之前，李诡祖的功能除了“御大灾，捍大患”之外，还能“驱神役鬼，祛病消灾”。但经过赐封，李诡祖则具备了财神爷的神性。

对财帛星君李诡祖的崇拜，在宋元时期已经非常普遍。元朝是我国历史上第一个由少数民族建立的王朝。成吉思汗崇尚道教，特邀全真道长丘处机北上，并将其尊为神仙。据说，丘处机当时曾赠献成吉思汗一帙《增福财神宝卷》，成吉思汗如获至宝。后来，元世祖忽必烈登上皇位后，也效仿唐高祖李渊册封李诡祖为“福善平施公”，使李诡祖的影响扩展到了更多的地方，现在的内蒙古自治区也有增福相公庙。到了明清时期，财帛星君李诡祖就成了民间最受欢迎的财神爷，明清时期的木版年画上都是他的画像，甚至光绪年间发行的纸币上都有他的画像。

在文财神中，李诡祖在民间最受欢迎。在我国北方地区，有在正月初一拜财神，正月初五接财神的习俗。每年除夕，每家每户都会请财神，将财神的画像粘贴在正厅大门的西端南墙上，祈求财运、福运。正月初五，各商铺开市，一大早就金锣爆竹，牲醴毕陈，以迎财神。清人顾铁卿《清嘉录》中引了一首蔡云的竹枝词，描绘了苏州人初五迎财神的情形：“五日财源五日求，一年心愿一时酬；提防别处迎神早，隔夜匆匆抱路头。”“抱路头”就是指迎财神。

民间财帛星君的形象是脸白发长，面似富家翁，李诡祖身着

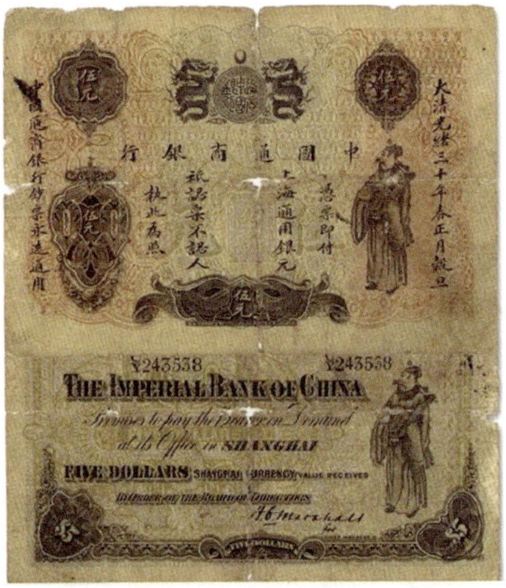

▲ 1904 年中国通商银行发行的纸币上有财神的画像

▲ 财帛星君铜像

锦衣，腰扎玉带，左手捧着一只金元宝，右手拿着写有招财进宝的卷轴，或是双手捧着金元宝，相貌厚重，乃富贵无限之相。

另外一位文财神，是商纣王的叔父比干。在明代作家许仲琳的《封神演义》中，比干因火烧狐狸洞而遭到妲己的记恨，被商纣王处以剜心之刑。姜子牙封神时，他被封为文曲星。

在民间，文财神比干的形象多为白面长须，容貌富态，头戴宰相纱帽，身着红袍玉带，手捧如意，足蹬元宝。文财神比干的打扮，与天官相似。有的文财神手持“天官赐福”的诏书，很像是天官，但天官与文财神还是有一定区别的，天官神志慈祥，笑容满面，而文财神比干则面目严肃，脸庞清癯，较为平静。

比干作为纣王叔父，辅佐纣王，从政四十多年，主张鼓励发展农牧业生产，提倡冶炼铸造，富国强兵，并且忠君爱国，为民请命，敢于直言劝谏，见纣王荒淫失政，暴虐无道，十分着急，时常劝谏。纣王不但不听，而且愈来愈讨厌这位叔父。《史记·殷本纪》中记载，有一次，比干在朝廷中连站三天不动，非要纣王纳谏不可。纣王早已厌恶这位叔父的劝谏，加上妲己的挑拨，更是恨上加恨，见比干强谏，禁不住大怒：“吾闻圣人之心有七窍，信有诸乎？”说完就叫人当场剖开比干的胸膛，挖出了比干的心。纣王又向全国下诏说：“比干妖言惑众，赐死摘其心。”比干就此惨死于暴君之手。据神话传说，比干升天以后，玉帝怜悯其为国尽忠，无辜被害，而心已被挖出，不会再生贪心，乃封其为掌管天下财库之神，享受人间香火。当时传说在比干荫佑下的买卖人，无偏无向，公平交易，互不坑骗，所以比干广为世人所传颂和敬奉。比干还被称为国神。周武王灭商之后，为了巩固新政权，在政治上推行德政，安抚殷商遗民。他下令释放被纣王囚禁的百姓，修整商朝贤臣比干的坟墓，并亲自给墓上添土。

民间俗语中有“财神无心”的说法，意思是财神比干就是出现了财富分配上的偏差，也是无心之失。老百姓因敬其忠义，对财神比干顶礼膜拜。与“不为穷人着想”的正财神赵公明不同，民间还有一种说法，敬比干的不一定能富，不敬他的也不一定就穷。因此，人们敬财神比干，以求财运亨通，主要还是冲着他的人品而去的。比干的地位后来甚至超过了赵公明和关公，而被称为文财神正尊。建于明代的山西平遥财神庙，供奉着三尊财神爷，文财神比干居中，赵公明和关公居左右两边。始建于唐代的北京白云观，所供奉的财神排列序位也和平遥财神庙如出一辙。

▲ 比干像

还有一位文财神是范蠡，我们从前文中，对范蠡的经历与经商智慧有了一些了解。范蠡最初不过是楚国的一介平民，后来做了越王勾践的大臣。范蠡有建邦立业的宏才伟略，足智多谋，在越王最落魄的时候来到越王身边，苦身深谋二十余年，辅佐越王励精图治，雪会稽之耻，最终成霸业。范蠡功成名就后，舍弃高官厚禄，不辞而别，因为他知道越王可以共患难而不可共享乐，只有退隐才能自保。离开越国后，范蠡到齐国海边更名换姓开荒种地，同时经营商业。由于善于经营，几年后便聚财数千万，发了大财，成为当地最大的富豪。后来，他带着一家人来到山东定陶县，自称陶朱公，从事商业贸易。在范蠡的带动下，数年间，定陶就商贾云集，货走天下，成为当时中原地区重要的商品集散地。如本书第二章所述，范蠡经营的秘诀就是

▲ 陶朱公雕塑

善用“积著之理”，“务完物，无息币”，即保证商品和资金流通，重视产品质量。并且“逐什一之利”，只求10%的利润，最大限度地给合作伙伴以利润空间，每年岁末，他还拿出大笔资金返还给生意伙伴，因此生意越做越大，也越做越顺畅。天下的商人都愿意与他合作，这也许正是他能迅速成为天下首富的重要原因之一。

与其他财神不同，陶朱公范蠡并没有经过神话传说的夸大与修饰，其经历都是有文献可寻的。随着年代的日益久远和生平故事的传奇性，范蠡作为淡泊名利的杰出政治家和大富商，受到了后人的崇拜，加上他善于经营且乐于施财，在人们心目中，是难得的活财神。在诸多财神中，范蠡大概是最具有财神气质、也是最接地气的一位。民间文财神范蠡的形象，大多是锦衣玉带，冠冕朝靴，脸色白净，面带笑容。范蠡在有生之年，无论是聚财的本领还是散财的功德，都无愧于财神之誉。在所有财神中，在世时真正与财富有关的，也只有文财神范蠡一人了。

武财神

武财神除了正财神赵公明外，还有关公关老爷。在中国，关公是一个家喻户晓、妇孺皆知的人物。关公重信义，为人忠义，形象威武，而且能招财进宝，护财辟邪。民间传说关公管过兵马站，长于算术，发明日清簿，讲信用，为商家所崇祀。关公不仅是历史人物，并且经过几千年的历史演变，成为老百姓心目中的神明。

对关公的崇拜在中国十分盛行，关帝庙遍布各地，从古至今的山陕商人在各地修建山陕会馆，当中正殿所坐的神像也都是关公，威风八面，丹凤眼、卧蚕眉。关羽也几乎成了一个无所不管的大神，“司财”是其神职之一。关羽生前乃是一位威风凛凛的大将，温酒斩华雄、斩颜良、诛文丑、过五关斩六将、水淹七军，可谓名震天下，最后败走麦城，应该说关公一生都在沙场驰骋，和财富似乎并无关系，这样一位武将，为何被奉为财神呢?

实际上，在很长一段历史时期内，人们对关公的崇拜并没有涉及财富方面。关公被奉为财神，当在明代以后。关羽生前是将军，死后蜀汉朝廷追谥其为壮缪侯。但在隋唐时期，关羽并没有受到统治阶级明显的重视。从唐到宋徽宗以前，关于他的传说也仅仅属于地位并不高的民间俗神类。而这一现象到了宋徽宗时，却有了较大的变化。宋徽宗崇宁元年（1102），封关羽为“忠惠公”；宣和五年（1123），又封关羽为“义勇武安王”。到了元代，这个称号就更长了，关羽的封号变成“显灵义勇武安英济王”。到了明代，关羽被封为“关壮缪公”，与民族英雄岳飞同祀，所以当时全国各地的武神庙宇都叫关岳庙。到了明代万历年间，加封关公为“三界伏魔大帝”“神威远震天尊”“关圣帝君”等。

有学者研究表明，关公成为财神应该不早于清中期，而且肇始于晋商。前文讲到晋商时，我们提到晋商对“信”字怀有一种诚惶诚恐的虔诚，一种雷不打动的信仰，而关公恰恰是忠义诚信的代表，且关公还是山西人，因此顺理成章地被晋商奉为偶像。商人都是逐利的，为了在商战中获胜，他们都绞尽脑汁，想以最少的投入获得最大的利益，甚至有的还会不择手段，让别人信守承诺，自己却偷奸耍滑，但都这么做，整个商场岂不乱套？因此，有良心的商人呼唤诚信、公平经营，但这样仍免不了受到奸商的侵害。所以，商贾们都敬佩关公的忠诚信义，希望关公作为他们发财致富的守护神。

当然，忠义诚信、公正公平以及晋商的造势是一方面，关公能成为财神还有多重原因。比如，关公十分善于理财，长于会计业务，曾设笔记法，发明日清簿；清代初年，民间一些帮会如哥老会、青洪帮等都敬重关公，人们把关公当成最高财神等。随着关公“司财”职能的不断强化，全国各地的关帝庙也逐渐成为财神庙。

▲ 北京历代王庙中的关帝庙

▲ 明代商喜所绘《关羽擒将》

晋商的造势使关公迅速成为财神，为商业活动保驾护航。民间那些关于关公的脍炙人口、流传广泛的英雄事迹，正体现了商业保护神、财神必须具备的武勇和刚强的品质。而像“过五关斩六将”这样的事迹，除了勇猛的表象，还有对兄长刘备的忠肝义胆，而这也正是商业所需要的“忠”“义”和“诚信”的品质。到关帝庙去上香、求财，目的是希望得到庇佑，求得财运，满足精神需求。当人们走进关帝庙上香求签时，面对着表现这些英雄事迹的塑像、壁画，每个人都不知不觉受到关公精神潜移默化的教育和鼓舞。

去的人越多，受到教育的人也就越多，传播关公文化的人也就越多，庙宇的香火就更旺盛。

人们除了去关帝庙祭拜财神，每逢新年，家家户户也会将财神像悬挂出来，希冀财神保佑，以求大吉大利。民间很多人尤其是商人，会选择武财神关公来祭拜，这是为什么呢？因为关公并不像正财神赵公明那样嫌贫爱富，不会看人说话，凡事有求必应。还因为关羽不为金银财宝所动，与一些世间贪利忘义之徒形成鲜明的对比。随着人们崇拜财神、迷信财神的程度不断加深，财神的功能外延也不断扩大。明清时期，关公被尊为“武王”“武圣人”，除了财神的“司财”功能，还被世人描述成了具有司命禄、佑科举、治病除灾、驱邪避恶等“全能”法力的“万能之神”，甚至与孔子并肩一起被称为圣人，盛誉之隆，已达顶峰，无以复加。

其他财神

除了文武财神，民间还信奉偏财神。这所谓的“偏”，其实是就财神的神像所在的位置而言的。民间的偏财神，与“五路神”或“五路财神”有关。“五路神”又指路头神。清人姚富君说：“五路神，俗称财神，其实即五祀门行中之神，出门五路皆得财也。”其中的五路是指东、西、南、北、中五方，意为出门有五路神保佑可以得好运，发大财。还有另一种说法，“五路”即五显：显聪、显明、显正、显直、显德。而在《封神演义》中，则有“五路财神”的说法，是指正财神赵公明、招宝天尊萧升、纳珍天尊曹宝、招财使者陈九公和利市仙官姚少司。

五路财神都是吉祥神，也是民间吉庆年画中常见的形象，深受人们爱戴和崇拜。每年正月初五，是五路财神的生日。每到初五，人们都要“接财神”，天刚放亮，就能听到一阵阵鞭炮声，人们个个争早放头通鞭炮，这是所谓的“抢路头”。为了抢先接到财神，商家多是初四晚举行迎神仪式，准备好果品、糕点及猪头等祭祀用品，请财神喝酒。届时，主人手持香烛，分别到东、南、西、北、中五方财神堂接财神，五位财神接齐后，挂起财神纸马，点燃香烛，众人顶礼膜拜，拜罢，将财神纸马焚化。接过财神，大家聚在一起喝路头酒，直喝到天亮开门营业，据说这样可以保一年生意兴隆，财源滚滚。

在《封神演义》的五路财神中，除了正财神赵公明，其余都是偏财神。其中利市仙官最受商人们喜爱。有关利市仙官的来历，在《封神演义》中有记载：利市仙官本名姚少司，是正财神赵公明的徒弟，后来被姜子牙封为迎祥纳福之神。所谓“利市”，包含三重含义：一是指做买卖时得到的利润；二是指吉利和运气；三是指喜庆或节日的喜钱，如压岁钱等。人们信奉他，是希望得到利市仙官保佑，生活幸福美满。到了近代，一到新年，有的人尤其是商人，还会把利市仙官的图贴到门上，并配以招财童子，贴上对联——招财童子至，利市仙官来。隐喻财源广进，吉祥如意。

除了偏财神，还有准财神。准财神就是没有得到封号的财神，但由于此神能为人们带来一定的财运，承担了一部分财神的职责，人们还是将其作为财神看待。刘海蟾就是其中最具代表的一位准财神。

据传，刘海蟾是五代时期人，原籍燕山（今北京西南），十六岁时顺利通过明经考试，曾为辽代进士，后为丞相，辅佐燕主刘宗光。此人素习“黄老之学”，传说他是八仙的徒弟。《历代神仙通鉴》中曾记载了他的故事：一日，刘海蟾正在官邸闷闷不乐，忧愁万分，传有位名叫“正阳子”（吕洞宾）

的道人前来拜访。刘海蟾以礼相见，并请道人正阳子为其讲清静无为之法。讲法完毕，道人正阳子便索要了十个鸡蛋，十枚铜钱，然后一枚钱币上放一个鸡蛋，鸡蛋上放钱币，钱币上放鸡蛋，如此这样叠加成宝塔的形状。刘海蟾看着颤巍巍欲塌的鸡蛋惊叫道："危哉！"正阳子不动声色地说："居荣禄，履忧患，其危殆甚！"意思是，这还叫危险吗？那些拥有高官厚禄的人，才是如履薄冰，危险得很呢！此语一出，刘海蟾仿佛一下子参透了人世万事，久久没有说话。之后，刘海蟾佯装大醉，将珊瑚饰物、玉翠器皿砸得粉碎，然后，弃官纳印，改名刘玄英，道号"海蟾子"，拜吕洞宾为师傅，修炼成仙。他经常在终南山、太华山一带云游。元世祖忽必烈封其为"海蟾明悟弘道真君"，武宗皇帝加封"海蟾明悟弘道纯佑帝君"。至今，他的故事仍一直被后人铭记。

在道教中，刘海是道教全真道北五祖之一，宋代李石《续博物志》中记载："海蟾子姓刘，名昭远，华山陈抟馆之道院，与种放往来。"他本与财神无缘，成为财神也许是源于他与金蟾的传说。

蟾，即蟾蜍，因此物相貌丑陋，分泌物有剧毒，对人体有害，被列为五毒（蝎、蛇、蜈蚣、壁虎、蟾蜍）之一，但蟾蜍的分泌物蟾酥有强心、镇痛、止血等作用，蟾蜍因此受到人们的崇拜。《太平御览》引《玄中记》云："蟾蜍头生角，得而食之，寿千岁，又能食山精之化也。"当时人们把蟾蜍当成了避五病、镇凶邪、助长生、主富贵的吉祥物，是有灵气的神物。刘海蟾是以"蟾"为道号而闻名，又以"刘海戏金蟾"的传说被抬上了财神的宝座。传说中，刘海所戏金蟾并非一般蟾蜍，而是三足大金蟾，举世罕见。因为金蟾被看作是一种灵物，古人认为得之可以致富。这是刘海被塑造成财神的主要根据。传说神仙刘海有一次化身为一位有钱人家的仆人，一天他跳到一口井里，捉到一只三条腿的大蟾蜍，用彩色的绳子系住，放到肩膀上，又跳到外边让人观看，然后缓缓地飞到天上。刘海用计收服了修行多年的金蟾，得道成仙。刘海戏金蟾，金蟾吐金钱。他走到哪里，就把钱撒到哪里，救济了不少穷人。人们尊敬他，感激他，称他为“活神仙”。为此，人们还修建了刘海庙，把他的故事编成戏剧，到处传唱。民间把故事里的刘海当作“准财神”，并且形成了在商铺里摆放一只金色蟾蜍的习俗。现在商铺里摆放招财金蟾的远远多过摆放其他财神的。

▲ “刘海戏金蟾”年画

“刘海戏金蟾”出现在大量的民间年画和剪纸中，历代画家也有不少这一题材的佳作传世。在这些作品中，刘海皆是手舞足蹈、喜笑颜开的顽童形象，其头发蓬松，额前垂发，手舞钱串，一只三足大金蟾叼着钱串的另一端，作跳跃状，充满了喜庆、吉祥的财气。

传说中的商业保护神

商人们对于商业保护神的信仰，是在长期的商业活动中形成的一种民间习俗，表达了商人祈求神仙庇佑其生意兴隆、财运亨通、大吉大利的良好愿望。说到商业保护神，实际上在民间信仰中，上述诸财神均有保护神的功能。然而最传统、最普遍的，大概要算是武财神关羽了。前文提到，关羽被人们视为“万能之神”。关羽被神化后，他集完美之大成，降妖护国、平寇破贼、防瘟避灾、助人发财，他常司的神职还有战神、考试神、帮会保护神等，可以说，关羽是一个除了不能送子之外，什么都管的全能神。山西商人就把关公作为出门在外的保护神，在他们遍布全国的会馆里，多建有关帝庙，希望关公能保佑他们平安。

除了财神这种普遍意义上的商业保护神外，在我国沿海地区及华人众多的东南亚地区，有一种重要的民间保护神信仰，即妈祖信仰。

妈祖信仰

妈祖是我国最具典型意义的海神，是历代海洋贸易者、商人、渔民、船工、海员和旅客共同信奉的神祇，泽被一方。我国沿海地区，以及东南亚各国，凡有航海和漕运之处，莫不有妈祖庙，甚至于远在太平洋中心的檀香山，也有妈祖庙。渔民和航海商人在起航前大都会先拜祭妈祖，祈求保佑顺风和安全。由于海上航行常常遇到狂风巨浪的袭击，危险系数较高，航海人普遍产生了祈求神灵保护的迫切心理。作为人们心中的“海上女神”，妈祖是人们安定幸福的心理保障，她慈眉善目、气定神闲的形象世代流传。

妈祖的生平和传说

妈祖也称“天妃”或“天后”，又称“天母”“天上圣母”等，福建和台湾称为“妈祖”或“妈祖婆”，广东俗称为“婆祖”。根据《闽书》的记载，妈祖确有其人。她姓林名默，福建省莆田市湄洲岛人，生于北宋建隆元年（960）。早在唐朝时，林默远祖就曾任州刺史，林家祖上历任高官，因五代时兵荒马乱，又兵连祸结，其曾祖父就弃官归隐来到湄洲岛，自此落籍福建东部沿海的莆田。其祖父承袭世勋，做过福建总督，政绩卓著，政声远扬。其父林愿为人敦厚崇礼，乐善好施，人们均尊称为“林善人”。林默从小天资聪颖，她八岁入私塾，过目成诵，智商极高，悟性极深。十岁时已知焚香礼佛，朝夕诵经。十三岁时出落得亭亭玉立，雍容大方且娴雅。她不但学识渊博，识见精深，同时极尽孝道。林默一方面精研医学，为百姓治病；一方面占卜天气，事先告诉渔夫客商能否出海。林默还有极好的水性，常常救助海上的渔民于危险之中。

相传，在林默十六岁那年，她的父亲和兄长出海捕捞，在家中帮母亲织布的她，忽然感觉异常困乏，就睡在了织机上。梦中，她看到了波涛滚滚的海浪将父亲和哥哥驾驶的船打翻了，父兄都落水了。林默立即跳入海中，将父亲拉起。而此时，在家的母亲看到睡梦中不安的林默，就将其叫醒。醒后的林默一惊，手中的梭子掉在了地上，她悲痛地看着母亲说："阿爸得救了，阿兄去世了。"母亲起初不信，但后来看到只身一人返航的丈夫，才号啕大哭。林默"游魂救父"的事迹传开之后，乡亲们都惊异于林默的法力，林默名声大震，被认为是神明。

此后，林默经常乘船渡海，云游于岛屿之间，行踪无定。凭着一身好水性，随势而游，又加上一颗满怀善意的同情心，与惊涛骇浪相搏，多次营救遇难的船民，让人击节称颂，美其名曰"龙女""神女"。关于林默的死，有不同的传说，众说纷纭，莫衷一是。但大致都是她冒着风险去海上救人时，溺水而亡。因为善良的林默生前常常帮助人们，死后又屡屡显灵救助遇难的渔民和来往客商，人们为了纪念她，就尊称其为妈祖。渔民们纷纷建立妈祖庙，祈祷妈祖保佑自己的亲人平安。

民间关于林默显灵的传说有许多，比较著名的是南宋路允迪的事例。宋徽宗宣和五年（1123），给事中路允迪奉旨出使高丽，率领大船八艘航行于渤海中。航行途中，顷刻间浊浪滔天，狂风肆虐，一下子刮沉了七艘大船。路允迪惊悸不安，十万火急地跪下闭目祈祷："神女下凡，保我平安！"很快便出现了一位红衣神女，她站立于船舷上。依仗着神女的保佑，路允迪果然有惊无险，平安地抵达高丽，不辱使命。路允迪感到惊奇，回来向同僚述及此事，一位莆田籍的官员李振听到了，告诉他此神为湄洲神女林默。因此，路允迪向皇帝奏报了妈祖的神通，宋徽宗亲赐林默神祠匾额一具，上书"顺济"二字。此传说的可考史料最早出现于绍

▲ 湄洲岛妈祖像

兴二十年（1150），记载于南宋进士廖鹏飞所撰的《圣墩祖庙重建顺济庙记》中。

到了明代，也有一些妈祖护佑来往航行者安全的故事。在明代的漕运中，曾有妈祖显灵的传说。漕运是我国历史上一项重要的经济制度，通俗地讲，它就是利用河道或海道调运粮食（主要是公粮）的一种专门运输，将征自田赋的部分粮食运往京师。有一年春天，漕运官船满载粮食出发了，刚出发时，水碧天晴，粮官们凭栏酣酒，非常畅快。可天气说变就变，突然间就阴沉下来，紧接着狂风暴雨席卷而来，船队在暴风雨中迷失了方向。由于漕运所动用的船队非常庞大，几乎每次都有上百艘船只，随行人员过万，若是出了意外，损失将会十分惨重。在这危急关头，全体官兵想起了经常救助海难的妈祖，于是都狂呼："妈祖救我！"就在此时，祥云瑞气布满了天空，一个红衣女子在祥云中显现，紧接着便风平浪息了。漕船得到了护佑，众官兵都说是妈祖显灵了，朝天跪拜。后来漕运官抵达京师，将此事启奏给了明太祖朱元璋，皇帝封妈祖为"昭孝纯正孚济感应圣妃"。此时，妈祖的神格再次得到提升，成为了圣妃。

传说郑和下西洋也曾得到过妈祖的庇佑。郑和七次下西洋出使，每次都遇到险情。其中有三次是船队在海上遇到飓风等险情，而且每次都是得到了妈祖的庇护而脱险。郑和在明永乐三年（1405）第一次下西洋，目的地是暹罗等国。当船队云帆高悬、浩浩荡荡至广州附近时，突然大风骤起，洪涛如山，波峰浪谷，巨舶如叶，上下颠簸，船将倾覆，船工请郑和向妈祖祈祷，郑和祷告："和奉命出使外邦，忽遭风涛危险，身固不足惜，恐无以报天子，军士生命，息于呼吸，望神妃救之。"郑和祷毕，忽闻鼓吹之声，一阵香风，神女飒飒飘来，立于云端，旋即风平浪静，转危为

▲ 明代郑和战船模型

安。还有一次，郑和船队在经过三佛齐（苏门答腊岛上的一个古代王国）时，遇到海寇陈祖义的打劫与骚扰，也得到了妈祖的神助，最终剿灭了海寇。郑和回国后，立即奏明皇帝，朝廷封妈祖为“护国庇民妙灵昭应弘仁普济天妃”，下旨修建南京天妃宫，遣太常寺少卿朱焯祭告，又命福建守官重修泉州天妃宫，并规定以后所有出国使者，必先到天妃宫祭祀祈佑，方可启程。

到了清代康熙年间，妈祖升到了至尊至圣的位置，成为了天后，供奉她的庙宇也由神女庙、天妃宫改为天后宫。一个民间崇拜的小神，由此成为国家祭奠的国神。传说施琅第一次率兵渡海攻打台湾时，因缺风，船行驶得很慢，施琅下令回航莆田平海湾。不久，却忽起大风，战舰上的小艇被风刮下海，不知去向。第二天风停息后，施琅命人出海寻找小艇，小艇竟都安然停在湄洲湾中，艇上的人报告说，昨夜波浪中见船头有灯光，似人揽艇，是天妃默佑之功。施琅大为感动，命令整修平海天后宫，重塑妈祖神像，捐重金建梳妆楼、朝天阁，并请回一尊妈祖神像奉祀在船上。

妈祖信仰的传播

妈祖的诞生地福建是中国妈祖信仰最盛行的地方，仅在妈祖的家乡莆田，就有不下百座妈祖庙。以前在民间，福建沿海各府县，每县都有几十座妈祖庙，如今福建各地的妈祖庙数量仍十分庞大、香火旺盛。妈祖信仰也是台湾地区最普遍的民间信仰之一。在台湾无论大小村庄、山海聚落，还是通都大邑，都能看到妈祖庙。《台湾府志》载，清代有据可查的台湾妈祖庙就有 310 座，目前已发展到 2000 余座。台湾有 80% 以上的汉族居民信仰妈祖，同时也影响着台湾少数民族崇拜妈祖。广东省妈祖信仰最盛的地区是粤东的潮汕地区，潮汕地区妈祖庙很多，许多船民、商人都会祭祀妈祖。每年农历三月二十三妈祖神诞，当地人都会隆重祀拜。香港各地也皆有天后庙。

福建泉州与妈祖的家乡莆田毗邻，在莆田和仙游两县未置县治之前，行政区域在历史上多归属泉州，因此泉州也是妈祖信仰的重要发祥地。两宋时期，泉州地处东南沿海，陆海交通便捷，经济发展迅速。泉州作为海港城市迅速兴起，海外交通贸易扩大到了一百多个国家和地区。泉州的天后宫正是在南宋政府的重视下于庆元二年（1196）兴建的。天后宫供奉的神明就是妈祖。泉州天后宫及周围是海内外商客的集散处，航海者和客商在此开展各种海事活动，非常活跃。妈祖崇拜成为客商经商和航海者航运的精神支柱，他们到天后宫膜拜妈祖已是常例。在泉州对妈祖普遍信仰的影响下，舶主开航之前，必先到天后宫请妈祖木雕像或妈祖令旗、香火包、神牌、压胜钱等上船奉祀。小船设神龛，大船上甚至筑一间专用小堂，朝夕行香，祈求妈祖保佑一帆风顺，平安赐福。

泉州天后宫年代悠久，1988年被列为第三批全国重点文物保护单位。由于天后宫的重要历史地位，自建宫以来，已先后进行了十四次较大的修缮，如今规制完整。走进天后宫，山门、戏台、天后殿、寝殿、梳妆楼等依次排列，两侧则有东西阙、东西廊、东西厢、东西凉亭等附属设施。明清时期，大量闽南人移居台湾，把妈祖信仰也带到台湾。

在澳门，也有相当多人信奉妈祖。最显著的例子，澳门的英文名称“Macau”，就是由“妈阁庙”一词转化而来的，足见妈祖信仰对于当地的重要性。澳门《妈祖阁五百周年纪念碑记》中提到：“澳门初为渔港，泉漳人莅止，懋迁聚居成落。明成化间创建妈祖阁，与九龙北佛堂门天妃庙、东莞赤湾大庙鼎足辉映，日月居诸，香火滋盛，舶舻密凑，货殖繁增，澳门遂成中西交通枢要。”澳门从小小渔村成为贸易大港，妈祖信仰的作用不可小视，同时也可以看出福建移民在澳门的工商业活动与妈祖信仰之间的互动。从古代到近代，澳门的福建移民既是当地工商业发展的强大动力，又是妈祖女神的虔诚信徒，因而工商业的繁荣和妈祖阁香火的兴旺互相辉映，互为因果，至今依然如此。如今澳门的商人不仅与渔民一同举行祭拜妈祖的活动，还捐资兴建或修缮各处的妈祖庙。在澳门社会的商业氛围

▲ 泉州天后宫

中，妈祖被赋予了更多商业神明的成分，她的神力包括保护商民、维护信用、保障流通等。

在海外，妈祖信仰也十分盛行。新加坡的妈祖信徒占总人口数的70%；马来西亚的华人人口占该国人口的比例很大，而妈祖信徒占了其中80%以上。此外，泰国、印度尼西亚、菲律宾也有很大数量的华人，也都是以妈祖信仰为主要信仰。由此可见，包括中国在内的亚洲诸国的华人世界中，妈祖信徒形成了庞大的族群。

其他保护神

民间有众多地方性的商业保护神，如江西的晏公和萧公、浙南林泗爷、福州张真君、山西崔府君、闽南王爷公等，这些商业保护神与财神、妈祖等“大神”不同，他们的“势力范围”大多在某一地区，而没有蔓延到全国甚至海外。他们大多是当地人，由于生前的事迹在其仙逝后经过神化演绎，成为当地人崇拜的俗神。他们虽没有“大神”的影响力，但恰恰是因为他们不像“大神”那样遥不可及，所以显得更接地气，在当地相当受爱戴，在商业民间信仰中有着重要的地位。

晏公和萧公

中国的航行保护神，首推天后妈祖，其次则是晏公和萧公。

晏公（又称晏公爷爷）姓晏，名戍仔，据传原是宋末江西临江府清江镇人。元代时，官居文锦局堂长，后因病辞官，死于归途舟上，尸解成仙。传说此后每每显灵于江河湖海之上。据清代学者赵翼所著的《陔余丛考》记载的传说：元末朱元璋与张士诚战于毗陵，朱元璋化装成商人乘船赴军中，途中遇大风，船只将覆。这时晏公出现，拖挽船只至沙岸，使朱元璋脱险。朱元璋在南京建都后，又听说晏公帮助沿江百姓以烤猪为饵，擒获了毁坏江堤的猪婆龙（应该是扬子鳄）。于是，朱元璋诏封晏公为“神霄玉府晏公都督大元帅”，命天下建庙祀之。从此晏公成为具有全国性影响的水神，职司平定风浪，保障江海行船。于是，在当时以舟船漕运为主要交通运输工具的年代，在往来繁忙的水陆交通中枢重地、在渔民商户密集的地方，都有了晏公庙的踪迹。南来北往的客商、渔民、船工路过晏公庙，都要上岸去进香祭拜一番。民间将妈祖拜为海神，而晏公则为河神。

另一位航行保护神是萧公。萧公讳伯轩，大致生活在宋代咸淳年间江西一带。他生得龙眉蛟发，髭髯俊伟，面如少年。据《三教源流搜神大全》中载，他为人刚正自持，不苟言笑，常为邻里断决纠纷。与邻居喝酒时，他常突然俯在桌上小睡片刻，醒来后说：“刚才某地有人翻了船，我赶去救助，救了几个人。”同时，据传他还能分为四个化身，同时应人招邀，前往救难。萧公八十一岁去世，后成神“保舡救民，有祷必应，福泽十方”。据称，明太祖朱元璋讨伐陈友谅于鄱阳湖，萧公显灵，化出数万红衣甲兵助战，后被诏封为“水府灵通广济显应英佑侯”，此后“大著威灵于九江八河五湖四海之上”。由这些记述可知，萧公应是江西一带民间信奉的地方性水神，开始的职司主要是保护江河航行者的安全，到明代以后，才衍生附会出其他许多传说。这些传说中并无多少海洋方面的内容，但由于受到帝王的封赐，才由一个普通的地方性水神一跃而成为整个航运业的保护神，其庇护范围也因此而从江河扩展到海上。萧公和晏公这两位航行保护神经常合祀于一庙中，统称为萧晏二公庙，在江西、福建等地较为多见。

浙南林泗爷

林泗爷，谱名林昉，民间又称“林四爷”“林泗大帝”，是浙南闽东地区著名的商业和渔业保护神。林泗爷的民间信仰，以浙江温州苍南县最盛。据不完全统计，浙南闽东一带，供奉林泗爷的庙宇有五百多座，大多数是明清时保留下来的文物。供奉林泗爷的神庙如此之多，说明了林泗爷的民间文化底蕴深厚，影响面广阔，同时也反映了浙南闽东一带民众在长期从事商业经营和渔业生产中寻求保护的心态。

据苍南县舥艚新桥翻印明永乐二年（1404）的《林氏宗谱·林氏源流叙》记载，林泗爷生于南宋淳祐年间，其先祖是林纯公——“至宋而有纯公者，徙济南，登元符进士，官两浙，归闽，因寇阻于桐山，遂家邑之，横塘济南郡自此始焉。”即林纯公准备回福建莆田，经过浙江平阳时，得知桐山有人举旗造反受阻，不能及时回家，只好暂时在平阳横塘住了下来，后来觉得这个地方很不错，就索性定居，成了横塘一带林氏始祖，传至十一世为林汝忠，即林泗之父。林汝忠到了平阳江南二十一都，见这个地方的地理位置很好，就住了下来，将此地取名作浦源，还建了一座新桥。从此，这个地方就一直叫作“新桥”。《林氏宗谱》记载，林泗天资聪敏，为人仁善。民间传说他能知天文地理，善观气象，使沿海渔民免遭台风袭击，避免损失。他还懂医术，济世爱民。比较有代表性的是《平阳县民间故事卷》中记载的林泗爷救公主的故事。

据说有一年，公主生了痧气，贴出榜文求医问药，而林泗当时在平阳水头镇开药铺，专门治痧气，于是撕下榜文应召，一帖药就把公主治好了。皇帝一高兴，立刻召林泗上朝要封他做官。林泗说自己一不要做官，二不要钱，只是家乡闹饥荒，百姓饭都吃不上，官府还要抽捐派税，求皇上免税三年，皇帝依他的意思，减免了平阳一县三年的赋税。

林泗的家乡舥艚新桥一带，则有更多的民间传说。这些传说大多十分神奇，富有神话色彩，“京城卖盐”说的是他用十分神奇的办法，调运了平阳十八个盐仓的盐到京城卖，并卖出了好价钱；“金乡抗倭寇”说的是他仙逝后显灵，保护家乡不受倭寇侵犯的民间传说。而“林泗爷吃猪头”的传说则直接影响到了民间祭祀习俗。据舥艚新桥的林泗后裔的记录，某日，林泗爷得知有三个渔民挑着三牲祭礼，要去舥艚三圣庙还愿。林泗爷便在大路边自家的园地里一边干活，一边等候。不一会儿，这三个渔民挑着一担牲礼过来了。林泗爷等他们走近，便上去问道：“老大，你们三人挑什么东西？到哪儿去？”其中一人答道：“我们挑三牲祭品，到舥艚三圣庙还愿，再祈求神灵保佑我们今年捕鱼大丰收。”林泗爷说：“嗨，不要去求他们了，这个庙的神灵已经不在那儿了，求他们也无用。如果你们把三牲祭品给我吃了，我保证你们出海鱼虾满舱。”三个渔民不相信，就挑起担子继续走。林泗爷见他们要走，上前抓起箩筐里的猪头就咬，并说我只吃一只猪耳朵就够，其余的你们挑回去大家分着吃。三个渔民见状很生气，但又无奈。之后，他们想想这猪耳朵都被他吃了，总不能把少了一只耳朵的猪头挑去祭神吧，只好挑着三牲祭品回家。半夜时分，三个渔民也跟其他渔民一样，出海捕鱼去了。奇怪的是，别人没捕到鱼，他们却满载而归。回家以后，他们三人说起来，才想起昨天那个吃猪头的人所说的话，他们打开昨天挑回的箩筐一看，大吃一惊，原来被咬去一只耳朵的猪头，现在又变得完好无损了。于是他们才知道林泗爷不是凡人。从此以后，给林泗爷送猪头吃的人就越来越多，林泗爷成了活神仙。林泗爷仙逝之后，不少人到他灵前许愿。一些做生意的发了大财后，就用全猪来祭祀他，并逐渐成为当地一种独特的风俗。

从这些民间故事中，可以反映出他是沿海一带商业和渔业的保护神。在苍南县新安，建有年代久远的林泗爷庙，林泗爷成为各族公祭的神明，在当地民间地位极高，当地还会举行“排殿猪”等祭祀活动。祭祀用的猪，当地人的口头语不叫“猪”，叫作“大公”。“大公”是“大公猪”的简称，以区别于一般的猪。“大公”选购来之后，要在农历六月初七这一天宰杀。杀猪前后，还有很多仪式。“大公”被宰杀之后，经过装扮，才能抬到庙中敬神。猪脖子前面还簇上大红花，猪嘴巴还塞进一个皮质比较厚的大柚子，意为“大吉大利”。有的人还干脆把蜡烛直接插入猪鼻孔中。

在平阳水头镇，每年的农历十月初六都要举办庙会，隆重纪念林泗爷升仙，当地人毕恭毕敬地祭拜，主要内容以诵经为主，祭祀仪式遵从道教的科书。信众烧纸跪拜，以祈求风调雨顺，国泰民安。之后还要演出三至五天的古装戏，既是娱神，也是娱人。另外，鳌江新桥人清明节前还会祭扫林泗墓，供品一般是猪头、螃蟹、鲳鱼、鸡、糕点、水果、竹笋、豆芽、五香干等。主祭品猪头每年省不了；螃蟹用梭子蟹，一只脚都不能少，寓意十全十美；竹笋象征着后裔如雨后春笋；用豆芽的道理与竹笋差不多，象征子孙兴旺发达。这些祭祀活动所需经费，从来不需群众摊派，本地经商的人常常争着出钱，他们都认为，林泗爷护佑商人特别灵验。

这些祭祀活动体现了许多传统文化，林泗爷的信仰文化活动延续至今，久传不衰，林泗爷庙宇香火旺盛，法事斋醮不断，可见林泗爷作为商业保护神，在当地的影响之深远。

福州张真君

张真君原名张慈观，福建省永泰县人，生于唐天祐年间，出身农家，长大后当过佣工。五代时期，王审知开疆拓闽伊始，茅草初垦，瘴气疠疫流行，加上乡村暴徒到处扰乱，村民深受其苦。张慈观年轻气盛，体魄魁伟，精通武术，且为人急公好义，爱打抱不平，后遇道教仙人，收其为门徒。张慈观学艺数载，法成下山后，常为民除害，传说他行法术能祈雨辄应，镇邪除魅，常修桥铺路，造福百姓，做了不少有益桑梓的好事。张慈观四十五岁时，在闽清金沙溪的大石上“坐化升天”。宋代，为纪念他，人们在闽清金沙建了“张圣真君之堂”。在福州台江也建有张真君祖殿，此殿建于南宋，建成后，地方官员上报朝廷，皇帝嘉其恩义，赐张慈观为“大化真人”。群众则称其为“张真君”。明正德皇帝敕封其为“法主神号”，所以他又被称为“法主公”，意为法术高强的神灵。

张真君祖殿建成初始，建筑面积不及八百平方米，历经几度重修，扩展到一千平方米，至今保持了明代的建筑艺术风格。祖殿坐北朝南，面临热闹的商业区台江古河道渡口，交通十分便捷。沿河百数十米长的石护栏设施至今犹存。

自鸦片战争“五口通商”以来，处于福州经济中心“金三角”地带的上下杭地区，商业十分繁荣，是省内商品的集散地，商行众多，规模宏大，资

▲ 福州台江上下杭地区的张真君祖殿

本雄厚。在此经商的福州及其他各地的商贾不断云集，以上下杭地区为福地和发财的聚宝盆，他们按经营商品的不同组成了经济实力雄厚的“商帮”，如茶、油、笋、木、纸、米等。他们都把张真君奉为“祖师爷”，称之为“商神”，顶礼膜拜，十分虔诚，还把商会、金融公会和商事研究所等办事机构设在殿内。由于张真君祖殿在福建各地还建有分殿，以祖殿为中心，再辐射到上下杭各地区，分别成立各商业同业公会的分支机构。由此可见，张真君祖殿实质上是各商帮、各行业在商务活动中议行论市、互通情报的信息网络中心。

张真君信仰在福建的福州、永泰、仙游、德化、永春、安溪等地颇为盛行，而安溪的茶叶商人信奉尤诚，安溪许多茶商将张真君与清水祖师并列，视为重要的保护神。明清时期，张真君信仰随福建移民传到台湾，传播的渠道有两条，一是随闾山派道士入台。闾山派是福建道教的一个分支教派，与台湾道教的兴衰紧密地联系在一起。如今，台湾道教中的“法主公教”仍有较大的影响。二是随民间信仰入台，约在清朝中叶至清末，从福建的不同地区传入台湾。张真君的神诞是农历七月二十三，每逢这一天，台湾各地都要举行隆重的庆典。

第五章

耳濡与目染——商业广告文化

从姜太公鼓刀扬声说起

口头广告

作家萧乾在散文《吆喝》中形象地描绘了老北京的“市声”：“卖柿子的吆喝有简繁两种。简的只一声‘喝了蜜的大柿子’。其实满够了。可那时小贩都想卖弄一下嗓门儿，所以有的卖柿子的不但词儿编得热闹，还卖弄一通唱腔。最起码也得像歌剧里那种半说半唱的道白。一到冬天，‘葫芦儿——刚蘸得’就出场了……”

萧乾以平易又不乏生动幽默的语言，展现了老北京街市上的动人一景。吆喝就是市声，而市声就是口头广告。世界上最早的广告是通过声音进行的，这是最原始、最简单的广告形式。早在奴隶社会初期的古希腊，人们就公开宣传并吆喝出有节奏的广告，通过叫卖的形式贩卖奴隶、牲畜。古罗马大街上也充满了商贩的叫卖声。

在我国，市声起源于何时，恐已很难考察，但我们仍能从古文献中窥探一二。屈原在《楚辞·天问》中记载：“师望在肆，昌何识？鼓刀扬声，后何喜？”《楚辞·离骚》中还记载：“吕望之鼓刀兮，遭周文而得举。”这里的师望和吕望，都是指姜子牙，意思是商朝末年的姜子牙在铺子里卖肉时，有意把刀剁得当当响，并高声吆喝，招揽顾客。“鼓刀扬声”实际上就是一种“市声”。

春秋战国时期的《韩非子·难一》中有一则著名的寓言，即成语“自相矛盾”的故事：“楚人有鬻盾与矛者，誉之曰：‘吾盾之坚，莫能陷也’。又誉其矛曰：‘吾矛之利，于物无不陷也’。或曰：‘以子之矛，陷子之盾，何如？’其人弗能应也。”这则寓言比喻说话做事前后抵触，不能自圆其说，然而很少有人注意到它反映了商业活动中最普遍的广告形式——口头广告。

口头广告可以说是最简便的商品推销方法。小商贩们可以自由地走街串巷做生意，因此，城市各处跑叫买卖之声不绝于耳。唐代西京长安设有东西两市，行业众多，市场交易热闹繁忙，招徕顾客的口头广告也是此起彼伏。诗人元稹在《估客乐》中对此有具体描述：“经游天下遍，却到长安城。城中东西市，闻客次第迎。迎客兼说客，多财为势倾。”诗人虽然抨击了商人的势利行为，但诗中的“次第迎”和“迎客兼说客”却生动地描述了当时商贩们争着做口头广告宣传的热闹场景。

宋代孟元老所著的《东京梦华录》中，记录了北宋都城汴梁（今开封）的繁华景象：“是月季春，万花烂漫，牡丹芍药，棣棠木香，种种上市，卖花者以马头竹篮铺排，歌叫之声，清奇可听。”南宋政权迁都临安后，商业中叫卖传统被保留和继承下来。宋代吴自牧在《梦粱录》里对此有较为详细的记录：“中瓦子前卖十色糖。更有瑜石车子卖糖糜乳糕浇，俱曾经宣唤，皆效京师叫声。……又有沿街头盘叫卖姜豉、膘皮膘子、炙椒、酸犯儿、羊脂韭饼、糟羊蹄、糟蟹，又有担架子卖香辣罐肺、香辣素粉羹、撺肉细粉科头、姜虾、海蛰鲊、清汁田螺羹、羊血汤……各有叫声。”

▲《清明上河图》中描绘的各式小贩

从这段节选的内容可见南宋时期临安城内民间交易的兴盛，以及食品小吃之丰富程度，恐怕现在很多都已经见不到了。同时，也可看出临安城里小商贩们的经营叫卖情况。

口头广告在宋代的表现形式丰富多彩，在元、明、清也得到充分发展。元朝人王元鼎所作的元曲《醉太平·寒食》中，也有“觉来红日上窗纱，听街头卖杏花”。卖花者的叫卖声“清奇可听”，以此招揽顾客。明代冯梦龙

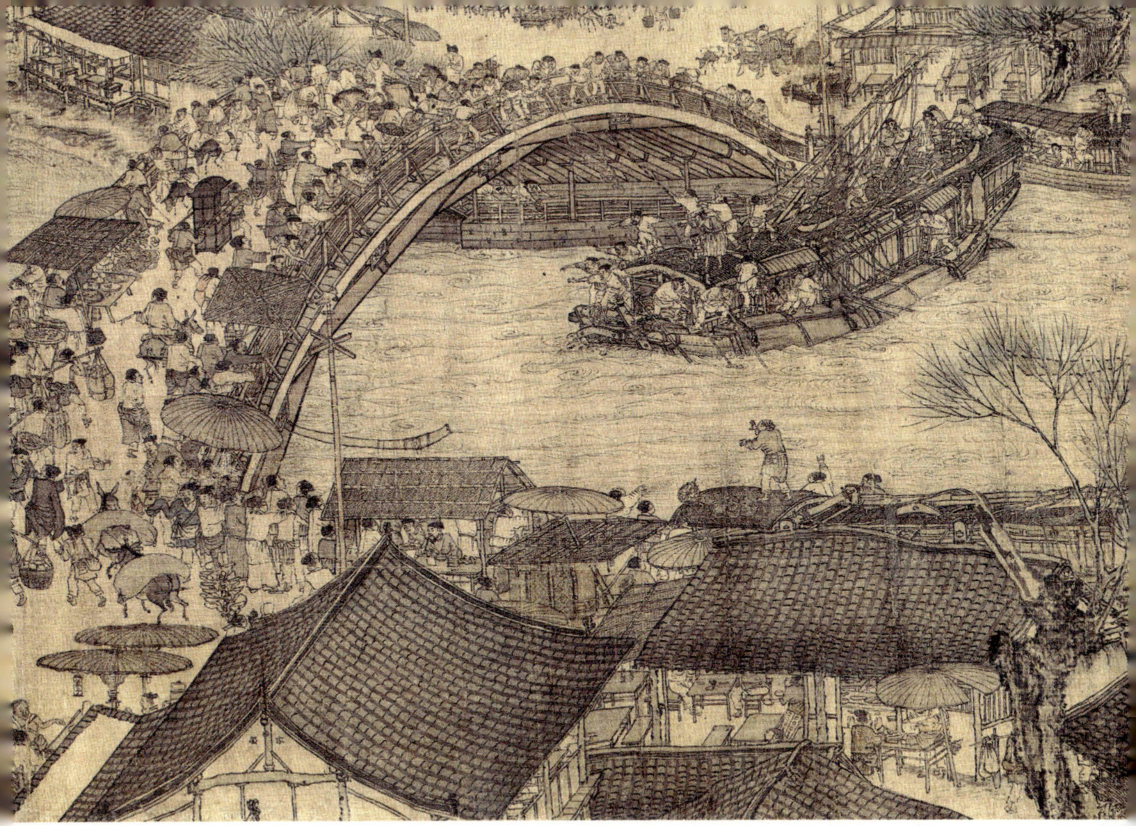

的《警世通言》中，描写了一段精彩的口头广告词："却说庙门外街上，有一小伙儿叫云：'本京瓜子，一分一桶；高邮鸭蛋，半分一个。'"这里的口头广告，不仅简洁、上口、押韵，还具有幽默感。可见，经过长期发展，口头广告无论是从形式上还是内容上，都逐步走向成熟。清代的口头广告则更有特点，不仅押韵、上口，还带有深厚的民俗风情。清末京城一位出身将门的八旗子弟蔡绳格先生，著有《燕市货声》一书，此书收录了当时京城街头的叫

▲ 宋代李嵩《货郎图》

卖声，如卖枣的当街吆喝：“挂拉枣儿，酥又脆，大把抓的呱呱丢儿！”卖油炸小食品的则吆喝：“小炸食，我的高；一个大，买一包；哄孩子，他不闹，他不淘。”卖糖咂面的叫喊更特别，口头广告词为：“姑娘吃了我的糖咂面，又会扎花，又会纺线；小秃吃了我的糖咂面，明天长短发，后天梳小辫。”

这些口头广告，史书记载有很多，当时的小商小贩，不仅能根据行业特点来进行口头广告宣传，还能通过揣摩人们的消费心理，来编撰广告词。前文所述萧乾笔下的老北京展现了口头广告这一形式在近现代社会的风貌，可见这一广告形式流传至今。

音响广告

口头广告虽然真实、亲切、娓娓动听，但沿街吆喝既费力又传不太远。为了进一步吸引顾客注意，商贩们有时还会加入各种音响，以增强广告效果，如担货郎打小铜锣，卖油的敲油梆子，收买废品的摇铜铃等。这些借助各种音响工具辅助吆喝进行的广告宣传，就是音响广告。

中国古代的音响广告形式丰富多彩，种类繁多。音响工具的使用有吹、摇、划、打等，具有明显的行业特点。中国古代的商人们最早用什么器物发出声响辅助口头广告，我们已难考证。但史书文献还是给了我们一些线索，如前文所述的姜子牙“鼓刀扬声”，其中“鼓刀”就是利用刀把肉剁得砰砰响以吸引顾客，可以看作一种音响广告。

在较早的古文献中，就已经有音响广告的记载。《诗经·周颂》中有：“既备乃奏，箫管备举。”东汉郑玄笺写道：“箫，编小竹管，如今卖饧者所吹也。”唐代孔颖达注解道：“其时卖饧之人，吹箫以自表也。”饧即饴糖。由此可见，在东汉时，卖饴糖的小贩，就已经用吹箫的方法来做宣传，吸引顾客。唐代以后，仍然有卖饴糖吹箫的记载。如宋代宋祁的诗《寒食》中有：“草色引开盘马地，箫声催暖卖饧天。”清代范耒宗有诗词《锣鼓》：“取次春风催劈柳，卖饧时近又吹箫。”可见，这种广告宣传形式，从唐宋到清代，都比较盛行。

箫是以吹奏为主的音响工具，除此之外，还有喇叭、笛子、唢呐、哨等吹奏工具。还有以击打为特点的工具，如鼓、锣、梆子等。《燕市货声》中写道：“瞽目算命，或弹弦，或吹笛，或击鼓，带唱曲。”这说明算命者使用的音响广告手段较多，不只有吹奏工具，还有击打工具。锣在古代社会各行各业中使用也较为广泛，比如杂耍，影子戏，卖糖果、糕点、小百货，卖油

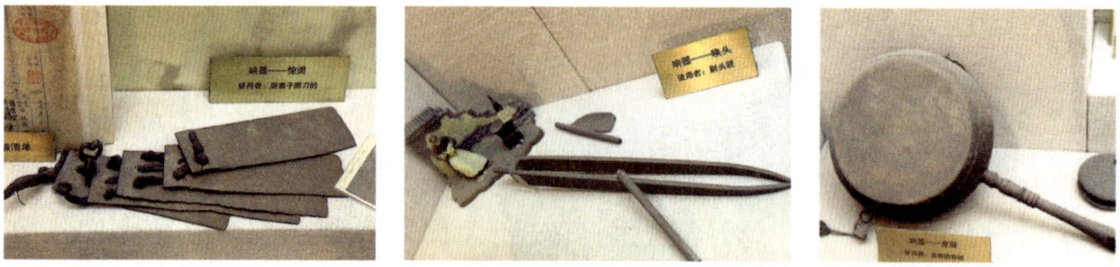

▲ 宣南文化博物馆藏音响工具

等。如“打糖锣挑子，敲小铜锣，专卖各种玩艺。”“豌豆膏！敲小锣，挎小白笼，捏玩艺，亦用模。”还有钲这种乐器，一般外有木框悬挂或固定钲体，声音粗犷、洪亮。“前箱上夹铜铁丝片，中匣藏各种家具，旁挂弓、钻等物，后带风箱、炉，上架悬小铜钲、铜坠，行则自击。”宋代《梦粱录》中也有音响广告的记载：“有带三朵花点茶婆婆，敲响盏，掇头儿拍板，大街玩游人看了，无不哂笑。”“今之茶肆，列花架，安顿奇松异桧等物于其上，装饰店面，敲打响盏歌卖。”可以看出，在宋代，茶摊往往敲响盏唱卖，响盏在此成为招徕顾客的一种音响。旧时还有敲盆为声的，如元代熊梦祥《析津志》载：“一应卖乌盆，叫卖诸物，敲打有声。”

由此可见，古代用来进行广告宣传的音响工具甚多，各行各业基本上都有自己独特的广告宣传方式。对此，古代的文人雅士也多有论及，清人所著的《韵鹤轩杂著》中写道：“百工杂技，荷担上街，每持器作声，各为记号。……修脚者所摇折叠凳，曰‘对君坐’；剃头担所持响铁，曰‘唤头’；医家所摇铜铁圈，曰‘虎撑’；星家所敲小铜锣，曰‘报君知’；磨镜者所持铁片，曰‘惊闺’；锡匠所持铁器，曰‘闹街’；卖油者所鸣小锣，曰‘厨房晓’；卖食者所敲小木梆，曰‘击馋’；卖闺房杂货者所摇，曰‘唤娇娘’；

卖杂耍货者所持，曰‘引孩儿’。”如此种种，不胜枚举。这些音响广告，不仅生动形象，而且用简洁的语言，把商贩和消费者之间的互动情景形象地描绘出来，表现出了古代劳动人民的崇高智慧。

过去北京城各胡同里一年四季常回荡着各种吆喝和响器声，或高亢，或低沉，或悠扬，或顿挫，有腔有调，讲究押韵，富有音乐感和节奏感，一听便知卖的是什么。随着商品交易场所的固定化，这种自古留传下来的推销方式得到了现今许多商家的继承，比如在店门口安上录音机和喇叭，大放广告语或歌曲来吸引顾客。这些广告方式是传统商业习俗在新的历史时期继续存在和发展的表现。而现代广告中那些朗朗上口的广告词和耳熟能详的广告歌曲，与古代的口头广告追求完美舒畅的节奏风格不无联系。

幌子上的学问

幌子是一种由来已久的商业广告习俗，多以与店铺经营有关的象征物制作，约定俗成。早在两千五百年前的春秋战国时期，就已经有幌子这种广告形式。《韩非子》中有记载：“宋人有酤酒者，升概甚平，遇客甚谨，为酒甚美，县帜甚高，著然不售，酒酸。”这段文字讲的就是酒幌子，“县帜甚高”表明了当时店家已经知道用高悬酒旗的方式来招徕生意了。幌子广告造型独特、形式各异，且多出自民间，所以为老百姓喜闻乐见。

幌子溯源和分类

幌子广告在我国古代的广告发展史上占有重要的地位，它伴随着人类的信息交流活动而产生，在商业贸易中表现形式也逐渐多样化。具体来说，传达商品信息的幌子广告的出现，与行商坐贾的分化有着直接关系。

春秋战国时期，商人阶层就开始分化为行商和坐贾，行商走村串寨做生意，所用的多为口头广告或音响广告，即前文所述的“市声”。而坐贾则固定在一定的场所或租用固定的店铺进行经营，所以，为了招徕顾客，商人们

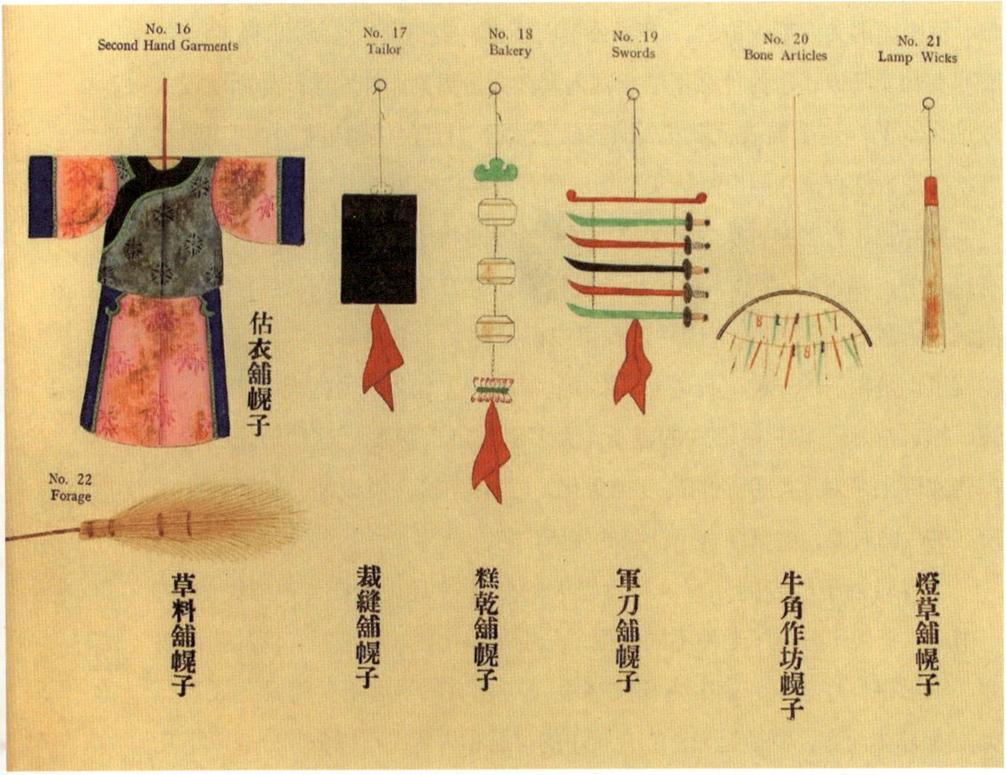

▲《燕都商榜图》（1931 年出版）中的幌子，从左到右分别是估衣铺幌子、草料铺幌子、裁缝铺幌子、糕点铺幌子、军刀铺幌子、牛角作坊幌子、灯草铺幌子

开始把陈列于市的实物悬挂在货摊上或店铺上，以吸引买主。前文提到的酒旗等，是文字幌子。实际上，文字幌子是从实物幌子演变而来的，春秋时期政治家晏婴的《晏子春秋》中就有："君使服之于内，而禁之于外，犹悬牛首于门，而卖马肉于内也。"这则故事说的是齐灵公喜欢内宫女子穿扮男子服饰，而全国的女人都效仿之。齐灵公禁而不止，晏婴说，这就如同在门口挂着牛头却卖马肉，您为什么不禁止宫内女人穿扮男人服饰，这样外面就没人敢这么做了。这个典故后来发展演变成了谚语"挂羊头卖狗肉"。可见早在春秋时期，就有在店门口悬挂实物招徕顾客的实物幌子。

实际上，有些学者认为，实物幌子只能算是幌子广告的雏形，按字面的意思理解，幌子的"幌"，应该指的是帐幔、帘帷等，是商人高悬在摊位或店铺上方的长方形布幔。这种理解可以说是狭义上的理解，广义上说，实物幌子也是幌子的一种，其进一步发展，就出现了较为成型的幌子广告，如表、帜、帘等。帷、幔形式的幌子，大多有文字、图案。这种形式的幌子广告实际上是对实物幌子的高度抽象化。"悬帜甚高"就说明，到了韩非子所在的战国时期，就已经有了抽象的幌子广告。

学界对幌子广告的分类，有着较大的分歧。乌丙安在《中国民俗学》一书中，把幌子分成了七种不同类型，分别是实物幌、模型幌、商品附属物幌、暗示幌、灯具幌、旗帘幌和文字匾牌。还有的学者更是将其分成了九类。但总体而言，概括起来，综合幌子的材质和内容，可以将其分成以下几种类型：实物幌、模型幌、象征幌、特定标志幌、文字幌等。

实物幌，就是卖什么商品，就悬挂什么商品。有的会稍加修饰，有的则保持商品的原貌，可以说是最直白的广告方式。比如麻铺悬挂一束长麻丝，绒线铺悬挂绒线，斗笠、草帽店悬挂笠帽，乐器店则挂乐器，棉花店悬挂网缠的大棉团，烟袋店则悬挂旧式的烟管，皮货店则悬挂皮袄……如有的老北京皮铺，就在店铺前挂一件羊皮筒子，以示店内经营皮货。

模型幌是在实物幌的基础上发展、演化而来的，是较为成型的广告形式，主要是把商品实物加以放大、缩小、夸张、变形，形成较为固定的形状。这类幌子，有的比较夸张，有的则比较美观、精致。比如，糕点铺将点心做成模型幌子挂出展示，蜡烛店将大烛做成模型幌子，展示在店铺的门外。

象征幌是模型幌的高度抽象化的结果，是一种具有特殊传承意味的幌子，它要靠人们世代传袭介绍，才可以明了商店经营的范围。如旧时的酒店悬挂用红漆木板做的平面葫芦形幌子，象征古代装酒的葫芦，还有一些茶馆门口会放置一个放大的茶壶，悬在空中，水从壶嘴中源源不断地流出来，从外表看不到任何支撑，被称为“天壶”。

图画幌子也属于象征幌，它是用图画直观地表示所经营的商品和项目，有的画在布帘上、布牌上，也有的直接画在店铺左右的门墙上。刀剪铺会画刀剪；老北京的一些酒作坊会画春申君、孟尝君、平原君和信陵君“四君子”，以示自己是造酒的作坊；旧时还有一种马画铺，其幌子上绘一武士持弓牵马图，右书“粉刷墙皮”“塑画神像”“油漆门窗”，左书“油漆彩画”“包糊顶棚”“油画看板”之类说明营业内容的广告文字。

特定标志幌是以特定的标志来代表经营的类别或经营品种，幌上一般都是约定俗成、经营者和顾客都能理解和意会的特定标志。比如，寿衣店门前放逾尺高的黑靴子；旧时理发店门前挂白布帘，如今的理发店则立着三色螺旋旋转灯箱，美观且醒目；还有烤鸭店前放卡通鸭子形象等。

文字幌就是指在布帘、帷幔或实物、抽象的模型上书写特定文字的幌子

▲ 放在茶馆门口的“天壶”

广告。这种类型的幌子广告数量众多，比如，典当铺的“当”字，旅馆的“店”字，酒店的“酒”字，有的字数较多，如《水浒传》中的景阳冈山脚下酒店的酒旗上写了“三碗不过冈”五个字。

幌子的基本功能有三条，一是广告宣传，通过不同形制的幌子宣传自己，招徕顾客购物；二是引导消费，使人们走在街上可以根据幌子的昭示选择店铺；三是幌子有很强的装饰性，好的幌子往往是一件艺术品，上面绘制、雕刻有吉祥图案和祥禽瑞兽，其摆放和悬挂讲究对称性、夸张性，因此既装点门面，也烘托了商业气氛。

幌子作为中国商业文化中的重要组成部分，覆盖面大，流传范围广，是

▲ 刀铺店的实物幌子

▲ 麻绳、麻线店的幌子

旧时商业活动中不可或缺的，是一种最古朴、最原始的商业广告形式，在贸易交往中发挥着重要的作用。民国以后，幌子文化逐步走向衰落。原因之一是民族工业的发展冲击了传统的作坊式经营。其次，受西方文化的影响，霓虹灯、广告箱等现代广告方式被许多中国店铺所采用。

酒旗广告

《韩非子》中记载战国时宋人卖酒，都要高高悬挂一面旗，从此之后，只要有酒肆必有旗。到了唐代，这种酒旗叫作帘，或者叫望子，意思是远远望见便知道此处卖酒。酒旗广告是幌子广告中的典型。随着酿酒业的发展和酒类的多样化，酒肆也越来越多，这必然会导致日趋激烈的酒业竞争。店家为了招徕更多酒客，会制作五花八门的酒旗来吸引人们的目光，渐渐地，酒旗走进了文人们的作品中。古代众多文人雅士的诗词中，有大量关于酒旗的记载。

唐代饮酒之风日盛，酒店多悬挂长方形布幔，中间书写斗大的“酒”字，幌子就被引申为酒旗的别称，称为酒幌。因数量众多，渐成风气，才有了杜牧笔下“水村山郭酒旗风”的现象。唐朝文学家皮日休《酒中十咏·酒旗》中有：“青帜阔数尺，悬于往来道。多为风所扬，时见酒名号。”也从侧面说明了唐代酒旗数量之多。唐代还有许多文人的诗词反映了酒旗广告的景象。如张籍的《江南曲》：“长江午日酤春酒，高高酒旗悬江口。”李中的《江边吟》：“闪闪酒帘招醉客，深深绿树隐啼莺。”刘禹锡也有“城外春风吹酒旗”的精彩描述。白居易的《杨柳枝词》中写道：“红板江桥青酒旗，馆娃宫暖日斜时。”可见到了唐代，酒旗逐渐发展成为十分普遍的门市招牌，而且形式多样，异彩纷呈。

宋朝时，由官府办市的传统逐渐取消了，市场经济更加活跃。在这样的环境下，幌子这种广告形式得以更广泛地使用。《清明上河图》中画的酒家就不下十余处。欧阳修有诗云“西风酒旗市，细雨菊花天”，描绘出了西风猎猎，集市上的酒旗迎风招展的场景。北宋文学家夏竦《登台州城楼》描绘的田园风景中，也有酒旗飘扬的场景：“楼压荒城见远村，倚阑衣袂拂苔纹。猿啼晚树枝枝雨，僧下秋山级级云。招客酒旗临岸挂，灌田溪水凿渠分。洞中应有神仙窟，缭乱红霞出紫氛。”元朝马致远在《吕洞宾三醉岳阳楼》中写道，酒家念道：“今日早晨间，我将这镟锅儿烧得热了，将酒望子挑

▲《清明上河图》中描绘的“孙羊正店”酒旗

▲ 清代画家徐扬所绘《姑苏繁华图》（局部）

起来，招过客，招过客。”酒望子就是酒旗。到了明代，诗人袁凯描绘了充满乡村气息的情景：“千株云锦照江沙，沙上青旗卖酒家。莫怪狂夫狂得彻，吴姬玉手好琵琶。”清代徐珂所著《清稗类钞》中记载：“帘，酒家旗也，以布为之，悬示甚高……又有高悬纸标，形正圆而长，四周剪彩纸，黏之如缀旒者。”高挑的酒旗和酒家所处的环境，形成了一种独特的人文景观，成为历代文人墨客诗酒文化的一面旗帜。

一般酒旗上会署上店家字号，或悬于店铺之上，或挂在屋顶房前，或干脆另立一根望杆，扯上酒旗，让其随风飘展。有的店家还在酒旗上注有经营方式或售卖数量等内容，以便让客人一目了然。如清代小说《歧路灯》中，开封祥符三月三吹台会上，就有一面“飞在半天里”的酒帘儿，写着“现沽不赊”。酒旗的作用基本上相当于现在的招牌、灯箱或霓虹灯之类。

除了酒旗这个称呼，在古代史书和文献中，不同的年代对酒幌的称谓也有所不同，较常见的有“望子”“招旗”“引招”“换招”“拦路旗”等。宋代孟元老的《东京梦华录》中有：“至午未间，家家无酒，拽下望子。”这里的酒幌就被称为“望子”。元末明初的《水浒传》中也有：“当日晌午时分，走得肚中饥渴，望见前面有一个酒店，挑着一面招旗在门前，上头写着五个字道：‘三碗不过冈’。”这里的酒幌又成了“招旗”。同是《水浒传》中还有：“远远地杏花深处，市梢尽头，一家挑出个草帚儿来。智深走到那里看时，却是个傍村小酒店。”“那婆子取了招儿，收拾了门户，从后门走过来。”这里的草帚、招儿，实际上也是酒旗。

酒旗是古代幌子广告中最具代表性的一种。但随着社会的发展，古老的酒旗已被当今的光电音响设施所取代，杜牧笔下“水村山郭酒旗风”的景致，我们也许只能从电视剧中领略了。

其他幌子广告

从史书文献上看，幌子最初使用于酒家，随着时间的推移、社会的发展，其形式也随着店铺的性质而有所差异。酒幌广告在中国古代虽然数量众多，但其他商品的幌子广告也不可忽视，如饭店、药铺、杂货店、烟袋铺等，各种形式的幌子异彩纷呈。

饭馆的幌子不仅能向人们展示饭馆的种类，还可以区别饭馆的等级和民族。旧时的饭馆在门外都悬挂罗圈，但有些地方的小饭馆门口，只挂一个柳条或笊篱作为幌子。在老北京人眼里，罗圈下缀红布条的是汉民饭馆，缀蓝布条的是回民饭馆。如果光挂个罗圈，则是卖笼屉的作坊。如果罗圈下有

▲ “永星斋”糕点铺

三根绳，则表示有笼蒸食品。绳上结白花，表示有包馅食品等。切面铺则以一罗圈糊上金纸或银纸，下垂红灯花纸条。罗圈就象征着煮面条的锅，垂条则象征面条。

老北京的糕点铺门面一般都比较考究，其幌子形式一般是红牌金字，扁铁钩环顶端向上卷花，每块木牌则是“龙凤喜饼”“芙蓉糕马”“大小八件”“桂花蜜供”“重阳花糕”“满汉糕点”等。

▲ 药铺的幌子

药铺的幌子一般是由一块四周为白色、中间一个黑心的木板制成。上下是直角等腰三角形，表示半贴膏药。中间是菱形，表示一整贴膏药，中间用铁链连接。

我国北方一些药铺，则挂出一长串木制膏药的模型，招徕顾客。而在南方一些城镇的中药铺，除了挂膏药外，在两挂膏药之间，还有一个脚踏莲花的小男孩。据说，这个小男孩的意象表示该药铺里面有专治儿科病的坐店郎中。还有用鱼形木板制成的幌子，鱼是一种吉祥物，大概表示，用了我的药，保君除疾祛病，平安如意。

肥皂铺的幌子也十分有特色。老北京新街口外的“宝兴斋”香蜡胰子（肥皂）铺，店主在门帘上挂了一个铜铃，风一吹便发出叮叮当当的响声，人们称它为“响铃寺”。

地安门外的“宝瑞兴”油盐酱园店的门前，有一木制红色油漆大葫芦，人们称它为“大葫芦”。北京鼓楼前的烟袋斜街，因街内有家烟袋铺做了一个特制的大烟袋挂在屋檐下而得名，街名保留至今。传统的常州“宫梳名篦”的制造厂家“真老卜恒顺梳篦店”在店铺门口挂了一张特制的放大的木梳做标志。有的店铺的幌子代表其行业特点。颜料店挂若干木制的彩色木棒，修车铺门前挂一个车圈或车带，鼓铺挂一串鼓，草料铺则用竹竿捆一束稻草等。

▲ 烟袋铺的幌子

清末民初，上海和广州街头已有不少来华外商的广告。这些外商颇知中国幌子广告的意义，入乡随俗，做了很多有当时特色的幌子。比如英国人开的汇丰银行，门前就立了一个铜狮子为幌子。美国的美孚石油公司，则用

▲ 老北京大街上的幌子广告

“飞马”作为幌子。这些洋幌子也含有商标的意思。如今，各国都市都有霓虹灯广告，五彩缤纷，各种各样的灯交织成光的海洋，令人徜徉街头，流连忘返。

幌子广告历经数千年而不衰，表现出了旺盛的生命力，除了与商业繁荣、社会发展等客观环境相适应外，其中更重要的原因是它植根于民间，并蕴含着丰富的民俗文化内容，可谓是中国民俗文化的重要载体之一。旧时商业的繁荣，民众的心态，世俗风尚，都可以从幌子广告中折射出来。比如山西的乔家大院，专门有一间展室陈列各种类型的幌子，包括灯笼、酒葫芦、小棺材、金元宝等，令人叹为观止。平遥古城的明清街上，各色幌子广告迎风招展，较好地保留了明清时期幌子广告的原始形态。河南开封的清明上河园则通过收集史料、专家论证等，力图仿制和恢复《清明上河图》中各种类型的广告，使幌子广告成为园中的一大景观。

藏在字号里的匠心

字号牌匾在中国古代社会发展得较为成熟，对现代社会的影响也很深远。开设一家像样的店铺，首先就要考虑取一个响当当的字号；设计一块好的牌匾，不仅要选料精良，做工精细，还要金漆涂写，这样才能显示出店家的气度和财气。

字号

商家的字号，也就是商家的文字名称。商家建号的目的，是要在消费者心中树立良好的形象和信誉。店铺的字号不仅可以作为标识，起到招徕顾客和提高店铺知名度的广告作用，还能体现店铺主人的文化素养和经营素质。因此，字号一直是一道亮丽的商俗风景线。

在宋代，很多商店是以姓氏命名的，这种形式似乎带有相当的普遍性。南宋吴自牧的《梦粱录》中有："向者杭城市肆名家有名者，如中瓦前皂儿水……自淳祐年有名相传者，如猫儿桥魏大刀熟肉、潘郎干熟药铺……（药局）局前沈、张家金银交引铺，刘家、吕家、陈家彩帛钱，舒家纸扎铺，五间楼前周五郎蜜煎铺、童家柏烛铺、张家生药铺，狮子巷口徐家纸扎铺、凌家刷牙铺、观复丹室，保佑坊前孔家头巾铺、张卖食面店、张官人诸史子文籍铺、讷庵丹砂熟药铺、俞家七宝铺、张家元子铺，中瓦子前徐茂之家扇子铺、陈直翁药铺、梁道实药铺、张家豆儿水、钱家干果铺……”显而易见，上述的杭州有名的店铺，几乎都是以经营者的姓氏命名的，冠之以“某家”。可见，在宋代以前，字号一般是作为店铺的标记而存在的，似乎没有什么特殊的含义。到了明清以后，随着城市的发展，人们的审美情趣不断提高，字号也开始宣传商家的经营理念，字号的内涵也逐渐丰富起来。此时的字号已不再仅仅是由人物、商品的名称组成，而是包含了丰富的思想文化内容。

从字号反映的内容和思想上看，大致可以分成两种类型。一种是将店主的姓氏和店主所经营店铺的性质结合为一个整体的字号，如成都的“赖汤圆”“龙抄手”等。另一种则是以生意顺利兴隆、财源旺盛持久、讲求商德信誉等为出发点来命名字号。清代文人朱彭寿在其《安乐康平室随笔》中，将字号的常用吉利字汇集成一首七律诗：“顺裕兴隆瑞永昌，元亨万利复丰祥。泰和茂盛同乾德，谦吉公仁协鼎光。聚益中通全信义，久恒大美庆安康。新春正合生成广，润发洪源厚福长。”

我们今天所知的老字号中，基本上都会有以上的吉利字。透过这些常用字，可以看出商家希望生意做大做强、顺利、持久、兴隆的良好愿望，也折射出商家经营的公平信用理念。

字号的命名特点有一定的区域性。比如武汉地区的商号取名，就以三个字者居多，这样便于记诵。也有店家起两个字的，但民间为了说着顺口，常在其后加一“记”或“号”字，如朱锡记算盘店、蔡林记热干面、黄云

▲ 武汉老字号——蔡林记热干面

记棕床店等。也有直接冠以姓氏的，如“曹祥泰”“伍亿丰”“汪玉霞”等。浙江地区起名，则在吉祥字之前加上店主的姓，比如方聚元银楼、董生阳南货店等。有的则在吉祥字前加“老”字，以示商店历史悠久或注重信誉，如老同源咸货店、老德馨香烛店等。

一些知名老字号命名的背后，也负载着许多文化内涵。创立于清康熙四十一年（1702）的同仁堂中药店，在其“同仁堂”三个字背后，是其创始人乐显扬继承和发扬中华医药传统的故事。乐显扬早年是手摇串铃行医的郎中，看病过程中也售卖药材，后开设药店并为病人诊病，因他痴迷于中国古代医药方书里的治病药方，且多有研究，便开设了同仁堂药铺，研制中医成药。他严格按照古代医药方书里的药方调制成药，目的是希望中国古代名医的优秀药方能够流传后世，其取名“同仁堂”，本意也是如此。因其有多年行医经验，加之按照古书药方精心研制，其研制的中成药疗效十分显著，名冠京师，其招牌在二百余年里的大多数时间里一直高高竖立。

开设于清同治年间的绸缎店“瑞蚨祥”的名字也有讲究，“瑞”取自瑞气，“蚨”意为钱财，“祥”寓意吉祥，三字合称意为“瑞气吉祥，财源茂盛”。而“瑞蚨祥”之所以名声远播，与其经营理念有关，当时瑞蚨祥的三大经营特色是：品种齐全、货真价实、服务热情，其声誉名冠北京“八大祥”之首。

创建于清康熙年间的酱园“六必居”则得名于其经营信条：“黍稻必齐，曲蘖必实，湛炽必洁，陶瓷必良，火候必得，水泉必香。”全聚德创建于清同治三年（1864），其创办人杨全仁将前门肉市胡同的“德聚全”杂货铺买下来，自己开设挂炉铺。新店的名字是杨全仁取“以全聚德，财源茂盛”之意，并从其名字“全仁”的“全”字得聚财、德隆之愿，把德聚全字号颠倒过来而得来的，即“全聚德”。再加之清代名士钱云谷为之题写了牌匾，使其美名借助这块金字招牌流传至今。

有些店铺字号的命名，具有浓郁的文化韵味。如武汉汉正街的谦祥益布号，源出《尚书·大禹谟》中的“谦受益”；九如斋糕点，源出《诗经·小雅·天保》，篇中连用九个“如”字，有祝贺福寿延绵不绝之意；雪鸿轩纸品店，取意于苏东坡《和子由渑池怀旧》一诗，“人生到处知何似，应似飞鸿踏雪泥，泥上偶然留指爪，鸿飞那复计东西”，比喻往事遗留的痕迹。这类招牌的用典选字都非常考究，雅中通俗。还有一些有着较高文化修养的经营者，命名的招牌多引经据典，出之有据，追求一种高贵典雅的美学味道，如经营酱品的“味莼园”，取自晋人张翰留恋故乡的莼羹鲈脍而辞官的故事；始于清光绪年间的长沙德园茶馆，店名取自《左传》中“有德则

▲ 中华老字号——六必居

乐，乐则能久”之意。

有些字号则来源于民间流传的人物传说和历史典故。浙江的“老三进”创始于清末，原为前店后厂的专业鞋店，“三进”出自黄石公三次以鞋试张良的典故，《史记·留侯世家》记载，秦末隐士黄石公连续三天坐在桥上将自己的鞋子甩到桥下，再命张良拾起来替他穿上，以试其忍心和毅力，最后将《太公兵法》传给张良助汉灭秦。老三进巧用这则与鞋有关的典故命名，

▲ 北京前门都一处烧麦馆

又寓有虚心进取、功成名就的吉祥之意，可谓非常贴切。浙江湖州的老字号“慕韩斋”药店原名“叶慕韩斋”。相传汉代长安市上有个叫韩康的人，采药卖药，讲究质量，口不二价，为后人传颂。浙江慈溪石步叶家老板，在湖州开设药店，极为仰慕韩康卖药的精神，故取名“叶慕韩斋”。清代北京的“都一处”烧麦馆众人皆知，据说“都一处”三字为乾隆皇帝御笔亲书。传说乾隆十七年（1752）除夕夜，皇帝信步走出皇宫，除夕之夜，合家团聚之日，许多店铺关门闭户，皇帝游转多时，在京城角落里发现一个小酒馆亮着灯，便进去喝酒。在饮酒过程中，皇帝得知小酒馆尚未起名，事后，宫内送来皇帝的御笔亲题“都一处”招牌。“都一处”烧麦馆从此身价倍增，名震京城。

还有些以怪取胜的字号，如天津有“狗不理”，上海有“天晓得”，南京的一家著名膏药店，名为“高黏除”等。这些取怪名的字号，当然也是为了招揽生意。此外，店家在起店名字号时，还会注意防止五行和生肖相克，这是古人留下来的一种习俗。开木器行的，字号里从来不用“金”字，因为五行中“金克木”。又比如，商人自己属蛇，就从来不买蛇肉，自己开饭店也从来没卖过蛇肉等。

当然，好的字号还需要好的经营管理手段，才能取得顾客的肯定和信赖，才能拥有广泛的社会信誉，使商铺得以大发展。在我国的许多老字号中，如中药店同仁堂、帽子店盛锡福、鞋店内联升、烤鸭店全聚德、涮羊肉东来顺、包子铺狗不理、刀剪铺张小泉、书画店荣宝斋、大饭店利顺德、笔庄李福寿和胡开文等，都是以其优异的经营管理方式赢得人们的世代传诵，其字号至今仍立于不败之地。

牌匾

春秋时期，商人阶层开始有了分化，分为行商和坐贾。这表明其时商业发展已具一定规模，分化是必然趋势。而坐贾的出现，则是牌匾广告得以产生的前提。坐贾有固定的经营场所，坐摊经营，或经营特定的商品，这样，牌匾广告就发展起来了。

具体来说，牌匾是招牌与匾额的合称。招牌一般是写明店铺名称、字号等，是以宣传店铺经营之物而设的，可以说是字号的载体。而匾额则多是反映店家经营理念，而不直接书写店名、字号等。牌匾有大、中、小之分。大者俗称为“冲天招牌”，这种招牌通常立于店铺某一侧的前方，为木质，长方形，且高出铺面房，十分醒目。这种招牌也多书写店名或字号，在《清明上河图》中已常见。中者则挂在店门两侧，让人看了一目了然。小者悬挂于房前屋檐下，顾客走到店门前，才可从这小招牌中获知该店所卖货物。

招牌广告是一种伴随性广告，离开商人的商业活动也就失去了存在的意义。夏、商、周时期，生产力水平低下，交通阻隔，商人们的经商活动被限制在狭小的范围之内，有些商人群体甚至不能离开其居住的地区而到其他地方从事经商活动，其招牌形态除了具有原始性，即简单、粗糙、就地取材的特点外，还具有鲜明的地域特征，这个地域特征同当时人们的生活水平、生活方式及风俗习惯密切相关。北方的招牌被打上了北方地域风俗民情的深深烙印，南方招牌则带有南方地域风俗习惯的深深烙印。这一时期，固定的经营场所并不多见，商人的经商活动多是个体的，或是小群体的流动性活动，其招牌形制还多是以布幔或悬物等原始形制呈现。因此，根据当地的材料和个人喜好及民众的识别习惯来设计、制作早期招牌广告，就成为招牌广告具有鲜明地域特点的重要原因。

春秋战国时期，手工业得到发展，但手工业产品多是在官方所开设或控制的手工业工场中生产的。这一时期的招牌形制是“官工铭刻”，也即今天我们所说的标记广告。这种广告形态是今天品牌标志和名牌标识的前身，是招牌广告形式的雏形。

隋唐时期，“坊市”制度盛行。市场管理更加规范，隋代统治者要求市场内的商品经营者必须悬牌经营，所悬之牌既能标明商品的名称，也能显示商品的价格，是一种新型的广告表现形态。宋代以后，坊市制度被打破，店面宽阔的大店铺出现，使招牌广告在更宽阔的地域和空间内被使用并传播更丰富的广告信息，这一时期招牌广告的传播途径方式、类型及悬挂位置都发生了变化，招牌广告成为随处可为、随处可见的现象。

招牌广告能够凸显店家的经营特色和经营品种，反映店家的经营思想和经营风格，普通民众也因为能够从招牌中接受到相关信息，能够识别其行业特征而乐于接受这种广告形式。所以店家在设计、制作招牌时，也千方百计地突出行业特点和宣传其经营思想与风格。

横招

招牌的制作过程比较讲究，体现了文化底蕴。从悬挂位置看，最典型的横招多在店铺正门上方，这是一个相对固定且最容易为民众所识别的位置，多书写店铺的字号或名称，其行业特征从牌匾的大小、质地，及字号的知名度、美誉度，还有字号书写者的身份、地位等方面综合体现出来。许多招牌的制作，还将传统工艺、义理、书法融为一体，具有鲜明的中国文化特色。武汉的汉正街上的招牌最能体现出传统民俗的特点。

汉正街原是沿河的墟市，是汉口历史上最早的中心街道，是万商云集、商品争流之地。长江最大的支流汉水，发源于陕西省，由此注入长江，在很早以前，陕西省的商人就乘船顺流而下，将货物贩运于汉正街中转。汉正街最初是由货物集散批发而发展起来的。清末，汉正街著名的招牌有蓝田室雅扇、玉露斋烧腊、罗天源帽、何云锦鞋、洪太和丝线、牛同兴剪子、

▲ 清代汉正街近景

叶开泰丸药、高黏除膏药、汪玉霞茶叶等。这些店铺因货真价实，成为有口皆碑的“金字招牌”。叶开泰、汪玉霞等一些大字号的招牌，在制作工艺上不仅选用坚如砖石的上等木材，涂刷上等国漆，光彩照人，还在字上贴金或堆沙做字。这些字号的招牌大都重金礼聘当时的著名书法家题写，然后依样制作。

二十世纪二十年代，较多招牌为山西人路达所书，落款为“太原路达”。1930 年以后，较多的招牌为绍兴人谢翘所书，落款“绍兴谢翘”或“余姚谢翘”。也有请政府官员题写以示隆重的，如民国初年汉正街老大兴园酒楼

▲ 清朝时期汉正街全貌

的招牌，即为夏口知县侯祖畲手题。这些具有中国传统文化形制的招牌，现在在汉正街市场上还能看到。

老北京最热闹的地方——大栅栏也是商号云集。老北京曾经流传着一个购物口诀："买鞋内联升，买帽马聚源，买布瑞蚨祥，买茶张一元，买咸菜六必居，立体电影只有大观楼，针头线脑最好长和厚。"而这些老字号，无一例外都汇集在大栅栏这块"风水宝地"。可见大栅栏的老字号招牌不输于汉正街。瑞蚨祥、马聚源、张一元、内联升、同仁堂等，覆盖了餐饮、消费、娱乐等各个行业，在北京可谓首屈一指。

▲ 大栅栏瑞蚨祥老字号、内联升鞋店

▲ 粮油店的竖招

▲ 老北京的街景和鞋店幌子

竖招

竖招是将长条形的招牌悬挂在正门两旁或门面、门内的立柱上。如果是单侧悬挂，会书写店铺的名称或字号，小店铺往往会因门面不大、房屋低矮而采取这种形制。较大店铺往往对称悬挂两侧，多以楹联的形式来传达行业信息、突出经营特色。因为字号或名称一般字数较少，店家往往选用一些吉祥的字眼作为店铺的名称，除了一些知名度较高的店铺外，大多数店铺的名称或字号并不能过多地传达行业信息，所以，竖招可以看作是对横招的解释或补充，从某种意义上讲，店家的经营性质或经营特色往往在竖招上最能充分表现出来。

在规模较大的商店，还有一种叫“青龙招牌”的竖招，长方形，黑底金字，竖置于柜台角尺弯的青龙首，面向店门口。“青龙招牌”题的都是名家书写的正楷大字，而因行业不同，有的说明商品的道地正宗，有的说所经营商品的历史渊源。如写着“开缸香千里，酒醉过三家”的一定是酒店，而书写“闻香下马，知味停车”的必定是能够提供食宿的旅店，南货店则是“游仙始荑”，酱园“鼎鼐调和”，茶叶店“卢陆遗风”“玉盏流霞”，药店“橘井流香”“颐寿延春”，布店“杼轴充盈”，颜料店“匀碧调朱”，钱庄“川流不息”“以义为利”，纸店“名重洛阳”等。店铺的行业特色通过小小的竖招得以更清晰地呈现出来。

其他牌匾广告

除了横招和竖招，从招牌位置来看，还有墙招、坐招等其他形式。墙招的位置往往不在门面的正面，而多在山墙的墙壁上。山墙是指建筑物两端的横向外墙，一般临路，而店铺把刻有字迹的青石镶嵌在山墙上是最好的选择。如果镶嵌在店铺的正面，往往是对幌子、横额的补充说明，因大店铺正面门窗较多，墙招一般也放在正面最边缘的位置。墙招一般书写店名或字号，也往往题写服务内容或经营特色。清末、民国时期的当铺、酱铺等，都是在墙上写着“当”“酱”等字。清代澡堂的墙上还会题写“金鸡未唱汤先热”的字句，尽显行业特色。

▲ 中山香山商业文化博物馆内的当铺坐招

坐招大多放在临街的柜台或大店铺内置的柜台之上，多题写反映商家经营思想或经营特色的词句，比如“公平交易”“童叟无欺”等最为常见，除了这些反映商家诚信思想的字句外，还有反映其经营特色或经营性质的“妙手回春”“民以食为天”等词句，这种形式和幌子、横招、竖招等一样，都能起到强化行业特征的作用。民国时期的当铺也有使用坐招的，在店堂中间，放置一块底座镂空的雕花木牌，上写一大大的“当”或“押”字。

传统意义上的牌匾广告兴盛于唐朝，后历经宋、元、明、清，其表现形式日渐成熟。牌匾广告在其发展过程中，除了作为店铺的标记来吸引顾客外，还反映着商人的经营思想、商业道德和信誉，也反映出不同朝代大众的审美情趣，是中国古代社会独特的艺术表现形式，蕴含着丰富多彩的中国古代商俗文化内涵。

商业楹联的故事

楹联又称对联，商业楹联是由民间贴对联的习俗演变而来的。商业楹联是旧时店铺常见的一种装饰，其内容往往与店铺的性质、字号有关，并赋以吉祥如意、财源茂盛等象征内容。商业楹联是一种巧妙妥帖的广告方式，是以文学、语言艺术为基础的楹联艺术与招牌、店堂广告相结合的产物。精明的生意人往往喜欢通过楹联吸引顾客，许多脍炙人口的商业楹联将商家的信誉和宗旨传播得远近闻名。

楹联的出现，一般认为始于五代十国时期。史书记载，后蜀国君孟昶曾经统治蜀地。这里人杰地灵、物产丰富，孟昶生活奢侈，但喜欢粉饰太平，他下令文臣们给宫门外的两块桃符写上一副对称的句子，但文臣们所献对句均不能令孟昶满意，他就自己提笔写了一副对联，即为“新年纳余庆，嘉节号长春”。自此以后，楹联便流传于民间，并开始深入到平民的市井生活中。

楹联应用于商业，肇始于宋朝的酒旗诗。明代中后期以后，文人儒士逐步冲破不重视商业的传统观念的影响，以对联等形式涉足于广告领域。清代以后，商业楹联更为流行，成为商业广告的一种宣传形式。

楹联的分类

商业楹联的使用主要集中在店铺、酒肆和茶楼等。店家借用楹联艺术来做广告，主要是为了提高广告的艺术感染力，并达到吸引招徕顾客的目的。从商业楹联的运用目的上看，主要有两种，一种是反映行业特征、商品信息的商业楹联，一种是突出店家经营思想的商业楹联。

反映行业特征、商品信息的商业楹联

招牌广告主要书写店名或字号，具有店标的作用，幌子则主要表现商品的种类、特色或反映商品经营的抽象特征。而楹联广告借用了牌匾广告的表现形式，却反映着商家商品经营的特色，因此，商业楹联是兼顾了牌匾和幌子的优点，且能反映商家经营特色的广告形式。

店家往往希望用最简洁的语言，组成思想内涵深刻、行业特征明显的商业楹联。在长期的发展和积累过程中，商业楹联经过精心加工和提炼，具有了鲜明的行业特征。如颜料店的商业楹联有“青黄赤黑白，紫绿朱蓝橙”；酱菜店的商业楹联有“金鼎酸咸皆宜口，玉缸滋味好充肠”；酒楼的商业楹联有“酿成春夏秋冬酒，醉倒东西南北人”；饭店的商业楹联有“佳肴美酒千人醉，饭暖茶香万客尝”；旅店的商业楹联有“未晚先投宿，鸡鸣早看天”；茶楼的商业楹联有“泉香好解相如渴，火红闲评坡老诗”；粥店的楹联为“薄煮红桃千朵艳，芳倾绛雪一瓯香”；理发店的楹联有“不教白发催人老，更喜春风满面生”；土特产店的楹联为“冬笋春茶皆有，香菇海味无穷”……这些商业楹联都极具文化特色，且既显示了行业特征，又说明了经

营范围，用词准确，具有很强的说服力。

有的商业楹联兼具突出地方特色和产品的优异品质双重内容，如墨店的楹联有“华阳墨水和丸妙，蜀国乌煤落纸香”；有些楹联则蕴涵历史典故和文化特色，如肉铺的楹联为“铢两能均，陈平宰肉；方寸不失，韩子鼓刀”；有些则突出了产品品牌和制作工艺，如梳篦店的楹联为“兰陵妙制工镂月，菱镜新装助掠云”；还有一些商业楹联在表现产品物质时，做得十分有气势，如毛笔店的楹联为“鸡距鹿毛，花开五色；鼠须麟角，笔扫千军”。

反映商家经营理念的商业楹联

有些商家比较注意采用格调高雅、立意清新的广告语来宣传自己的经营思想，商业楹联具有文学艺术独特的表现魅力，能够高度提炼和概括出商家的经营思想和理念，以及美好的祈愿，并具有迎合顾客心理、满足其消费习惯的表现力。许多老店的商业楹联流传至今，读之仍让人回味无穷。

这类商业楹联最典型的有“货真价实，童叟无欺”“公平交易，保管来回”等，这两则楹联浓缩了中国古代社会数千年的经商诚信思想。类似的还有“子贡经商取利不忘义，孟轲传教欲富必先仁”等。杂货店的楹联有“不时之需取携甚便，凡物皆备价值无欺”，不仅介绍了行业特征，又表达了店家诚信的思想；又如钱庄的楹联有“万选想廉德，千金重诺言”；纸店的楹联为“名重洛阳，品重郯溪”；扇铺的楹联为“明月入怀，团圆可握；仁风在抱，披拂当襟”；酒肆饭馆的楹联有“胜友如云，高朋满座”等。

反映商家美好祝愿或对世事看法的楹联也不少。如米店的楹联有“粮乃国之宝，民以食为天”；油铺的楹联有“欲把名声充宇内，先将膏泽布人

▲ 瑞蚨祥门口的楹联

间”；磨坊的楹联有“乾坤有力资旋转，牛马无知悯苦辛”；服装店的楹联有“愿将天上云霞服，裁着人间锦绣衣”；药店的楹联有“但愿世间人无病，何忧架上药生尘”等。这些楹联广告立意深远，往往能博得人们的好感。还有些楹联反映了商家的美好祈愿。如杂货店的楹联有“生意兴隆通四海，财源茂盛达三江”；车马行的楹联有“行车千里路，人马保平安”；杂货店的楹联有“好货时时有，财源滚滚来”；调味品店的楹联有“五味和为贵，四时用不穷”等。

商业楹联趣话

商业楹联可谓是我国广告艺术中的瑰宝，具有浓郁的民族和文化特色，不少商业楹联背后，都有传奇色彩或感人至深的故事作为铺垫，这些故事往往来源于民间的日常生活，使商业楹联独具魅力。

明朝杭州有一个楹联救父女的故事。明朝弘治年间，杭州西湖边上有一父女开的酒馆，因经营不善，生意萧条，父女俩整天愁苦度日。一天，著名书法家祝枝山游湖归来，进店饮酒，见店主人愁眉不展，问其缘由，便叫他们拿来笔墨，挥毫写下一副对联：“东不管西不管，我管酒管；兴也罢衰也罢，请罢喝罢。”

这两行大字，轰动全城，每天来观赏的人络绎不绝。自此，酒店生意兴隆起来了，可谓一副楹联救了一对父女。

同样是江南四大才子之一的唐伯虎，也流传着一个与商业楹联有关的故事。一位新开张的商店老板，请唐伯虎为他的店题写对联，唐伯虎写下：“生意如春草，财源似流水。”此联不仅对仗非常质朴工整，而且抓住了商业的特点和商人的心理，内容极富韵味。这位老板贴上此联后，一时门庭若市，招徕了众多顾客，生意大增。

明代大诗人赵子昂也曾题写楹联。赵子昂在扬州瘦西湖湖畔游玩时，恰遇离湖畔不远的一家酒店开业，赵子昂这天兴致很高，便凑上前去看热闹，只见人们兴高采烈地敲锣打鼓，燃炮鸣笛为酒楼开张庆贺。赵子昂定眼望去，只见这座酒楼虽然只有两层，但建筑甚为精致，尤其是门楼的正上方，挂着一块匾额，上书三个圆润饱满的大字“迎月楼”，赵子昂端视良久，不由得喝了一声彩。赵子昂的喝彩声惊动了酒楼的主人，主人见其气度不凡，又是文人打扮，心里已生出几分敬意，力邀赵子昂入席品酒。席间，当店主得知眼前之人就是大名鼎鼎的赵子昂时，顿时大喜过望，请求赵子昂为其酒楼题写楹联，赵子昂趁着酒兴，挥笔题写了一副楹联——“春台文苑三千家，明月扬州第一楼”，与“迎月楼”的店名珠联璧合，遥相呼应。此后，慕赵子昂之名前来观赏真迹和品尝“扬州第一楼”美味的人络绎不绝，酒楼生意日益红火。

浙江塘栖姚致和堂，店主是贡生姚湘，自制的痧气丸、紫金锭、行军散，因疗效显著，声名远扬，在清代被列为贡品。嘉庆十年（1805）和道光三年（1823），浙西遭受大水灾，灾后瘟疫流行，姚湘带着自制的药丸前往灾区治疗，救活者无数，一时被称颂一方。随着姚致和堂声名鹊起，一些心术不正的人打起了歪主意，他们纷纷借姚致和的名声卖假药。但姚致和堂始终保证药品质量，诚信经营，并未因假药而名声受损。姚致和堂不仅受到民间的一致赞誉，也得到官府的高度评价。相传，清代浙江巡抚彭宫保曾亲临塘栖姚致和堂察访，亲身感受到了店家诚实经营的作风，并特地书写“真实不二”四字相赠。清兵部右侍郎夏同善也曾为该堂撰写抱联：“天下第一好事还是读书，世间百年旧家无非积德。”

除了文人雅士，帝王将相也有一些与商业楹联有关的故事。相传明太祖朱元璋，是第一个撰写商业楹联的人，他为一户不识字的阉猪人家写下了一副对联：“双手劈开生死路，一刀割断是非根。”此联幽默风趣，形象生动，但更主要的是替阉猪者做了广告宣传，是一副具有浓郁行业特点的商业楹联。

清朝的乾隆皇帝不仅能安邦治国，还以擅长书法而闻名于世，不少地方都留有乾隆皇帝的墨宝。传说有一年乾隆皇帝微服私访，在京城偏僻小巷里

▲ 清代宫廷画师郎世宁所绘《乾隆皇帝大阅图》

见到一家叫“天然居”的饭馆，素有题诗联句之癖的乾隆帝此时诗兴大发，提笔在店牌上写了一副对联的上联：“客上天然居，居然天上客。”但是下联苦思不得其果，正大伤脑筋之际，主编《四库全书》的大学者纪晓岚已然对出了下联：“人过大佛寺，寺佛大过人。”此事很快传为京城的佳话，前来观看对联的人和进餐馆享受“天上客”礼遇的人拥挤不堪。此副对联使这家天然居饭馆的老板一时成了京城的富翁。

这些历史故事或传说典故，是商业楹联广告艺术性强、文化特征明显的最好诠释。商业楹联作为一种特殊的商业文化形式，是在商业文明的实践基础上形成的，它植根于中国传统文化的土壤中，可谓民族文化中的瑰宝。它是商业活动中特有的传统装饰艺术，同时也是一种商业文化和巧妙的广告方式，各行各业都有精妙的楹联传世，从功能性、实用性、艺术性上看，均有较高的价值。

第六章

狂欢与日常——集市与庙会文化

行走市井之间

“市”是中国最古老的贸易市场形式。在唐代以前，“市”的概念，与我们今日所理解的不同，今天它是与“城”相提并论的，但在很长的历史时期内它们各有不同的含义。直到唐宋时期“坊市”制度的崩溃，市、坊合一，“市”才成为与“城”相同的概念。“市”在中国古代，主要有两种含义，一是指商品交易的专门场所，即今日狭义的市场的概念。许慎的《说文解字》中有，“市，买卖所之也”，也就是做买卖所要去的地方。另一种含义，则是在“市”中所进行的买卖行为。《尔雅·释言第二》中有，“贸、贾，市也”，将货物的交易出售也称为“市”。在这里，我们所指的主要还是前者。而且，与第二节将介绍的“集”不同，市一般存在于城市中。

中国古代文献中有记载，市源于早期的“日中为市”和“因井设市”，而这一形态则是从原始社会晚期的氏族和村落交易行为逐渐演变而来的。下面我们从“日中为市”开始，介绍中国古代“市”的演变历程。

▲《姑苏繁华图》(局部)

日中为市

《易·系辞下》中写道:“神农氏作……日中为市,致天下之民,聚天下之货,交易而退,各得其所。”大意就是,神农氏在中午开设集市,招引各地的民众,集聚了各地的货物。交易之后,人们各自都得到了想要的东西而离开。神农氏的时代,大致相当于我国古代的原始社会母系氏族公社的繁荣时期,当时,原始的农业和畜牧业生产已经开始,氏族之间的社会分工也已经初步形成了。所以,当时人们的社会生产力比远古时期有所提高,劳动生产中开始出现了剩余生产物。

为何要规定“日中为市”?生产剩余的出现,使不同生产者之间相互有偿让渡和交换产品的要求也日益强烈,个别的、随意的、偶然的交换形式,已不能适应交换的要求，为了节省交易的时间，提高成交率，人们逐渐形成了一些约定俗成的、有较固定时间和固定地点的交易集中地，并产生了一些交易的规则，“市”的形态随之产生。所谓“日中为市”，也是交易经常化和交易场所、时间走向固定化的表现，这就是市场的雏形。

之所以要在“日中”，实际上是小农经济的局限使然。小农经济，不论古代或近代，其特点都是狭小细碎。孟子在《孟子·梁惠王上》中曾为小农们勾画了一幅生活蓝图：“五亩之宅，树之以桑，五十者可以衣帛矣。鸡豚狗彘之畜，无失其时，七十者可以食肉矣。百亩之田，勿夺其时，数口之家可以无饥矣。谨庠序之教，申之以孝悌之义，颁白者不负戴于道路矣。”这是一幅小农自然经济的美好图画，老百姓有自己的产业，辛勤劳作，自给自足，幼有所养，老有所尊，守望相助，疾病相扶持。然而，这样的一个小农家庭，可以有什么剩余产品用来交换呢？无非是少量的粮食、布帛、鸡猪和肉蛋，而且只能零碎地拿到市上去“为买而卖”。只能就近交易，当天来回，去远了，不能当天返回，就得投宿旅店，买饭充饥，那售卖所得或许还不够食宿费用。这就限定了他们到集市去的最远行程只能是半日程，早去晚归，上半天到集市，交易后下半天回家，这是所谓的“交易而退”。所以，“日中”是市上交易最热闹的时刻，过了此时，市上便没什么人了。这就是“日中为市”的意义。

在这种原始的集市交易中，交易双方主要是按需进行的直接交换，因此交易过程较简单，并不会出现如今商品交易中欺诈、失信等问题。对于这一点，从《淮南子·览冥训》中的一段追述可以看出：“昔者黄帝治天下……田者不侵畔，渔者不争隈，道不拾遗，市不豫贾，城郭不关，邑无盗贼，鄙旅之人，相让以财……”黄帝时代，是我国古代父系氏族公社兴盛的时期，比“神农氏”时代要晚得多。当时人们还严守着古代按需交易的传统。所以“市不豫贾”是指在市场交易中没有欺诈作伪的行为。这是古代最质朴的交易形态。

唐代李远作有《日中为市赋》，对当时的交易场景描写颇为详尽：“曜灵正中，交易必萃。谅农皇之善制，著噬嗑之明志。盖取诸酌中以画一，用取夫定准于列肆。遂得贩缯之子，候当午以员来；抱布之徒，恐移躔以忽至。于是旗亭灭影，贾旅协时。睹稠人之并凑，测端景以交期。杂错相酬，而岂畏日之将夕；贸迁以退，宁夏其室信远而。是前王之所则，实后代之攸资。当夫相高以夸，美言为市。竞驾肩以求进，争掉舌而明旨。货聚于未央之标，州处于逾已之纪。咸寸阴而时惜，望兼赢以画履。众宝麇至，族蚁同风。当大明之方盛，求善价以不穷。葵藿未倾而靡僭其候，有无交鬻而久执厥中。物各以时，货迁乃日。瞻阳乌之未旰，索青蚨以竞出。质剂由是与行，权衡于焉积实。则知日以中为政，市以利为名。不求端以取表，奚立法而作程。俾居物致富之流，心之有待；方不盈不缩之际，时即可明。景既惟恒，人得其叙。何远珍之不至，曷近利之为阻。贾用不售者当此之归，求之不得者于焉获所。此乃时不差，利同射。亘五都之所共，历百王而不易。是以知日中为市之义，岂空书于往籍。”

因井设市

《管子·小匡》中有，“处商必就市井”，唐代尹知章注曰：“立市必四方，若造井之制。”《史记》中有：“山川园池市井租税之入。”《史记正义》注曰：“古人未有市，若朝聚井汲水，便将货物于井边买卖，故言‘市井’。”《汉书·货殖传序》中写道，“商相与语财利于市井”，颜师古注曰：“凡言市井者，市，交易之处；井，共汲之所，故总而言之也。”市与井被联系到了一起。

水井周围因为居民汲水，而成了公共生活空间，并逐渐在水井旁形成了进行买卖活动的场所。《风俗通义》中写道：“俗说市井者，言至市有所鬻卖当于井上洗濯，令其物香洁，然后到市。”这也说明原始之市起源于村邑，以井为市是很自然的，因为买卖过程中需要在井边洗濯，而井又是许多老百姓的聚集之处。所以，水井与人口的聚居和商品交易有着密切关系，人们在水井周围交换商品，这与“日中为市”一样，是约定俗成的，都是老百姓经常相遇的时间和地点。实际上，直到近现代，大部分居民聚居区都有水井，各户都从井中取水，且取水都有因生活习惯所形成的固定时间。井旁便成了居民经常见面的地方，也自然成为交换物品之地。

到了战国时期，市的发展已经很完备，交换的场所也有了变化，但仍然与水井有很大的关系，这从考古出土的情况就能反映出来。如在楚都纪南城遗址，发现了各类水井二百五十六口。在北京城西南的蓟城遗址，水井分布最稠密的地区，六平方米范围内有四口水井之多。在湖北郭家岗遗址中，相距三米左右就发现三口水井，共发现了七口水井。这些遗址不仅是战国时期的著名城市，而且也是居民聚居区和交易场所，如此密集的水井群与市的繁荣和发达是分不开的。

由此可见，市的起源与水井有很大关系。“市井”一词，不仅指的是平民众多的住宅区，还指商肆集中的地方。坊市制度出现后，市井除了“街市、市场”外，还含有“粗俗鄙陋”之意。市井文化成为一种生活化、自然化、无序化的自然文化，指产生于街区小巷、带有商业倾向、通俗浅近、充满变幻而杂乱无章的一种市民文化，反映着市民真实的日常生活和心态。

坊市

坊，又叫里，是古代城市的最基本单位。坊市主要是指将住宅区（坊）和交易区（市）严格分开，并用法律和制度对交易的时间和地点进行控制。中国传统城市大多是各朝代的统治中心或军事重镇，政府为了更好地维护统治，对城内居民和商业活动进行严格的控制并形成了一系列完整的制度。坊市制度在中国历史上存在了长达千年之久，它实现了对作为居民区的坊和商业区的市进行严格隔离，并施加监控。追根溯源，坊市制至迟在西周就开始萌芽。

坊市制的起源阶段

前文所述的“因井设市”的形态发展到后来，即是在统治阶级居住的城市中，划出专门的地域，在城中的指定地点设“市”。“市”内有各种各样的“肆”，即是用来陈列交易商品的场所。《楚辞·天问》中写道：“师望在肆昌何识，鼓刀扬声后何喜？”师望即指姜太公吕望，昌是指周文王姬昌，姜太公吕望在未遇文王时，就曾在市肆内做过“负贩（担货贩卖）”、屠宰和卖酒的生意。可见，在商代，一些城市已经有比较繁盛的交易活动，而且已有固定的交易场所“肆”。

到了西周时期，官府对市的管理已经相当严格，坊市制开始萌芽。《周礼》一书中所记的西周市制，是中国古代市制的典型形态。其制度一直沿袭到唐代，大体不变。如《周礼·考工记》中记载：“匠人营国，方九里，旁三门。……左祖右社，面朝后市，市朝一夫。”这是官设市制的开始，就是在统治阶级所在的城市中，城的左面是祖先的庙堂，右面是社稷的祭祀场所，前方为朝堂，朝堂后面设“市”。此时的“市”，是封闭性的交易市场，在“市”的周围，还设有市墙，临道路的地方开设市门，商品交易必须在市中进行，这种体制，在历史上被称为“阛阓之制”，阛是指市墙，阓是指市门。

按照《周礼·地官》的记载，因交易对象、交易时间等不同，“市”大体分为三种形式，即大市、朝市和夕市。大市就是指“日中为市”，即每天上午或中午开市，参加交易的人以“百族”为主，即城市中的百姓及工匠艺人、坐贾等，交易品种有牛马、奴婢、货贿、手工业品等；朝市就是指“朝时而市”，即每天早上开市，主要是长途贩运的客商与本地坐商进行交易，类似于批发，交易品种主要有珠宝、珍异、各地土特产、手工业原料等；夕市就是指“夕时而市”，即每天傍晚才开市，主要以“贩夫贩妇”即个体小商贩为主，交易的品种主要是日用生活必需品及“桑弧萁服”等农副产品。

西周的这种市制，到了汉唐基本沿袭下来。据古代地理著作《三辅黄图》所载，在汉代，“长安市有九……六市在道西，三市在道东”。汉代城市的布局一般都比较规则齐整。市各有市官管理，定时开闭，并且设置有指定区域，与居民区不得混淆，称为“坊”“市”分区。市内分区，即“列肆”，按行业来划分，初步形成了古代工商业的雏形。到了魏晋时期，当时的洛阳都已经形成了棋盘式的格局，《洛阳伽蓝记》记载：“庙社宫室府曹以外，方三百步为一里……”这是对当时洛阳最好的说明，坊市制进一步发展完善，到了唐朝时期，达到了顶峰。

坊市制的发展和鼎盛阶段

唐朝政府对“市”有一套专门的管理制度，当时政府一再重申“诸非州县之所，不得置市”的禁令。“市”有不同的级别，主要是根据城市行政级别的不同来确定“市”的级别，而不同级别的“市”会安排不同级别的官员进行管理。有一些城市，甚至会对物品的价格和交易时间进行严格的限定，这也是为了便于管理，是统治者维护统治的需要。虽然这些规定具有明显的行政干预的色彩，有的地方某些规定也忽略了各个地方的实际情况，没有考虑到消费者的需求和意愿，但这种制度把商品分门别类，既便于管理，也方便交易活动的顺利进行。以长安的市场为例，据《唐六典·太府寺》记载：“京都诸市令掌百族交易之事，丞为之贰。凡建标立候，陈肆辨物，以二物（金、铜）平市，以三贾（上、中、下三等价格）均市。凡与官交易及悬平赃物，并用中贾。其造弓矢长刀，官为立样，仍题工人姓名，然后听鬻之。诸器物亦如之。以伪滥之物交易者，没官；短狭不中量者，还主。凡卖买奴婢牛马，用本司本部公验以立券。凡卖买不和而榷固，及更出开闭，共限一价，若参市而规自入者，并禁之。凡市以日午击鼓三百声而众以会，日入前七刻，击钲三百声而众以散。”

从以上记载可以看出，长安对市场的规定是十分严格的。长安城中各市司的市令，掌管商人百姓的贸易事务，市丞是其副职。凡是官设市场都要用黄金和铜币二物来均平物价。工匠们制造弓箭长刀，由官府为他们规定统一的规格式样，并且要注明制造工人的姓名，然后才允许他们出售。其他器物也按如此办法。用假货或次品进行交易的，没收充公，布帛等短窄而不符合规定计量标准的，退还卖主。凡是买卖奴婢和牛马的，都要用本市司或本行肆所颁发的营业执照来签订合同契约。凡是买卖之间有所争执并发现有垄断、囤积行为的，以及从事投机、众商合伙哄抬市价的，还有在买卖之间从旁敲托以牟取个人好处的，一律都予以查禁。凡是开市，日当正午时敲鼓三百声后众人才可以聚会，太阳落山前七刻钟敲钲三百声后众人就必须散去。因此，唐代的市场管理制度，在官吏设置、度量衡管理、商品规格、维持市场秩序、取缔非法活动等方面，都有明文规定的制度和办法，比汉代更加完备。

洛阳是唐朝的东都，商业繁盛程度不亚于长安。洛阳城的东市也称丰都市，唐代杜宝编写的《大业杂记》描述了洛阳东市的状况：市垣周围八里，有十二道门，市内有一百二十行，总共有三千多个市肆集中贸易。市内地方敞阔，巨大的榆树、柳树遮天蔽日，沟渠流水潺潺，市的四壁还有店铺四百余座。市内重楼亭阁，互相辉映，商旅络绎，珍奇山积。可见，洛阳市肆的繁华盛况不亚于长安。

唐代的市中行业分工已较为具体明确了，商业行肆的组织"团行"也初步形成。据文献记载，唐代长安的商业行肆有：衣肆、鞯辔行、秤行、法烛行、药行、油靛行、煎饼团子店、食店、酒肆、客店、帛肆、绢行、麸行、寄附铺、凶肆、珠宝行、波斯邸等，甚至还有算卜者、杂耍者等的专门行业。在当时的市中，较为活跃的市肆主要是酒肆、饮食店、客店、邸店等，但都是只设于市中。此时已对不同行业做了专门规划，专门为每一行业划出一块区域，该行业经营者集中到这块区域专门销售，这有利于更好地整合商业资源，同时可以方便消费者相互比较，选择质优价廉的、满意的商品。同时，经营同一种商品的商人都集中起来，可以更好地避免欺诈现象的出现。

上述的坊市制度，是中国古代城市市场的典型形态，这种形态的市制，

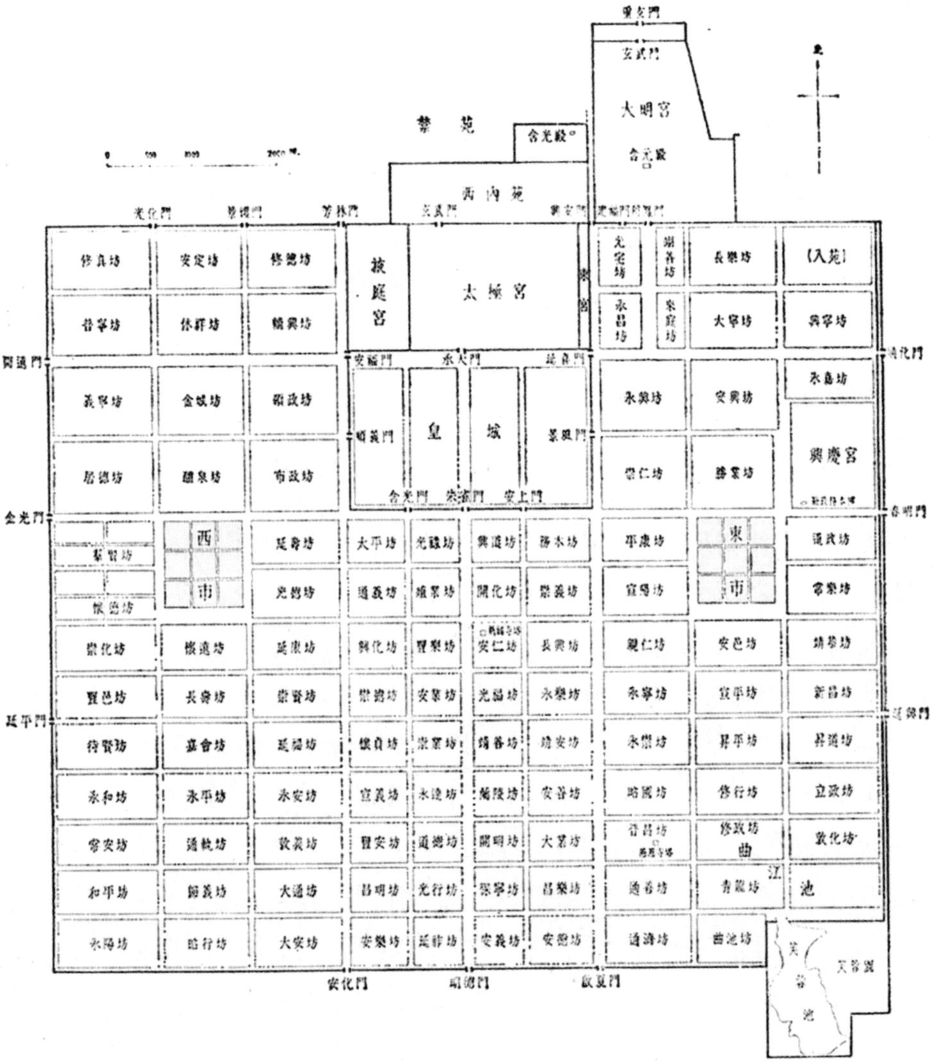

▲ 唐长安城的坊市分布图，标黄处为东市和西市

直到宋代以后才有所变化。而在唐中叶以前，大体上都是如此。这种市制有几个特点：一是市设于官方指定的城市区域之内，四周有市墙和市门，各有官吏检验管理，商品交易必须于市中进行，市之外不得进行交易；二是市有定时的启、闭时间，并由官吏进行稽查，一般只在白天进行交易，夜间不得开市；三是上市的商品要符合官定的商品质量规格，违禁品不得上市交易，市中商品交易的价格也有官方的“贾师”进行评定；四是市中商肆分行列肆，皆载入官府的“市籍”，除了外国及长途贩运的客商，没有市籍者不得入市经营。

坊市制的崩坏

中唐以后，坊市制开始逐渐被破坏。随着农业、手工业的不断发展，商业出现了新的繁荣局面，单靠白天的市场交易，显然已经不能适应新的发展形势。于是，夜市正式出现。当时文人的诗作里常出现夜市的场景，如晚唐诗人王建的《夜看扬州市》：“夜市千灯照碧云，高楼红袖客纷纷。如今不似时平日，犹自笙歌彻晓闻。”到了唐代后期，坊市严格分开的制度继续被打破，官府也不再限制商品交易的时间。商人逐渐到市以外的地方去开店，如在市外的沿街处开设店铺，摆摊设肆做买卖。

经过唐末五代的战乱，坊市制继续崩坏。后唐时期的洛阳，坊已成为小的街区名，此时已有不少坊的坊门只是悬挂坊名以表明街区所在，而并无围墙。到了后唐长兴二年（931），朝廷诏令河南府“依已前街坊地分，劈画出大街及逐坊界分，各立坊门，兼挂名额”，诏令中提到许多具体要求，但没有再提及坊门开关时间与围墙，说明已无必要。政府还收买临街可以建房开店营业的田地，而没有提及“市”，说明后唐首都洛阳的坊市制大体已经破坏了，只要有需要，就可以临街开店营业。

街市

到了北宋，随着商品经济和城市市民文化的兴起，坊市制彻底被打破，代之而起的是以街区商业为主的市场，冲破了自古以来的市、坊分区的地域限制和“日中为市”的时间限制。坊市制变成了街市制，沿着城市大街的两旁，各种商店铺席并列开设，市内的河流两岸，桥头埠头，商家买卖随处布置。清晨开市早的店铺，与深夜营业的店铺相衔接，几乎把城市变成了不夜城。店铺不分大小，商肆不论品类，都树立了自己的招牌字号，酒幌招摇，旌旗翻飞，招徕远方来客。

北宋的许多文献如《宋会要辑稿》《东京梦华录》《梦粱录》等书中有记载，北宋开封的市场，大体上有日市、夜市、季节市、专业市等类型。

日市一般是坐商店铺集中的市场，已不专设于官方指定的“市”中了，而是沿主要街区设置，在一些闹市街区，也打破了传统的“分行列肆”的传统，开始出现了各行的配套网点。如御街两旁就有酒楼、饭店、菜馆、香药铺等；相国寺前有鱼市、肉市、金银铺、漆器诸物铺、彩帛铺等。这些店铺，一般是从早上天亮开门营业，直到傍晚天黑才闭店。

夜市主要是在居民居住和活动集中的街区及“瓦子”演艺区中存在的夜间营业的市场，一般以饮食业、小吃、杂货为主。实际上，早在东汉时期，就有名曰“夜来”的夜市萌芽。但由于受坊市制的限制，真正的夜市，出现于唐后期，盛行于宋代。孟元老的《东京梦华录》中说道：“州桥

▲ 清院本《清明上河图》中的街市场景

夜市……自州桥南去，当街水饭、爊肉、干脯……至朱雀门，旋煎羊白肠、鲊脯……直至龙津桥须脑子肉止，谓之杂嚼直至三更。”“马行街铺席……直至三更尽，才五更又复开张，如耍闹去处，通晓不绝……”北宋汴京的夜市繁荣程度，可见一斑。

季节市是按商品的时令之需或居民年中节令的民俗活动而出现的市场。其所售商品一般时令性较强，节日期间需求量也较大，而在平时则问津者甚少。如每年七夕的乞巧市，以卖女性用品为主，五月初到端午节的“鼓扇百

索市”，主要集中在潘家楼下、丽景门外、阊阖门及朱雀门等地，主卖端午节所需的百索（五色丝线）、艾花、银样鼓儿、花巧画扇、香糖果子、粽子等。另有一些定期的集市，如灯市、庙会等。

除了京城汴京，北宋其他较大的城市的季节市也丰富多彩。成都府的市，每月都有不同的内容，如一月称灯市，二月称花市，三月称蚕市，四月称锦市，五月称扇市，六月称香市，七月称宝市，八月称桂市，九月称药市，十月称酒市，十一月称梅市，十二月称桃符市。这样的安排反映了民间生产以及老百姓生活的季节性特点。

一些专业市是由于坊市制的崩溃，店铺分散于各地，对于某些官府特需的行业，为了便于征派、纳税和集中管理，官府又令其集中设市，从而形成的如当时汴京街头的鱼市、马市、牛市、瓮子市、姜行、纱行等。

《清明上河图》生动地描绘了当时北宋汴京的市井生活形态，其中出现了“孙羊正店”和“十千脚店”等。据记载，北宋汴京全城有高级酒楼七十二家，称为“正店”，另外还有为数众多的小饭庄，叫“脚店”。其区别就在于酒水的进货渠道以及是否可以自己酿酒。其中一些店所“屋宇雄壮，门面广阔”。此外还出现了多处称作“瓦子”或“瓦肆”的游乐场，大的瓦子可容纳几千人，江湖艺人在此演出各种杂剧、傀儡戏、皮影戏、诸宫调、小唱、说书和杂技等。另外还有卖药、算卦及卖各种杂货小吃的混杂其间，日夜营业。市场上的商品也是琳琅满目，除了来自全国各地的粮食、水产、牛羊、果品、酒、茶、纸、书籍、瓷器、药材、金银器、生产工具外，还有日本的扇子、高丽的墨料和大食的香料等。所有这些，在《清明上河图》中都有艺术的再现，也是当时社会经济发展的缩影。

如果说《清明上河图》是北宋汴京繁荣的具象的展示，那么《东京梦华录》则是从文字上记录了汴京的市井生活。此书在前文多次被提及，是宋代孟元老所著的笔记体散记文，其包罗了北宋汴京庶民生活的方方面面，比如年时节庆、风俗习惯、祭祀活动、商店铺席、营业状况、杂货商品、各种美食、行业习惯等，是一本北宋街市生活的百科全书。孟元老在自序中记录了当年的繁盛：“太平日久，人物繁阜。垂髫之童，但习鼓舞，班白之老，不识干戈。时节相次，各有观赏。灯宵月夕，雪际花时，乞巧登高，教池游苑。举目则青楼画阁，绣户珠帘。雕车竞驻于天街，宝马争驰于御路，金翠耀目，罗绮飘香。新声巧笑于柳陌花衢，按管调弦于茶坊酒肆。八荒争凑，万国咸通，集四海之珍奇，皆归市易，会寰区之异味，悉在庖厨。花光满路，何限春游，箫鼓喧空，几家夜宴？伎巧则惊人耳目，侈奢则长人精神。”

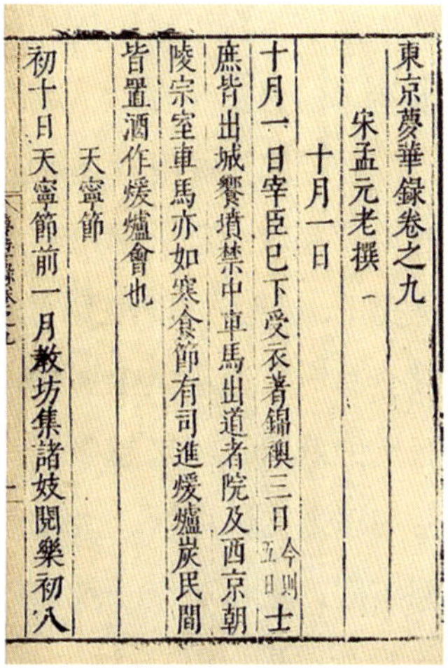
東京夢華録卷之九
宋孟元老撰
十月一日
十月一日宰臣已下受衣著錦襖三日今則五日士
庶皆出城饗墳禁中車馬出道者院及西京朝
陵宗室車馬亦如寒食節有司進煖爐炭民間
皆置酒作煖爐會也
天寧節
初十日天寧節前一月教坊集諸妓閱樂初八

▲ 明刊本《东京梦华录》书影

书中还描述了汴京最热闹的街市场面：潘楼街的商铺，买卖的都是珍珠、布匹、彩帛、香料、金银等贵重商品，还有一家鹰店，专门招待贩卖鹰隼的客商。家家户户屋宇高大，门面敞阔，远远望去，雄壮森然。豪商大贾在这里做的都是动辄千万两白银的大买卖。潘楼酒店也是一个重要的交易场所，每天凌晨五更时分，就开市交易，买卖的商品从书画、珍玩、犀角玉器，到各种饮食零吃，香糖果子、豆沙团子，山珍海味，衣裳冠服，应有尽有。大街的南边，还有京城响当当的娱乐场所，如桑家瓦子、里瓦子、内中瓦子等，大大小小的勾栏舞榭就有五十多处，连那些经常出入皇宫的名伶大腕们，也时不时地到此处来演出。还有买卖药材、吆喝旧衣、打卦算命以及剪纸贴画的小贩们。这样细致的描写，让后人身临其境，感受到汴京街市千年不易的喧闹与繁华，其表现力并不亚于画作。

由于商业的繁荣，北宋成都知府张咏发行了世界上最早的纸币“交子”。最初，交子只是一种存款凭证。北宋初年，四川成都出现了为不便携带巨款的商人保管现金业务的“交子铺户”。存款人把现金交付给铺户，铺户把存款数额填写在用楮纸制作的纸卷上，再交还存款人，并收取一定保管费用。这种临时填写存款金额的楮纸券就是交子。商人之间遇到有大额交易时，为避免金属铸币搬运的麻烦，越来越多人采用交子来支付货款。北宋景德年间，张咏对交子铺户进行整顿，剔除了不法之徒，由政府指定专由十六户富商经营交子。至此，交子的发行正式取得了政府认可。宋仁宗天圣元年（1023），政府在成都设益州交子务专门管理交子的发行，设置本钱三十六万贯作为发行交子的准备金，第一届就发行了“官交子”一百二十六万贯，准备金率为百分之二十八。这些做法与现代银行发行纸币的办法基本一致。这是中国古人对世界经济文化的一

▲ 北宋交子

▲ 明代佚名《上元灯彩图》局部

大创造性贡献。最早的欧洲纸币于1661年由瑞典发行，比中国的交子晚了六百多年。纸币的出现，是北宋时期中国商业化、城市化发展水平领先于世界的重要表征。

到了南宋定都杭州，其市制大体上同于北宋的汴京，而繁荣程度又更甚之。宋代，商业的飞速发展，使传统中国的城市生活进入了一个全新的时代，围绕着商业发展，掀起了中国古代的一场城市革命。商业发展的巨大动力冲破了坊市制的限制，随之而来的街市则更为开放、自由，这也是历史发展的必然趋势。

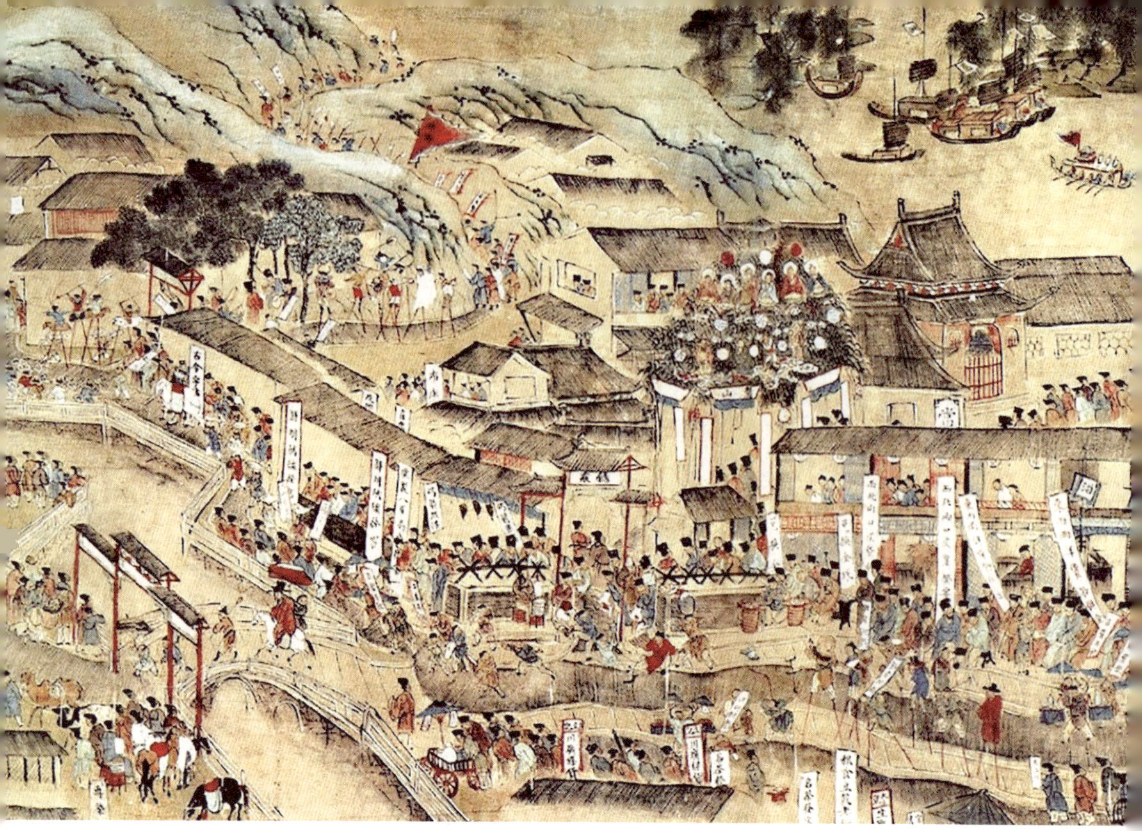

▲《南都繁会图》局部

明清时期，一些大中城镇的商业化趋势发展日益迅速，以商业活动为主要职能的小城镇大量兴起，行商坐贾在城市生活中的地位和影响日益扩大。此时的城市商业，市的设置已无统一规定，各商业店铺基本上是按其经营的便利程度和条件就近设铺，经营时间上也有了较大的自由度。商业店铺日益增多，商业活动几乎占据了全部临街的房屋和空地，城镇的商业功能得到空前的发展。明代的画家受北宋张择端《清明上河图》的影响，创作了许多

描绘当时城市市井生活的画作，如《皇都积胜图》《南都繁会图》《上元灯彩图》等。

《南都繁会图》描绘的是晚明南京城市井街市的繁华景象。画中街巷纵横、商铺栉比，车马行人摩肩接踵。作者特别呈现了一百零九条悬挂在街道两边商户楼层上的巨幅招幌，突出显示了秦淮河畔三山街一带的街市盛况。招幌上书写着琳琅满目的交易主项和商品名目，呈现出百货流畅、行业汇聚的热烈场面，有东西洋百货、西北两口皮货、川广杂货，还有粮食豆谷行、诊所、典当行、钱庄、茶坊、酒坊、油坊、布庄、铜锡店、雨伞店、鞋靴铺、枣庄、木行等。还有不同职业角色的人进行节庆欢娱的场面，出现了成群结队的游艺杂耍，显示了南京城市生活的繁华富庶与消费行为的奢靡旺盛。

明清以降的市，也存在古代市制的一些保留形态，比如一些专业的街市，常以某一地区为主，相对集中，如专业市场等；某些地方也保留了集中设点的贸易市集的形式，如清末民初北京的东安市场，天津的劝业、天祥、泰康三大商场，都多少带有古代坊市制的某些遗风。时至今日，各地城市集中设点的个体商贩市场和大型商场，也具有旧时市制的某些特点。这种集中设点的经商方式，既便于工商管理部门集中管理，又便于消费者自由购物，还可以货比三家，体现商业竞争，形成良好的商业文化氛围。

天南海北赶大集

集，是我国农村或小城镇定期买卖货物的市场，下文也称为集市。古代也叫“墟市”“墟集”，去集市上买东西，在北方叫“赶集”，南方叫“赶场”“赶街”“赶山”“赶墟”等。与市一样，集也是随着社会分工和经济交流的扩大而发展起来的。所不同的是，集的参加者主要是农民、手工业者，他们之间的买卖活动既是生产者向消费者直接出售，也是生产者之间的产品流通。集举办的时间具有周期性，多是以隔日、数日或隔月一集的形式进行的交易活动。

集的历史

集的习俗，当与市同源，都是源于古代“日中为市”的贸易传统。但从文献记载上来看，到了汉代才有类似的市场出现。如汉代长安城外七里处太学附近的“槐市”，即属此类。槐市是由于接近太学，由太学生们所需的文具用品发展起来的一种集市。其具体形式是，在每月的“朔”“望”之日，即农历初一和十五，来自各地的太学生，各自拿着由本郡带来的土产、经书、笔砚、乐器等，在太学门前的槐树林下进行交换。因此被称为“槐市”。这种集市，既无市墙和市门，又无专门管理的官吏，属于一种民间自发形成的交换形式。所以，这些集市的形成是由民间自发或约定俗成的，且非每日开放，而以定期设“集”的形式出现。

东晋时期，在城市商业发展的同时，一些没有市的乡邑或毗邻农村的地方，出现了定期一聚的集市，称为“草市”。它是以客商贩运与乡间小商品生产者交易相结合的一种市集形态，市中以农副产品、手工业品及饮食业等商品的买卖居多。后世遍布于各地农村的集、场、墟等，都属于这种定期一聚的农村集市。

魏晋时期的南朝，有关草市的记述明显增多，草市一般设置在城外交通要道和人流密集的地方。《南齐书》记载，齐明帝建武四年（497），“王晏出至草市，马惊走，鼓步从车而归，十余日，晏诛”。《资治通鉴·齐纪》记载，永元三年（501）的一场骚乱中，南齐建安王萧宝寅，“逃三日，戎服诣草市尉”。胡三省注释曰：“台城六门之外，各有草市，置草市尉司察之。”可见，南齐时建康城外草市的设立已经不是个别现象了，而且朝廷还设置了草市尉以管理草市的日常运作。此外，北魏郦道元所著地理名作《水经注》中也记载了寿春（今安徽寿县）有草市：“肥水左渎，又西径石桥门北，亦曰草市门。”这种草市，或设在都市之旁，或立于商旅往来的水陆要道和津渡，最初多为自发形成，随后则由官府委派草市尉一类的官员加以司察。随着草市设置日久，草市内渐有经常进行商贸交易的固定商肆，并开始有商户定居。于是，有些草市朝着正式的市演变。

这样的草市，到了唐宋时期，就更为普遍了。唐代的草市常设在交通要道或水陆津渡、商旅往来频繁之地。长江下游的江淮一带，草市十分繁荣。杜牧的《上李太尉论江贼书》中提及，凡江、淮草市，都设在水路两旁，富室大户，多住市上，当时江南、江北的有名草市均曾遭贼人抢劫。王建的诗《汴路即事》中有“草市迎江货，津桥税海商”，可见唐代的草市大多在水运方便之处。唐代中后期的广大农村地区，也出现了许多草市。如《元和郡县志》中记载：“赤壁草市，在县西八十里。”成都附近则“青城山前后……唯草市药肆”。四川彭州唐昌县的建德草市，“百货咸集，蠢类莫遗，旗亭旅舍，翼张鳞次”。苏轼的诗中也有“春江围草市”的描述。可见，这种人烟荟萃的小型商业集市，在一般的州县以外的乡村小城镇中大量存在。在岭南地区，草市称为墟。宋人吴处厚所著的笔记小说《青箱杂记》中写道：“岭南谓村市为虚。……盖市之所在，有人则满，无人则虚，而岭南村市，满时少，虚时多，谓之为虚，不亦宜乎？”

有的草市，由于商业繁荣，地位重要，发展成为城镇。如《唐会要》中记载，唐代宗大历七年（772），以张桥行市为县。《旧唐书》也记载穆宗长庆年间，“沧州……置归化县于福寿草市”。草市既然是非正式设立的市场，因此也没有烦琐严格的交易规定。草市的发展，突破了隋与唐代前期对商业市场的种种限制，商品交易向城镇以外的乡村延伸，广大农村地区逐渐卷入商品交易市场，形成了市场结构的底层，也成为唐代中期以后新兴的商品交易场所与商业集中地。

明代，集市也是商品交换的重要形式，从都城到州县乡镇都有定期举行的集市。明代著名的笔记著作《五杂俎》中写道：“岭南之市谓之虚，言满时少，虚时多也。西蜀谓之亥。亥者，痎也；痎者，疟也，言间日一作也。山东人谓之集。”《古今图书集成》中则记载，到集市上贸易，“江南谓之上市，河北谓之赶集”。此时的集数量较之唐宋有大幅增加，有隔日一集、二

▲ 清代丁观鹏《太平春市图》局部

日一集、三日一集、五日一集，或每逢初一、十五集，逢五、十集，逢三、八集，逢三、六集及每月一集等各种形式的集，成为乡村初级市场的主要形式。各村镇的集往往交错进行，因而就某一地区整体而言，几乎就是天天有集了。集的情况一般是上午热闹，下午冷清，江南一带的卖菜市场尤其如此。每到赶集之日，回乡农民和商贩云集，赶集的人摩肩接踵，热闹非凡，这种景象古今略同。

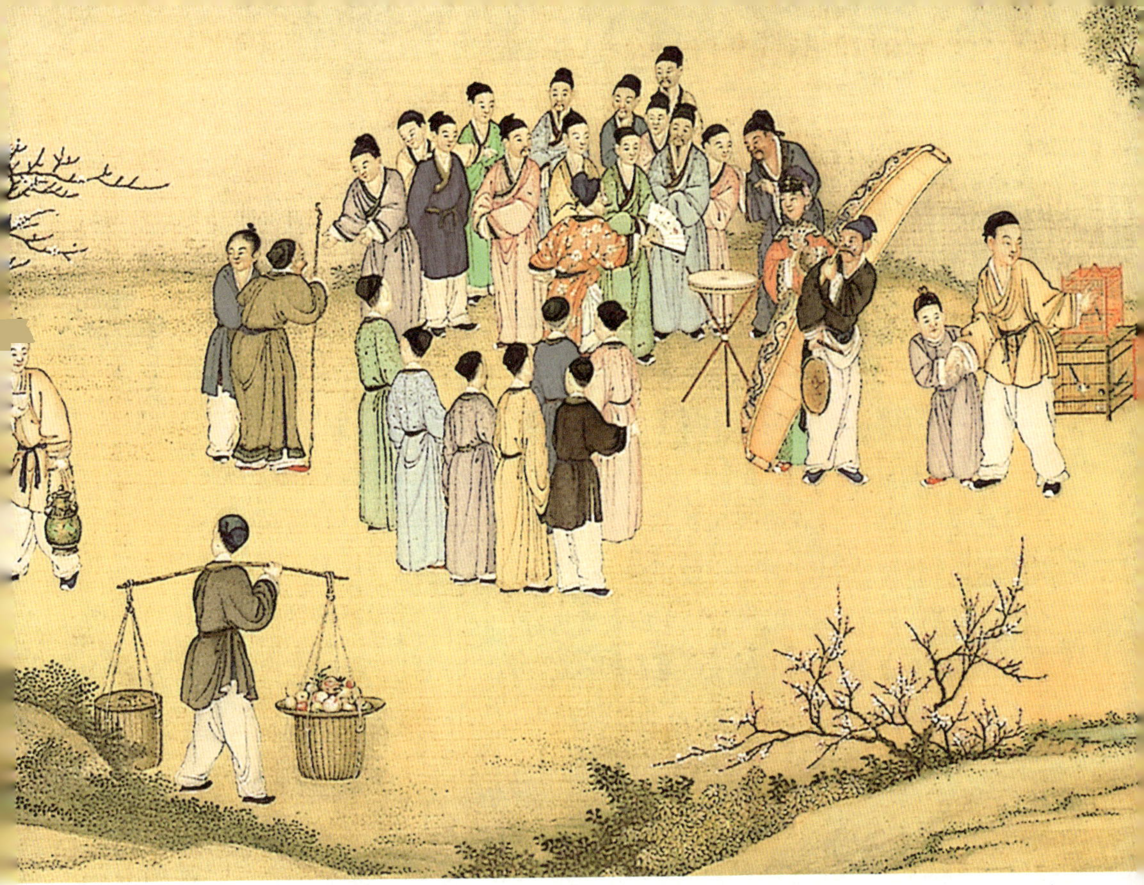

明清时期的集，分成几种不同类型。一种是以满足小农一般需求为主的集。明代直隶《长垣县志》记载："县境居民稠密，其村落稍大者各为期日，贸易薪蔬粟布，亦名曰集，无他货物，盖以便民间日用所需耳。"陕西富平县"市集皆日用常物，无大贾也"，贸易商品多为"粟米酒脯菜炭而止"。湖南桂东县，"各乡墟集以二、八，三、七等日交易而退，皆布米菽粟之类，无奇货异物"。绝大多数集都是小商贩参与其中，而大商贾则少见，所以记载中多称“商贾无几”“无巨贾”等。

二是以保证小农生产需求为主的集。牲畜、农具、肥料、种子等是小农进行生产不可缺少的生产资料，在集市交易的物品中占重要的地位。清代，山东各州县均有常设的牲畜市，数量三五个或十余个不等，大致每县每日总会有一两个或三五个牲畜市开市，需求旺季时还会开设大规模的牲畜市。其他各省也有类似的牲畜集，如广东肇庆府高明县榄冈墟“每年八月三、六、九日集，专鬻牛，至十月终散”。开建县金装墟逢二、七日墟期，“凡有客人买牛一只，不拘水牛、沙牛及牛牯牛母，俱系每只税银五分”，每年征收牛税银“二十余两或三十余两不等”。还有农县集，如河南嵩县皋南集，在县东二十五公里，“数十里内民货盐米农器，率担负柴炭入市交易”。汝河镇离县百里，四周重山，“向无市，盐米农器易于县，往返三四日，妨农功”，遂于乾隆三十年（1765）秋“始为立集，民便之”。庙湾集，离县百余里，“溪岭错互”，也是为方便山民“易盐米农器”，于乾隆年间设立集市。可见，即使是最偏僻的集市，农具也是集市中的重要商品，保证小农的生产需求乃是集市最基本的功能之一。肥料也是小农生产所必需的商品，因此肥料集也较为普遍。如山东清平县戴家湾集就以麻饼肥为商品交易之最大宗，专设有麻饼行。利津县店子街集设有豆饼行，江苏吴江县黎里镇，“每日黎明乡人咸集，百货贸易，而米及油饼为尤多”。其他如麦种、薯秧、烟草、树种、鱼苗、仔猪，以及作为手工业原料的丝、棉、竹、苇、染料等，也都能在集上买到。

三是以某种特产商品的集散为主的集。清代，随着生产力的提高和商品经济的发展，小农可供出售的农产品和手工业产品的数量不断增加，粮、棉、丝、茶、烟草、染料等都成为集上的大宗商品。粮食是集市贸易中最主要的商品之一，即使最萧条的集，也会有少量粮食交易。南方粮产区如湖南、江西、四川等省，每年都有大批稻米输出，其粮食集更加兴盛。如湖南黔阳县托口市，“附近乡村并邻境近肩运米粟者”都从这儿批发购买。更高一级的粮食集如长沙府的湘潭县，是著名的米码头，凡“衡、永、郴、桂、茶、攸二十余州县”米谷均汇集于此，每届“秋冬之交，米谷骈至，樯帆所舣，独盛于他邑”。棉花集不管在南方还是北方，都比较普遍。江南松江府和太仓州，盛产棉花，除供应本地外，还大量输往闽广、关东，久而久之就形成了棉花市。山东清平县是清代新发展起来的棉产区，清代前期就有木棉集市，乾嘉之际“王家庄、康家庄、仓上等处亦多买卖，四方贾客云集，每日交易以数千金计”，清末该县的棉花集更增至十余个。在清代中叶的华北平原，棉布交易也很兴盛。乾隆年间直隶束鹿县和睦井集“布市排集如山，商贾尤为云集，称巨镇云”。河南正阳县“布市”以陡沟店最盛，“商贾至者每挟数千金，昧爽则市上张灯设烛，骈肩累迹，负载而来”。其他诸如丝、茶、烟草等商品，在各地都设有定期集市。清代，这类以某种商品的集散为主的集，无论数量还是规模都较前代有大幅度增长，这与农业的商品化和家庭手工业的发展密不可分。

时至今日，我国农村许多地区仍保留着赶集的习俗，它是农民们自产自销的重要场所。有些地方仍有以某种商品为集散的集，如米市、菜市、花市、猪市、骡马市等，在今日仍然发挥着作用。

集的习俗

集是我国古代乡村的初级市场，参与者大多是小农、小商贩、小手工业者等底层老百姓，他们在长期的集市贸易中，形成了许多独特的民间习俗。

从时间上看，有日集和间日集之分。日集，即每天都有集。间日集，是指每隔数日举行一次的集。这是当地乡镇根据本地实际情况而逐渐形成的习俗。以陕西为例，长安县的引镇每月三、六、九为集期。蓝田县焦岱镇则是一、四、七。一个县内相邻的乡镇会将集的时间互相隔开，以免相犯，比如一个乡镇为一、四、七，一个为二、五、八，相邻的另一个乡镇就是三、六、九。

集上都是分行业进行布置的。各集都有固定集中的营业区域，最常见的市就是粮食市，经营对象为原料、面粉、菜油等。集上还有经纪人，他们提着秤，也被称为“提秤的”。少数的大宗买卖由经纪人在卖方和买方之间撮合。柴草市一般设在粮食市附近，出售麦草、硬柴、煤炭等。旧时忌长途贩运硬柴，民间有句谚语“百里不贩樵”，因为运费贵，不合算。

蔬菜市有许多讲究和忌讳，如装卸蔬菜时，不能乱扔乱抛，存放蔬菜时，要将各种蔬菜分别堆放整齐，不得乱堆。叶菜忌折叶，茎菜忌断节，果菜忌破皮，根菜忌带泥，冬菜忌断梗，蒜和葱头忌水浇。蔬菜是需要经常保鲜的商品，古代运输条件落后，长途贩运会使青菜失鲜，所以当时还有这样的谚语“千里不贩青”。

为了方便经销马、驴、骡、牛等大家畜，就有了骡马市，买卖双方不直接交易，而是经过经纪人成交。

人们赶集时，常在集市地点沿街买卖商品。集市本身并无建筑物，但是后来，人们在门口建起了牌楼，题有集市名，以及赞美当地风光或介绍市场特征的对联。

此外，还有一些特殊的集，如画市、祭器市等。画市主要是出售年画、

▲ 江西吉安的三都牛市牌楼，对联为“兴市活市富裕市，黄牛水牛肉役牛。”

对联和神像等。祭器市主要出售烛台、香炉、蜡烛、香等。

有些地方天不亮成市，天明不久即散集，俗称“露水集”“鬼市”。如西安东城门里顺城墙一带，及八仙庵、三桥镇等，都有鬼市。东城门的鬼市，历史悠久，最早是在王城外沿着城墙一带设集。鬼市主要是一些破落户或官宦后代，在生活潦倒之时，为了不抛头露面，顾及颜面，所以趁天未破晓，路上行人稀少之际，到背暗的角落里出卖衣物等。有些人专门到鬼市去买便宜东西，叫作“赶鬼市”。老北京的鬼市也远近闻名。清朝末年，北京的鬼市极盛。一些皇室贵族的纨绔子弟，将家藏的古玩珍宝偷出换钱，一些鸡鸣狗盗之徒也将窃来之物趁天黑卖出，古玩行家经常捡漏占到便宜。

一般农村的集还设有腊月集，即每年腊月出现的年货集。其起始的日期各地不一，有的是腊月初八，称“腊八会”；有的是冬至节，称“冬至集”。从起始之日，一直延续到年底。腊月集上，人们购买过年的新衣服、鞋帽以及烟、茶、油、糖果、鱼肉、禽蛋等年货。

集市贸易中的又一个重要习俗就是市语。市语就是市场上商贩们所说的行话和隐语。关于市语的记载，在唐代已见诸文字。宋代曾慥所编的笔记小说集《类说》收录了许多唐人著作，其中卷四引唐佚名《秦京杂记》中记载：“长安市人语各不同，有葫芦语、锲子语、纽语、练语、三摺语，通名市语。”行业的差异形成了不同的市语，唐代的长安城，商贾各行竞说本行隐语已经很普遍了。宋元时期，民间行话已相当成熟，非常专业，并大量见诸文字记载。流传至今的有宋代汪云程辑入《蹴鞠谱》中的《圆社锦语》，宋代陈元靓辑《事林广记续集》的《绮谈市语》等。到了明清，社会各行业的流行行话进一步发展，清代还出现了一部中国民间秘密语言史上的空前之作——《江湖切要》，收录了一千六百多个词条，是自宋至清收录最多、分

▲ 旧时陕西集市上的“捏码子”

类最细的一部专门隐语行话辞书。

从这些笔记小说、杂著中，我们可以得知当时市语的一些现象。明代的一部戏曲集《诚斋乐府·乔断鬼》中记载了表背匠的一段“市语声嗽”，把“绢子”叫作“旗儿”，“纸”叫作“荒资”等；宋代有市语“巴西侯”，巴西是指巴山以西，古时产猿，“侯”与“猴”谐音，巴西侯就是指巴山以西的猿；“上升”是民国流行的行语，指的是糕点，上升为“高”，“高”谐音“糕”；“雨后天”，流行于清末，是绸缎业的行语，指青色，系由“雨后天晴”谐音而成；还有“十具”，流行于民国，金银业的行话，指真货，十具合成“真”字；“三只手”，流行于现代上海，市井行话，指的就是扒手；还有如丁不勾、示不小、王不直、罪不非、吾不口、交不乂、皂不白、分不刀、馗不首、针不金，也是民国行话，指的就是一、二、三、四、五、六、七、八、九、十，用拆字法，“丁”去勾则为一，依此类推。

在集市上的市语，除了有声语言外，还包括无声的，如“捏码子”，一般出现在较大宗的生意交易中，北方使用较多，特别盛行于陕甘晋蒙一带，就是买卖双方将右手置于草帽下，或袖口中、衣襟里，用摸指头的方法来表达物价，主要是为了保密，不让第三人得知双方的心理价位，保护隐私。

庙会的“神”与“俗”

庙会是指在寺庙附近聚会，进行祭神、娱乐和购物等活动的大型民俗活动。庙会是一种社会风俗，同时也是集市贸易的形式之一。庙会的形成有着深刻的社会原因和历史原因，庙会风俗与佛教寺院以及道教庙观的宗教活动有着密切的关系，同时也是伴随着民间信仰活动而发展、完善和普及起来的。庙会一般在寺庙的节日或规定的日期举行，多设在庙内及其附近，流行于全国广大地区。

庙会的历史

庙会最初起源于远古时代的宗庙社祭与郊祭制度。为了求得祖先神灵的保佑，先民们选择在宫殿或房舍里通过供奉与祭祀的方式，与祖先神灵进行对话。每逢祭祀之日，为了渲染气氛，人们还会演出一些精彩的歌舞，即社戏，也称庙会戏。庙会便由此发端。

与其他民俗一样，庙会也是社会发展的产物，体现着不同时代的文化。秦代庙会的内容仍以祭祀祖先与神灵为主。西汉时，道教初步形成，庙会开始受到了宗教信仰的影响，内容开始出现多元化的色彩。汉代刘歆所著的笔记小说集《西京杂记》，记载了西汉长安城的杂史，书中记载“汉制，宗庙八月饮酎，用九酝，太牢，皇帝侍祠”“京师大水，祭山川以止雨，丞相御史二千石，祷祠如求雨法”，详细描述了当时的祠庙祭祀习俗。东汉时期，佛教开始传入中国，与逐渐成形的道教之间展开了激烈的竞争，并相互影响。两晋时期，社会动荡，政治黑暗，儒教衰落。饱经战乱之苦的百姓以及政治上遭受压制的名士，都纷纷皈依佛教或道教。魏晋南北朝以后，统治者也信仰佛教，广建寺庙，佛教寺院、道观都日渐增多，基于佛寺、道观的庙会也逐渐兴盛起来。

北魏时期，佛教盛行“行像”活动，就是把神佛塑像装上彩车，在城乡巡行的一种宗教仪式。还有菩萨诞辰、佛像开光之类的盛会也应运而生，商贩为供应游人信徒，云集百货，摆摊设点，逐渐发展成了庙市。北魏孝文帝太和九年（485）迁都洛阳后，每年释迦牟尼诞辰，都要举行佛像游行大会，佛像出行前，洛阳城内各大寺院都将各寺佛像送至景明寺，于是，沿途宝盖幡幢，音乐百戏，诸般杂耍，热闹非凡。

唐宋时期，佛、道信仰都达到了鼎盛，对整个社会生活产生了空前的影响。相继出现了名目繁多的宗教活动，如圣诞庆典、坛醮斋戒、水陆道场等。在宗教仪式上，也慢慢加入了娱乐内容，如舞蹈、戏剧等，吸引大批民众前往观摩。不过，到了明代，许多庙会的性质已经开始转向市集，多数人是为了观光游玩或购买商品，而真正进行祭祀或拜谒的人并不多。明末刘侗、于弈正在《帝京景物略》中有记载：“城隍庙市，月朔、望，念五日，东弼教坊，西逮庙墀庑，列肆三里……市之日，族族行而观者六，贸迁者三，谒乎庙者一。”其中记载的是北京附近庙会的情况，到庙会上游玩观光、看热闹的人，占了 60%，购买商品的人占 30%，而真正祭祀或拜谒的人只有 10%。

到了清代，宗教活动逐渐世俗化，庙会已演变成在佛寺道观内或附近形成的集宗教、商贸、游艺于一体的民间聚会。比如北京的妙峰山庙会，就是以香客祭祀妙峰山“天仙圣母碧霞元君”为中心活动，同时集丰富多彩的民间花会、戏曲表演、观赏自然风光和热闹繁华的集市活动为一体。而厂甸庙会则是老北京众多庙会中，唯一不以庙为名的庙会，每年只在春节才有一次，却是规模最大、京味最浓、最遐迩闻名和脍炙人口的庙会。

庙会的民俗

庙会是一种综合性的民俗活动，关系到宗教信仰、商业民俗、文艺娱乐等诸多方面。庙会的规模有大有小。一般来说，凡是庙院宽大、庙外宽敞，并且寺庙处于四通八达、人口稠密之地的，庙会的辐射面更广，规模也较大。庙会的主体活动大致有三项，一是庙里的和尚、道士做“法事”“道场”，即举行祭祀神佛的仪式，有的地方还扎成真人般的大小神偶，举行游行式的祭典；二是善男信女们进香朝拜、许愿求福；三是借此机会进行文艺和商贸活动。四面八方赶来的信徒加上逛庙会看热闹的人，便构成了庙会人山人海的热闹场面。

庙会的时间最初是定在举行各种宗教节日，且主要是佛、道二教庆典的时候，后来逐渐发展为某些固定的日期。各地庙会举办的日期、时间长短都各不相同，有的是一年一度，有的一个月内就有数天，有日期固定的，也有不固定的。以清末民初的庙会为例，北京隆福寺是每月逢一、二、九、十，土地庙是逢三，白塔寺是逢五、六，护国寺则是逢七、八。还有正月初一开庙的东岳庙和大钟寺，一般开庙十天到十五天，财神庙正月初二开庙，白云观正月十七、十八开庙，蟠桃宫三月初三开庙等。现代举办庙会的时间，大多为春节、元宵节等节日。

庙会风俗与佛教寺院以及道教庙观的宗教活动有密切的关系，往往需要举行祭神仪式，如前文所述的“行像”活动。除此之外，庙会活动还有诸如祈子活动、民间演出等民俗活动。祈子是一种远古的巫术形式，古人对子孙繁衍十分重视，因此，祈子活动便随各种庙会展现出来。河南淮阳的人祖庙会祭祀女娲和太昊伏羲，可以说是最具有原始宗教和巫术意味的庙会了。位于淮阳城北的人祖庙，是传说中埋葬太昊伏羲头骨的地方，也被称为太昊陵。每年农历二月二日至三月二日，这里都要举办为期一个月的人祖庙会，主要活动就是祭拜人祖和“拴娃娃”。已婚而未育的妇女，会在庙会期间摸一摸象征生育之门的“子孙窑”，并且买回一些当地的泥玩具“泥泥狗”，以求早日得子。这些泥玩具用黄土捏成，造型各异，有“人面猴”，还有双头虎、牛、猪、马、羊等。妇女们除了用它们来供祭人祖外，还可将其拿回家给孩子们当玩具。还有天津的妈祖庙会、山西平遥的双林寺庙会、北京的妙峰山庙会和白云观庙会等，都是祈子活动比较突出的庙会。

庙会作为民间文化娱乐活动的一部分，许多民间艺人会在庙会上进行表演。如戏曲、相声、双簧、秧歌、高跷等。中国幅员辽阔，南北各地的风俗都不太一样，但是每逢庙会，戏曲表演的习俗却是比较普遍的。明清时期，无论南北，庙会的内容几乎都少不了戏曲表演这一项。以江南为例，立春前一日有迎春戏，正月十五有上元戏，清明节有踏青戏，四月初八有浴佛戏，五月初五有龙舟戏，七月初七有王母娘娘庙会戏，七月十五有中元戏，八月十五有中秋戏……这些戏曲演出，有的三五天，有的七八天不等。小城镇一般只演一台戏，大城市庙会则有两三台，甚至数台戏竞演。

一年到头，各种名目的庙会演出，也把诸神“吵”得目不暇接，耳不胜听。庙会的表演，名为娱神，实为娱人。除了宗教性的信仰习俗意义外，还有经济意义。在这种人杂八方、商贾云集的大型聚会中，庙会表演实际上起到了广告宣传的作用。庙会表演吸引了更多百姓前来庙会娱乐、消费，客观上促进了商品交易的繁荣。庙会的又一重要活动，即是商品贸易。庙会，与其说是人们宗教信仰的活动场所，不如说是平民百姓集中娱乐的场所和繁荣热闹的商品交易会。这样的特性，也给来逛庙会的人们带来很多方便。在庙会上做生意的，主要有三种人，一是在庙里或寺庙附近租房经商的坐商，他们开店坐卖，常年售货，不管是否有庙会活动，每天都会开门营业；另一种是外地行商，他们以赶庙会为主要经营方式，在庙会前便来到此地，在路边或寺庙附近搭棚摆摊，将货物运入，或存放在寺庙中，在庙会期间销售；还有一种是流动的小贩，他们有的挑担，有的推车，或背包挎篮，做的多是一些风味小吃、儿童玩具、小百货、民间工艺品等小买卖。有些行商和小贩，还会专门跟着庙会走，哪儿有庙会，他们就在哪儿经商。这些庙会活动，既给老百姓娱乐、购物提供了方便，还活跃了市场，丰富了人民日常的文化生活，是极具特色的民间商业习俗之一。

如今的庙会，已开始摒除其落后的一面，除了保留一些传统的项目之外，庙会上的集市贸易则更加兴旺，传统的民间文艺节目和民间风味小吃也丰富多彩，尤其是许多旅游纪念品的摊子上，光顾的客人最多。这种新式的庙会，被赋予了新的内容，也极大地活跃和丰富了人民大众的文化生活。

参考文献

王孝通 . 中国商业史 [M] . 北京：中国文史出版社，2015.

吴慧 . 中国古代商业 [M] . 北京：中国国际广播出版社，2010.

吴慧 . 中国商业通史（第 5 卷）[M] . 北京：中国财政经济出版社，2008.

张明来，张含梦 . 中国古代商业文化史 [M] . 济南：山东大学出版社，2015.

宋长琨 . 儒商文化概论 [M] . 北京：高等教育出版社，2010.

周新国主编 . 儒学与儒商新论 [M] . 北京：社会科学文献出版社，2010.

陈阿兴，徐德云主编 . 中国商帮 [M] . 上海：上海财经大学出版社，2015.

宁一 . 中国商道：晋商徽商浙商货通天下商经 [M] . 北京：地震出版社，2006.

穆雯瑛主编 . 晋商史料研究 [M] . 太原：山西人民出版社，2001.

王静，许小牙 . 掮客、行商、钱庄：中国民间商贸习俗 [M] . 成都：四川人民出版社，1993.

阮荣华 . 市井习俗 [M] . 武汉：湖北教育出版社，2001.

商圣 . 经商智源：商道 [M] . 北京：民主与建设出版社，2002.

杨海军 . 中国古代商业广告史 [M] . 郑州：河南大学出版社，2005.

曲彦斌 . 中国招幌与招徕市声：传统广告艺术史略 [M] . 沈阳：辽宁人民出版社，2000.

吴少珉，周群华 . 试论我国古代历史上的经纪人及其活动 [J]. 洛阳大学学报，1996（1）：59-65.

施钰．上海商业店招习俗流变 [D]. 上海：上海社会科学院，2013.

林立平．唐宋时期商人社会地位的演变 [J]. 历史研究，1989（1）：129-144.

尹德洪．从“行商”到“坐贾”：基于商业集群视角的分析 [J]. 商业研究，2012（10）：40-44.

马美．古代商业广告琐谈 [J]. 寻根，2005（5）：85-91.

孙凤霞．简析“商人”的产生及其意义在先秦文献中的变迁 [J]. 大众文艺（理论），2009（8）：114.

司马云杰．中国古代商业文化与商业精神 [J]. 商业文化，2015（13）：20-23.

姜明明．探析传统诚信的历史演变 [J]. 学理论，2015（5）：38-39.

葛荣晋．儒学与儒商 [J]. 河北大学学报（哲学社会科学版），2004（5）：10-15.

图书在版编目（CIP）数据

商从商朝来 ：中国人经商的历史 / 傅奕群编著. --
北京 ：北京日报出版社，2019.3
（分拣中国史）
ISBN 978-7-5477-2940-3

Ⅰ. ①商… Ⅱ. ①傅… Ⅲ. ①商业史－中国－通俗读
物 Ⅳ. ①F729-49

中国版本图书馆CIP数据核字(2018)第053841号

商从商朝来 ：中国人经商的历史

出版发行：北京日报出版社
地　　址：北京市东城区东单三条8-16号东方广场东配楼四层
邮　　编：100005
电　　话：发行部：（010）65255876
　　　　　总编室：（010）65252135
印　　刷：北京市雅迪彩色印刷有限公司
经　　销：各地新华书店
版　　次：2019 年 3 月第 1 版
　　　　　2019 年 3 月第 1 次印刷
开　　本：710 毫米×1000 毫米　1/16
印　　张：21
字　　数：266 千字
定　　价：138.00 元